全国职业院校"十三五"汽车专业新形态系列教材

汽车故障诊断与排除

主　编　李顺华　刘　慧
副主编　王艳玲　崔春涛　马　泽　王高琦
参　编　张瑞民　李　平　王亚男　杜茂金
　　　　廖　林

机械工业出版社

本书根据教育部确定的中等职业学校汽车运用与维修专业领域技能型紧缺人才培养的指导思想编写而成,主要内容包括发动机机械部分的故障诊断与排除、底盘的故障诊断与排除、电气设备的故障诊断与排除、安全气囊系统的故障诊断与排除、噪声与排气污染物的检测、汽车综合检测等。此外,为帮助学生巩固知识,每一章均设置了思考与练习部分。

本书可供中等职业学校、技工学校、职业高中、函授中专等汽车维修类专业师生使用,也可供相关工程技术人员参考。

图书在版编目(CIP)数据

汽车故障诊断与排除/李顺华,刘慧主编. —北京:机械工业出版社,2019.3(2023.7重印)

全国职业院校"十三五"汽车专业新形态系列教材

ISBN 978-7-111-62065-5

Ⅰ.①汽… Ⅱ.①李… ②刘… Ⅲ.①汽车-故障诊断-中等专业学校-教材②汽车-故障修复-中等专业学校-教材 Ⅳ.①U472.4

中国版本图书馆 CIP 数据核字(2019)第 031648 号

机械工业出版社(北京市百万庄大街22号 邮政编码100037)
策划编辑:王华庆 责任编辑:王华庆 王 博
责任校对:潘 蕊 封面设计:马精明
责任印制:郜 敏
三河市国英印务有限公司印刷
2023 年 7 月第 1 版第 6 次印刷
187mm×260mm · 9.5 印张 · 238 千字
标准书号:ISBN 978-7-111-62065-5
定价:29.80 元

电话服务   网络服务
客服电话:010-88361066   机 工 官 网 www.cmpbook.com
         010-88379833   机 工 官 博 weibo.com/cmp1952
         010-68326294   金 书 网 www.golden-book.com
封底无防伪标均为盗版   机工教育服务网 www.cmpedu.com

前 言

　　本书根据教育部确定的中等职业学校汽车运用与维修专业领域技能型紧缺人才培养的指导思想，并结合作者多年的教学经验，在广泛吸取职业院校汽车运用与维修专业教学改革实践经验的基础上编写而成。

　　本书结合中等职业学校学生的学习特点，内容以"适量、够用、浅显易懂"为原则，突出对学生汽车故障诊断与排除能力的培养。在内容设置方面，全书共分为七章：第一章为绪论，主要介绍了与汽车故障诊断与排除有关的基础知识，以及常用工具、量具和仪器；第二～五章为汽车组成系统的故障诊断与排除，主要介绍了发动机机械部分、底盘、电气设备、安全气囊系统的故障诊断与排除知识；第六章主要介绍了噪声与排气污染物的检测方法；第七章对汽车综合检测进行了介绍。此外，本书在每章章首设置了学习目标，以便学生在学习过程中准确把握学习重点，掌握知识要点，提高专业操作技能水平；在每章章末均设置了思考与练习部分，可供学生对所需掌握的知识进行自查自测。

　　本书既有较强的系统性，又注重实用性、逻辑性和新颖性，基本概念清楚，原理的阐述简明扼要、通俗易懂，以解决实际问题为目的，重在培养汽车维修类专业学生的职业岗位素质和专业基本技能。本书可供中等职业学校、技工学校、职业高中、函授中专等汽车维修类专业师生使用，也可供相关工程技术人员参考。

　　本书由李顺华、刘慧任主编，王艳玲、崔春涛、马泽、王高琦任副主编，张瑞民、李平、王亚男、杜茂金、廖林参加编写。

　　在本书编写过程中，参考了相关文献资料，特此向这些文献资料的作者致以诚挚的谢意！此外，还得到部分同事的大力支持和帮助，在此向他们表示衷心的感谢！

　　由于编者水平有限，再加上编写时间仓促，书中不当或疏漏之处在所难免，恳请广大读者批评指正。

编　者

目 录

第一章

绪　论

学习目标：

1. 了解汽车故障诊断和检测的基本概念。
2. 了解汽车诊断技术的发展状况，我国汽车故障诊断标准。
3. 理解汽车故障诊断与排除在提高汽车使用性能和技术状况中的重要作用。

第一节　概　　述

汽车故障诊断与检测技术是指在整车不解体（或仅卸下个别小件）的情况下，确定汽车的技术状况，查明故障原因和故障部位的汽车应用技术，它包括汽车故障诊断技术和检测技术，也可统称为汽车诊断技术。

汽车在使用过程中，由于某一种或几种原因的影响，其技术状况将随行驶里程的增加而变化，其动力性、经济性、可靠性和安全性将逐渐或迅速下降，排气污染和噪声加剧，因而研究汽车故障的变化规律，定期检测汽车的使用性能，及时而准确地诊断出故障部位并排除故障，就成为汽车应用技术的一项重要内容。因此，汽车故障诊断与排除是恢复汽车使用寿命的关键，是汽车应用技术的中心环节。

一、汽车故障诊断与排除工作中常用的术语

1. 汽车故障

汽车故障是指汽车部分或完全丧失工作能力的现象。

2. 汽车故障诊断

汽车故障诊断是指在整车不解体（或仅卸下个别小件）的情况下，为确定汽车技术状况或查明故障部位、原因而进行的检测、分析和判断。

3. 故障树

故障树是表示故障因果关系的分析图。

4. 汽车检测

汽车检测是指为确定汽车技术状况或工作能力而进行的检查和测量。

5. 汽车技术状况

汽车技术状况是表征某一时刻汽车外观和性能参数的综合状况。

6. 诊断参数

诊断参数是供诊断用的，表征汽车总成及结构技术状况的量。

7. 诊断标准

诊断标准是对汽车诊断参数限值的统一规定。

二、汽车故障诊断与检测的目的

1. 安全环保检测

对汽车实行定期和不定期安全运行和环保方面的检测，目的是在整车不解体的情况下建立安全和无公害检测体系，确保车辆具有符合要求的外观容貌、良好的安全性能和规定范围内的污染物排放量。

2. 综合性能检测

对汽车实行定期和不定期综合性能方面的检测，目的是在整车不解体的情况下，确定运行车辆的工作能力和技术状况，查明故障或隐患部位和原因。同时，对车辆实行质量监督，以保证运输车辆的安全运行，提高运输效能，降低消耗，使车辆保持良好的经济效益和社会效益。

三、汽车故障诊断与排除的基本原则

汽车各故障诊断与排除的难易程度不一样，但如果能够遵循故障诊断与排除的一些基本原则，就可能以简便的方法找出故障并将其排除。汽车故障诊断及排除的基本原则可概括为以下四点。

（1）先外后内　当车辆出现故障时，应先对电子控制系统以外的可能故障部位予以检查。这样可以避免本来是一个与电子控制系统无关的故障，却对系统的传感器、电子控制单元（ECU）、执行器及线路等进行复杂且费时费力的检查，反而未能找到真正的故障。

（2）先简后繁　对能以简单方法检查的可能故障部位应先予以检查。例如，可以用看、摸、听等直观检查方法将一些较为明显的故障迅速地找出来。当直观检查未找出故障，需借助仪器仪表或其他专用工具时，也应遵循此原则。

（3）先熟后生　由于结构和使用环境等原因，汽车故障现象可能以某些总成或部件的故障最为常见，先对这些常见故障部位进行检查，若未找出故障，再对其他不常见的可能故障部位予以检查，这样往往可以迅速地找到故障，省时省力。

（4）代码优先　电子控制系统一般都有故障自诊断功能，当电子控制系统出现某种故障时，故障自诊断系统就会立刻监测到并通过仪表警告灯等向驾驶人报警。但是对于某些故障，故障自诊断系统只储存故障码，并不报警。因此，在对汽车做系统检查前，应先按汽车制造厂提供的方法，读取故障码并检查和排除故障码所指的故障部位，若故障码所指的故障消除后，车辆故障现象还未消除，再对汽车可能的故障部位进行检查。

总之，现代汽车由多个比较复杂的系统组成，其故障原因远比传统汽车复杂得多。在诊断和排除故障时需要掌握系统的检修步骤和方法，即需要首先全面系统地掌握各系统的结构、原理和线路连接方法，明确系统中各部分可能产生的故障以及对整个系统的影响，再运用科学的诊断方法对故障现象进行综合分析、判断，确定故障的性质和可能产生此类故障的原因和范围，制订合理的诊断程序进行深入诊断、检查并排除故障，直到将故障圆满解决，使汽车恢复应有的性能和技术指标。

四、汽车故障诊断的基本方法

汽车故障诊断按诊断深度可分为初步诊断和深入诊断。初步诊断是根据故障现象，判断出故障产生原因的大致范围。深入诊断是根据初步诊断的结果对故障原因进行分析、查找，直到找出产生故障的具体部位。

现代汽车故障诊断按诊断所采用的手段，可以分为人工经验诊断、利用自诊断系统诊断、利用诊断仪器诊断等。

（1）人工经验诊断　人工经验诊断是通过人的感觉器官，利用简单工具对汽车故障现象进行眼看、手摸、耳听、嘴问等，边检查，边试验，边分析，了解和掌握故障现象的特点，再通过大脑进行分析、判断并得出结论的诊断方法。

人工经验诊断在对汽车传统故障诊断中，占有相当重要的地位。随着科学技术的发展，汽车结构越来越复杂，尤其是电子技术在汽车上的应用越来越广泛，该方法越来越不能满足汽车故障诊断的要求。另外，人工经验诊断的效率和准确性与诊断者的工作能力、工作经验有相当大的关系。因此，这种单纯的直观故障诊断方法，在现代汽车故障诊断中运用得越来越少。

（2）利用自诊断系统诊断　自诊断系统诊断是利用汽车上电子控制系统提供的故障自诊断功能对电控部分故障进行诊断的方法，即利用故障自诊断系统调取故障码，然后根据故障码表的故障提示，找出故障所在。

随车自诊断系统通常只能提供与电子控制系统有关的电气装置或线路故障，一般只能做出初步诊断结论，要查找具体故障原因还需要通过直接诊断并借助简单仪器进行深入诊断。

（3）利用诊断仪器诊断　利用诊断仪器诊断主要分为利用简单仪表诊断和利用专用诊断仪器诊断。

简单仪表诊断就是利用以万用表和示波器为主的通用仪表，对汽车电控部分的故障进行诊断的方法。电子控制系统的各部件均有一定的电阻值范围，工作时有输出电压信号范围和输出脉冲波形，因此用万用表测量元器件的电阻或输出电压，用示波器测试元器件工作时的输出电压波形等，可判断元器件或线路是否正常。这种诊断方法的特点是诊断方法简单，设备费用低，主要用于对电子控制系统和电气装置的诊断。因此，这种诊断方法可用于对故障进行深入诊断。其缺点是对操作者的要求较高，在进行故障诊断时，操作者必须对系统的结构和线路连接情况有相当详细的了解，才可能取得准确的诊断结果。

汽车的电子化程度不断提高，迫使人们对汽车故障诊断手段进行变革，于是各种专用诊断仪器应运而生。这些专用诊断仪器大多数为带有微处理器的电子计算机系统，其中包括电子故障分析仪、汽车综合分析仪等，尤其以发动机综合分析仪所占比例最大，诊断效果最好。专用诊断仪器根据其体积大小可分为台式分析仪、便携式分析仪和袖珍型分析仪。

五、汽车故障诊断技术的发展概况

（1）国外发展概况　汽车故障诊断技术是随着汽车的发展从无到有逐渐发展起来的一门技术。一些发达国家，早在20世纪四五十年代就发展出以汽车故障诊断和性能调试为主的单项检测技术。进入20世纪60年代后，汽车故障诊断技术获得较大发展，逐渐将单项检测技术连线建站（出现汽车检测站），成为既能诊断维修，又能进行安全环保检测的综合检测技术。随着计算机技术的发展，20世纪70年代初出现了检测控制自动化、数据采集自动化、数据处理自动化、检测结果自动打印的现代综合检测技术，其检测效率极高。进入 20 世纪 80 年代后，现代汽车故障诊断技术已广泛应用，给交通安全、环境保护、能源节约、运输成本降低和运输能力提高等方面，带来了明显的社会效益和经济效益。

（2）国内发展概况　我国的汽车故障诊断技术起步较晚。在 20 世纪六七十年代，虽然国家有关部门从国外引进过少量检测设备，不少科研单位和企业对检测设备也组织过研制，但是由于种种原因，该项技术一直发展缓慢。进入 20 世纪 70 年代后，随着国民经济的发展，特别是汽车制造业、公路交通运输的发展和进口车辆的增多，我国机动车保有量迅速增加，同时不可避免地带来一系列社会问题。保证车辆安全运行和尽量少地造成社会公害，逐渐提到政府有关部门的议事日程上来，它促进了我国汽车故障诊断技术的发展，使之成为国家"六五"期间重点推广的项目。交通运输部门自 1980 年开始，有计划地在全国公路运输系统筹建汽车综合性能检测站，取得了很大成绩。公安部门在全国中等以上城市也建成了许多安全性能检测站。可以说，20 世纪 90 年代末，我国已基本形成了全国性的汽车检测网，汽车故障诊断行业已初具规模。不仅如此，全国各地汽车维修使用的故障诊断设备，也日益增多。

可以预见，在 21 世纪，随着公路交通运输企业、汽车制造企业和国民经济的发展，我国的汽车故障诊断技术必将获得进一步发展，取得更加明显的社会效益和经济效益。

第二节　常用工具、量具及仪器

汽车故障诊断和排除中使用的工具和量具种类繁多，规格、精度也各有不同，在使用中必须正确选用工具和量具。

一、常用工具

1. 锤子

1）金属锤（见图 1-1a），提供较大的敲击力。

2）橡皮锤（见图 1-1b），主要目的是保护被敲击部件，但是不适合敲击间隙表面。

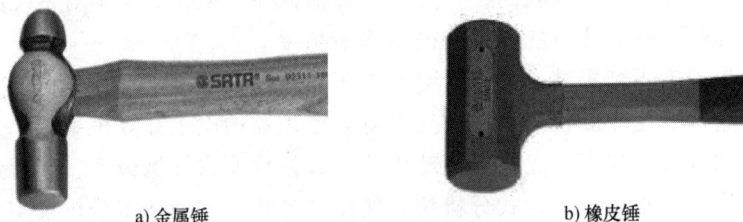

a) 金属锤　　　　　　　　　　　　b) 橡皮锤

图 1-1　锤子

2. 螺钉旋具

螺钉旋具（见图 1-2，常称为螺丝刀、起子、改锥）是用来拧紧或旋松带槽螺钉的工具，分为一字槽螺钉旋具和十字槽螺钉旋具。

使用注意事项：

1）使用前应清除螺钉旋具柄上和口端的油污，以免工作时滑脱而发生意外。

图 1-2　螺钉旋具

2）选用的螺钉旋具口端大小要和螺钉槽口相适应。螺钉旋具口端太薄时易发生断裂，太厚时则不能完全嵌入螺钉槽口内而损坏螺钉旋具口端和螺钉槽口。

3）使用时不可将工件拿在手上拆装螺钉，以免螺钉旋具滑出伤手。

4）使用时不可用螺钉旋具当撬棒或錾子使用，或者用锤子敲击螺钉旋具柄（夹柄螺钉旋具除外），也不可在螺钉旋具口端用扳手或钳子增加扭力，以免扭曲或扭弯螺钉旋具杆。

3. 钳子

钳子种类很多，汽车修理中常用的有鲤鱼钳和尖嘴钳两种。

1）鲤鱼钳（见图 1-3），用手夹持扁的或圆柱形零件，带刃口的可以切断金属。

2）尖嘴钳（见图 1-4），用于在狭小的地方夹持零件。

图 1-3　鲤鱼钳

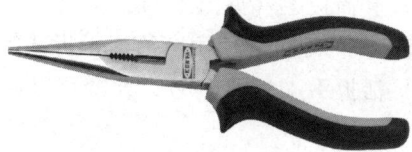

图 1-4　尖嘴钳

使用注意事项：

1）钳子规格应与工件相适应，以免钳子受力过大而损坏。

2）使用时，不可用钳子代替扳手拧紧螺母、螺栓等带棱角的工件，以免损坏螺栓、螺母等工件的棱角；不可用钳子柄当撬棒撬物体；不可用钳子代替锤子敲击零件。

3）使用前后均应保持钳子清洁。

4. 扳手

用于拆装有棱角的螺栓和螺母。汽车修理常用的扳手有呆扳手、梅花扳手、套筒扳手、活扳手、扭力扳手、棘轮扳手和特种扳手。

1）呆扳手（见图 1-5），开口宽度在 6~24mm 范围内有 6 件、8 件两种，适用于拆装一般标准规格的螺栓和螺母。

2）梅花扳手（见图 1-6），适用于拆装 5~27mm 范围内的螺栓或螺母。每套梅花扳手有 6 件和 8 件两种。梅花扳手两端似套筒，内圈有 12 个角，工作时不易滑脱。

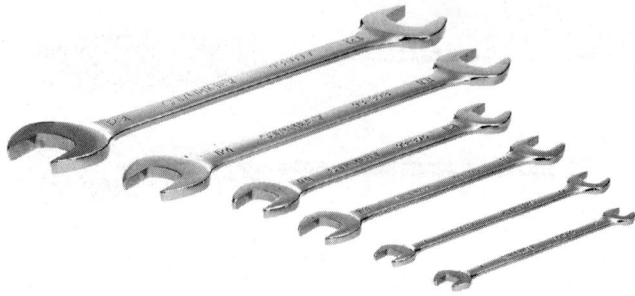

图 1-5　呆扳手

图 1-6　梅花扳手

3）套筒扳手（见图 1-7），每套有 13 件、17 件、24 件三种，用于由于位置所限，普通扳手不能工作的地方。使用套筒扳手拆装螺栓或螺母时，可根据需要选用不同的套筒和手柄。

4）活扳手（见图 1-8），开度可以自由调节的扳手。

图 1-7　套筒扳手

图 1-8　活扳手

5）扭力扳手（见图 1-9），用以配合套筒扳手拧紧螺栓或螺母。在汽车修理中，扭力扳手是不可缺少的。凡是有力矩要求的螺栓或螺母（如气缸盖螺栓、曲轴轴承螺栓），均须用扭力扳手将螺栓或螺母拧紧到规定力矩。

6）棘轮扳手（见图 1-10），也叫快速扳手，应配合套筒扳手使用，一般用于在狭窄的地方拧紧或拆卸螺栓或螺母，它可以不变更扳手角度就能拆卸或装配螺栓或螺母。

5. 千斤顶

千斤顶（见图 1-11）是用来顶起工作物的工具，按工作原理可分为机械杠杆式和液压式，按所能顶起的质量可分为 3000kg、5000kg、8000kg 等多种规格，目前广泛采用的是液压式千斤顶。

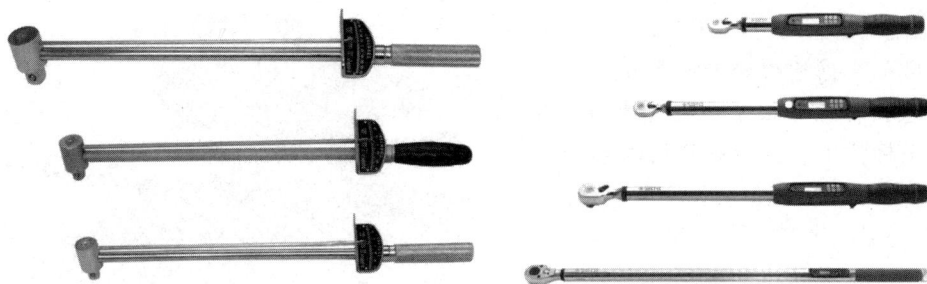

图 1-9　扭力扳手

图 1-10　棘轮扳手

使用注意事项：

1）使用千斤顶顶起重物前，应擦净顶面，拧紧液压开关，把千斤顶放置在起顶物起顶部位的正下方，并且使千斤顶与重物间相互垂直，以免起顶时千斤顶顶端滑出而发生事故。

2）使用时缓慢压动手柄，将工件逐渐顶起。

3）使用千斤顶作用于机件时，绝对禁止在机件下作业，以免造成事故。

4）使用千斤顶在顶起汽车时，必须先用三角木将未支起的轮胎前后端塞住，以免在顶起过程中汽车滑溜造成事故。

5）在松开机件（汽车）时，不能过快拧松开关，以免下降速度过快而发生事故。

图 1-11　液压式千斤顶

6）用千斤顶把汽车顶起后，当液压开关处于拧紧状态时，若发生自动下降故障，应寻找原因，排除后才能继续使用。

7）如发现千斤顶缺油，应及时补加专用油液，不能用其他油液或水代替。

8）千斤顶必须垂直放置，以免油液泄漏而失效。

二、常用量具

1. 塞尺

塞尺（见图1-12）由多层不同厚度的标准钢片组成，每片标有一定的厚度值，主要用于检验两个接合面的间隙。测量时，可用一片独立测量也可多片组合测量。

使用注意事项：

1）使用前，应将塞尺两个测量面擦拭干净，不得带有油污或金属屑，否则影响测量精度。

2）使用时，不允许把塞尺强行插到测量面或使塞尺有剧烈的弯曲，以免损坏塞尺测量面和被测工件表面。

3）用塞尺检查时，一边调整位置，一边拉动塞尺，若感觉很松，说明间隙大于塞尺标注值；若感觉很紧，拉动费力，说明间隙小于标注值。若拉动塞尺时感到稍有阻力，则表示该间隙值接近塞尺标注值。

4）使用后应将塞尺擦干净，并涂抹机油后折叠到夹框内，以防锈蚀、弯曲、变形或折断。

2. 游标卡尺

游标卡尺（见图1-13）是一种能直接测量工件内外直径、宽度、长度或深度的量具。按照测量功能，游标卡尺可分为普

图 1-12　塞尺

通游标卡尺、游标深度卡尺和带表卡尺等；按照测量精度可分为 0.10mm、0.02mm、0.05mm 等几种；根据最小刻度的不同分为 0.05mm 和 0.02mm 两种，若游标尺上有 50 个刻度，则每个刻度表示 0.02mm，若游标尺上有 20 个刻度，则每个刻度表示 0.05mm。

有些游标卡尺使用电子读数显示小数部分，这种游标卡尺的测量精度可达到 0.005mm 或 0.001mm。

常用游标卡尺的测量范围是 0~150mm，应根据所测零部件的精度要求选用正确规格的游标卡尺。

（1）游标卡尺的读数　如图 1-14 所示，读数时，首先读出游标零线左边与主标尺相邻的第一条刻度线的整毫米数，即测得尺寸的整数值，为 45mm，再读出游标尺上与主标尺刻度线对齐的第一条刻度线所表示的数值，即为测量值的小数，为 0.25mm。

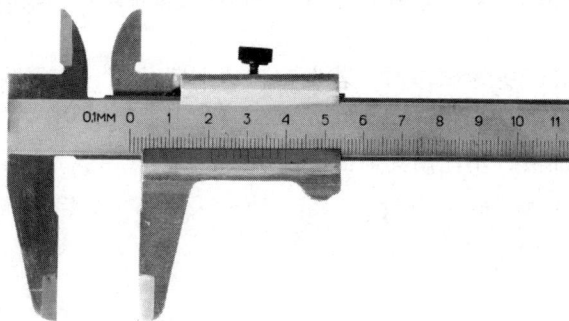

图 1-13　游标卡尺

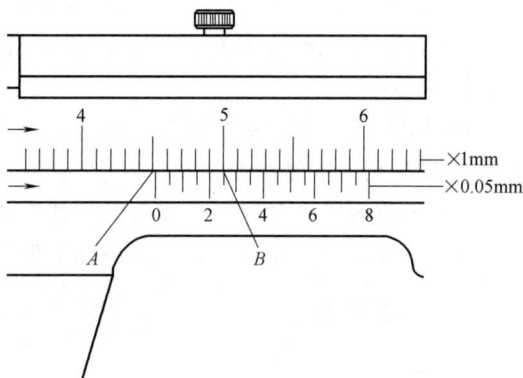

图 1-14　游标卡尺的读数
A—主标尺上的读数　B—游标尺上的读数

把从主标尺上读得的整毫米数和从游标尺上读得的毫米小数加起来即为测得的实际尺寸，即 45mm+0.25mm=45.25mm。

（2）使用注意事项

1）使用前，先把测量爪接触面和测量面擦拭干净。

2）测量工件时，应把测量爪张开到大于被测量工件表面尺寸，再慢慢移动游标尺，使两测量爪与工件接触。禁止硬拉硬卡，以免损坏游标卡尺和影响测量精度。

3）使用后，要擦拭干净游标卡尺，并涂抹适量工业凡士林后放回盒内保存，盒盖切勿受到重压。

3. 外径千分尺

外径千分尺（见图1-15）是利用螺纹节距来测量外径的精密测量仪器，可以测量加工精度要求较高的零部件。汽车维修工作中一般使用可以测1～100mm的外径千分尺，其测量精度可达到0.01mm。

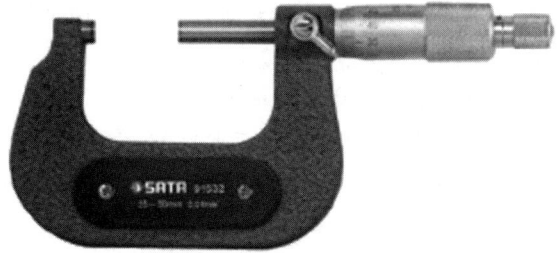

图 1-15　外径千分尺

外径千分尺测量范围一般为0～25mm。根据所测零部件外径粗细，可选用测量范围为0～25mm、50～75mm、75～100mm等规格的外径千分尺，如图1-16所示。

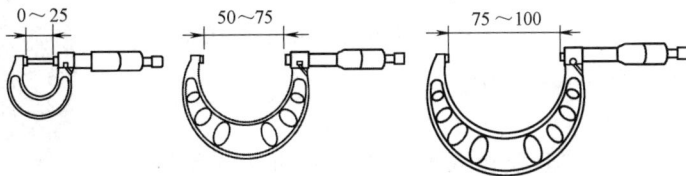

图 1-16　测量范围不同的外径千分尺

（1）外径千分尺的读数　固定套管上的刻度可以精确到0.5mm（可以读至0.5mm），刻度要根据基准线和微分筒刻度的对齐线来读取。

图 1-17 所示固定套管上"A"的读数为55.50mm，微分筒上"B"的0.450mm刻度线对齐基准线，即读数为55.50mm+0.450mm＝55.950mm。

为便于读取固定套管上的读数，基准线的上下两方均刻有刻度。

（2）测量时的注意事项　外径千分尺属于精密测量仪器，在测量时应注意以下事项：

1）使用前确保零点校正，若有误差，请用调整扳手调整或用测定值减去误差。

2）被测部位及外径千分尺必须保持清洁，若有油污或灰尘，必须立即擦拭干净。

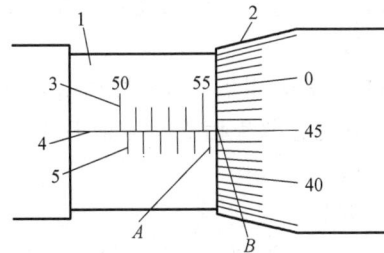

图 1-17　外径千分尺的读数
1—固定套管　2—微分筒　3—1mm 递增
4—基准线　5—0.5mm 递增

3）测量时请将被测面轻轻顶住测砧，转动棘轮及微分筒使测微螺杆前进。

4）测定时尽可能握住外径千分尺的尺架部分，同时要注意不可碰及测砧。

5）旋转后端棘轮，使两个测量面夹住被测部件，然后再旋转棘轮一圈左右，当听到发出两三声"咔咔"的声音后，即可产生适当的测定压力。

6）为防止因视差而产生误读，最好让视线与基准线成直角后再读数。

7）当测量活塞外径、曲轴轴径之类的圆周直径时，必须保证测微螺杆轴线与最大轴径保持一致（即测试处为轴径最大处）。若从横向来看，测微螺杆应与检测部件中心线垂直，只有这样才能保证测试数据正确无误。

（3）使用及维护注意事项

1）使用时应避免掉落地面或遭受撞击，如果不小心落地，应立刻检查并做适当处理。

2）严禁放置在污垢或灰尘较多的地点，并且要在使用后将测砧和测微螺杆的测量面分离后再放置。

3）为防止生锈，使用后须涂抹防锈油。保存时应先放置于储存盒内，再置于干燥、无振动的地方。

4. 百分表

百分表（见图1-18）是一种比较性测量仪表，用来测量工件的偏差，检验零件垂直度和水平度，检测轴的间隙，以及轴或气缸的圆度和圆柱度误差。

百分表的表盘刻度一般分为100格，指针的偏转量就是被测零件（工件）的实际偏差或间隙值。

（1）百分表的读数　百分表表盘刻度分为100格，当测头每移动0.01mm时，大指针偏转1格。当测头每移动1.0mm时，大指针偏转1周，小指针偏转1格。

（2）使用注意事项

1）用百分表测量工件时应用表架（支架）将其固定，以测杆端的测头抵住工件被测量表面，并使测头产生一定位移（即指针存在一个预偏转值），移动被测工件，观察百分表指针的偏转量，该偏转量即是被测量物体的偏差尺寸或间隙值。

2）测量时，测杆轴线应与被测工件表面垂直，否则会影响测量精度。

3）百分表用毕，应解除所有负荷，将表面擦拭干净，并在容易生锈的金属表面涂抹工业凡士林，水平放置在盒内，严禁受到重压。

图1-18　百分表

5. 量缸表

量缸表（见图1-19）又称为内径量表或内径百分表，是一种用于测量孔径的比较性量具，在汽车维修中主要用于测量发动机气缸和轴承座孔的圆度误差、圆柱度误差或零件磨损情况。量缸表由百分表、表杆、表杆座、活动测杆（测头）、支撑架和一套长度不等的接杆等组成。

（1）量缸表的使用

1）使用游标卡尺测量缸径后获得公称尺寸，如图1-20所示，利用该尺寸作为选择合适杆件的参考。

2）量缸表需要经过装配才能使用。首先根据所测缸径的公称尺寸选用合适的替换杆件和调整垫圈，替换杆件和垫圈都标有尺寸，根据缸径尺寸可任意组合。量缸表的杆件除垫片调整式还有螺旋杆调整式。无论哪种类型，只要将杆件的总长度调整至比所测缸径大0.5～1.0mm即可。

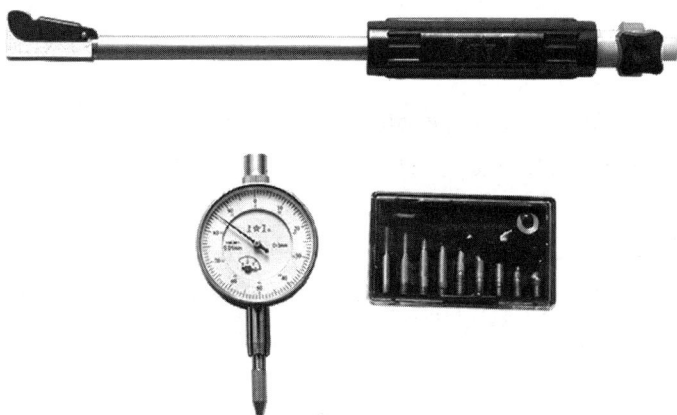

图 1-19 量缸表

3）将百分表插入表杆上部，预先压紧 0.5 ~ 1.0mm 后固定。

4）为了便于读数，百分表表盘方向应与接杆方向平行或垂直。

5）将外径千分尺调至所测缸径尺寸，并固定在专用固定夹上，对量缸表进行校零。当大表针逆时针转动到最大值时，旋转百分表表盘使零刻度线与其对齐，如图 1-21 所示。

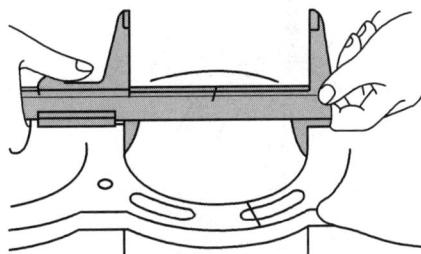

图 1-20　使用游标卡尺获得缸径公称尺寸

（2）缸径的测量

1）慢慢地将导向板端（活动端）倾斜，使其先进入气缸内，而后再使替换杆件端进入。导向板的两个支脚要和气缸壁紧密配合，如图 1-22 所示。

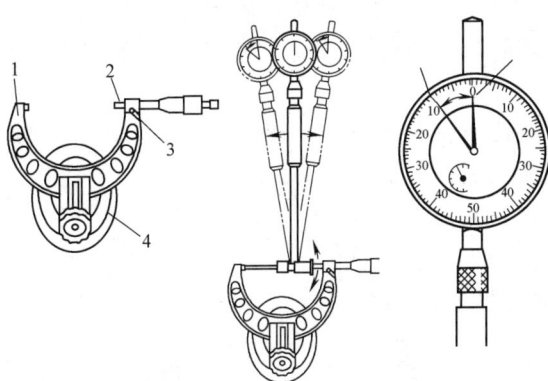

图 1-21　量缸表的调校
1—外径千分尺　2—测微螺杆　3—夹　4—支架

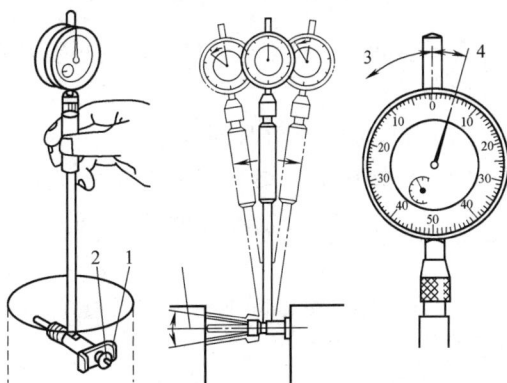

图 1-22　缸径的测量
1—导向板　2—测头　3—延长侧　4—收缩侧

2）在测定位置维持导向板不动，使替换杆件的前端做上下移动并观测指针的移动量，当量缸表的读数最小且量缸表和气缸壁成直角时，再读取数据。

3）测量位置的选取需参考维修手册。

6. 卡规

在测量内径很小的配件时，如气门导管等部位，需要另一种类似于量缸表的量具——卡规（见图 1-23）。

在使用卡规时，将测量端压缩放入被测物体内，读数方法与量缸表相同，当移动吊耳位移 2mm 时，长指针转动一圈。测量精度为 0.01mm。

7. 气缸压力表

气缸压力表是用于检查气缸内气体压力的量具，如图 1-24 所示。其按测量范围不同可分为 0～980kPa 和 0～19600kPa，按连接形式可分为推入式和螺纹式，按指示形式可分为指针式和记录式。

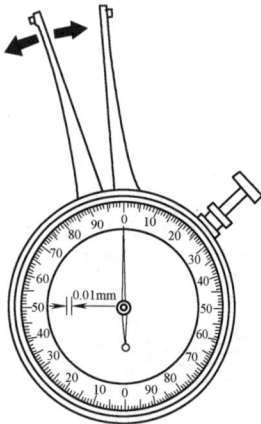

图 1-23　卡规

图 1-24　气缸压力表

使用方法：

1）起动发动机并运转到正常温度，旋下全部火花塞（汽油机）或喷油器（柴油机）。

2）对于汽油发动机，必须将节气门和阻风门完全打开，把气缸压力表的锥形橡胶圈压紧在火花塞座孔上；对于柴油发动机，必须采用螺纹接口式气缸压力表，将螺纹接口旋入喷油器座孔内。

3）用起动机带动曲轴旋转 3～5s，使发动机转速保持在 150～180r/min（汽油机）或 500r/min（柴油机），这时气缸压力表所指示的压力值就是气缸的压缩力。

4）按下气缸压力表上的放气阀，压力表指针回零位。

5）在实际测量气缸压缩力时，每个气缸应重复测 2 次或 3 次。

8. 轮胎气压表

轮胎气压表（见图 1-25）是专门用于测定轮胎气压的量具，常用的形式有标杆式和指针式。

使用方法：使用时，将轮胎气压表的槽口与轮胎气门嘴对正并压紧在轮胎气门嘴上，这时表上的指针或标杆上数值即表示该轮胎的气压。测量后一定要注意检查

图 1-25　轮胎气压表

气门芯是否漏气，如果漏气，应排除故障。

9. 万用表

万用表（见图1-26）是一种能测量多种电量参数且多量程的便携式电测仪表，常用的有指针式和数字式两种。万用表一般都能测交直流电流、电压、电阻等参数。目前还有用途更广的智能型万用表。

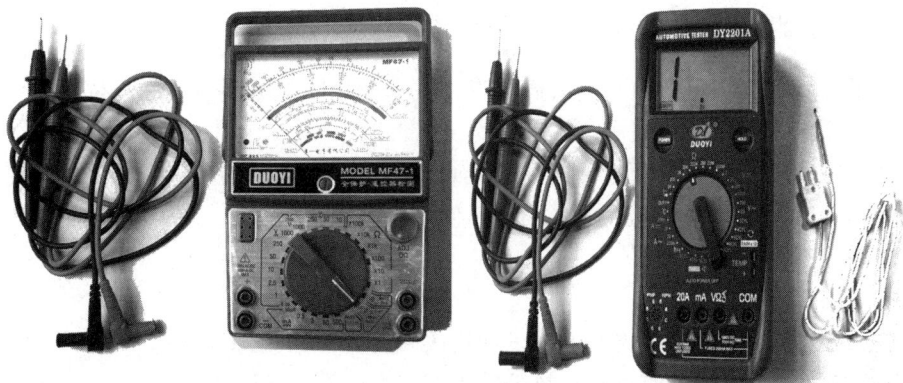

图1-26　万用表

使用方法：

（1）电流的测量　功能旋钮置于电流测量档，被测电流从红、黑表笔两端接入。具体方法如下：

1）表笔插到相应的孔内。

2）估算电流大小，选择相应的档位（无法确定时，先从大量程档位开始测量）。

3）测量时万用表与被测量设备串联。

对于指针式万用表，看档位取刻度读数；数字式万用表直接显示相应的值，若为"0"，说明量程选择得太大，为"1"时说明量程选择得太小。前面有"−"说明电流为直流信号且实际方向与测量表笔方向相反。四个档位上标注的数字代表对应所能流过的最大电流值。

（2）电压的测量　功能旋钮置于电压测量档，红、黑表笔接在被测设备两端。具体方法如下：

1）将表笔插到相应的孔内。

2）估算电压大小，选择相应的档位（无法确定时，先从大量程档位开始测量）。

3）测量时万用表与被测量设备并联。

对于指针式万用表，看档位取刻度读数；数字式万用表直接显示相应的值，若为"0"，说明量程选择得太大，为"1"时说明档位选择得太小。前面有"−"说明电压为直流信号且实际方向与测量表笔方向相反。六个档位上标注的数字代表对应所能测量的最大电压值。

（3）电阻的测量　将功能旋钮置于电阻测量档，红、黑表笔接在被测设备（电阻）两端。具体方法如下（指针式万用表测量电阻前必须调零，确保测量数据准确）：

1）将表笔插到相应的孔内。

2）估算电阻大小，选择相应的档位（无法确定时，随便选取一个档位进行初测）。

3）测量时万用表与被测量设备并联且设备断电，测量受其他设备影响时要将被测设备脱离电路测量。

对于指针式万用表，档位乘刻度读数；数字式万用表则直接显示相应的值，若为"0"，说明量程选择得太大，为"1"时说明档位选得过小。

（4）蜂鸣档的使用 该档位是用来测量二极管的好坏和导线的通断的，当所测量的元器件电阻小于一定值（一般低于50Ω）时蜂鸣器会鸣叫，可以根据此迅速判断电路中是否有短路处。当用来测二极管时，显示的数值就是二极管的正向压降值。

三、常用检测仪器

随着电子技术在汽车上的应用越来越广泛，汽车的诊断与检测也越来越依靠专用仪器。解码器就是使用非常广泛的专用仪器。

解码器是在读码器的基础上发展起来的检测仪器，它除了读码、清码功能外，还具有显示故障码内容的功能，即具有解码功能。因此，使用解码器无须再从汽车维修手册中查取故障码的含义，使用起来更为便捷。

1. 解码器的功能

1）可直接读取故障码，不需要通过发动机故障警告灯的闪烁读取。

2）可直接清除故障码，使发动机故障警告灯熄灭。

3）能与车载 ECU 直接进行交流，显示电控系统工作数据流，为诊断故障提供依据。

4）能在静态或动态下向电子控制系统各执行器发出动作指令，以便于检查执行器的工作状况。

5）行车时可以监测并记录数据流。

6）有的具有和示波器、万用表或打印机相同的功能。

7）有的能够显示系统控制电路图和维修指导，以供诊断时参考。

8）可与计算机相连，进行资料的更新与升级。

9）功能强大的专用解码器，还能对车载 ECU 进行某些数据的重新输入和更改。

2. 解码器的类型

解码器可分为专用型和通用型两大类。专用型解码器是汽车制造厂家为检测诊断本厂生产的汽车而专门设计生产的解码器。世界上一些大的汽车厂家，如奔驰、宝马、通用等都有专用型解码器。通用型解码器是检测设备厂家为适应检测诊断多种车型而设计制造的解码器。通用型解码器存储有几十甚至几百种不同厂家、不同车型汽车电控系统的检测程序、检测数据和故障码等资料，并配备有各种车型的检测插头，适合于综合型维修企业使用。

3. 解码器的使用方法

在此以元征 X-431 型解码器（见图 1-27）为例介绍解码器的使用方法。

1）元征 X-431 型解码器获取电源的方法有：通过汽车诊断座和测试主线获取电源；通过单钳电源线和测试主线获取电源；通过点烟器线和测试主线获取电源。

2）元征 X-431 型解码器的界面图标如图 1-28 所示。

3）诊断前仪器的连接。先将 CF 卡正确插入其插孔内，再将测试主线的一端插入数据接口内，接着将测试主线的另一端与测试接头相连接，最后将测试接头的另一端插入汽车诊断座内。

4）进入诊断界面的方法。正确插入 CF 卡，起动完成后按热键直接进入诊断界面。诊断界面主要按钮功能说明：

［后退］：返回上一界面。

［开始］：继续执行下一步操作。

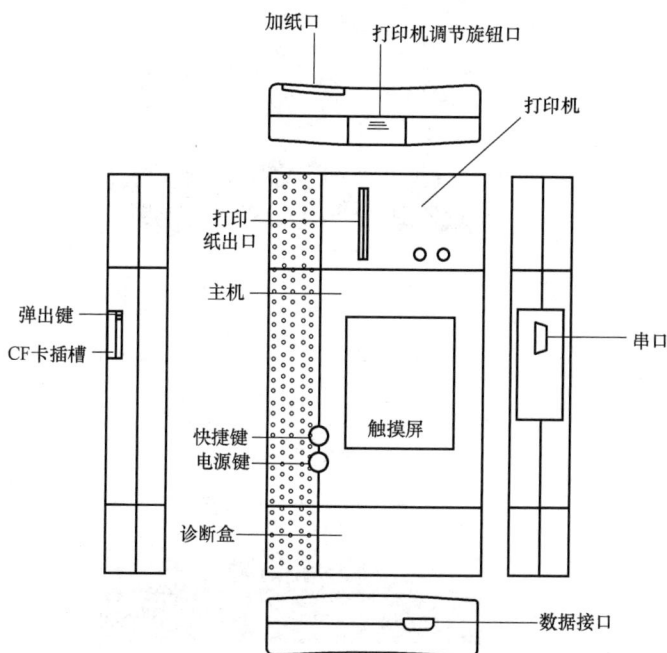

图 1-27　元征 X-431 型解码器的结构

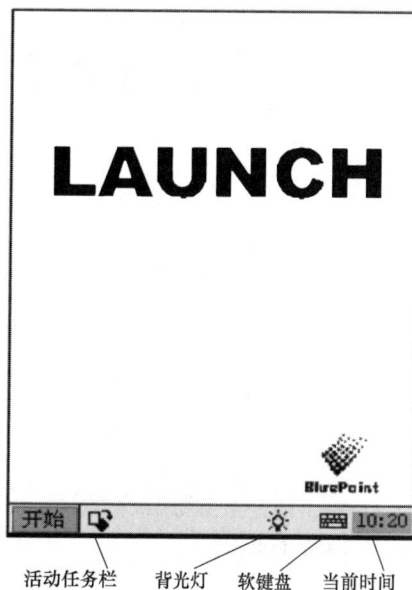

图 1-28　元征 X-431 型解码器的界面图标

［退出］：退出诊断程序。

［确定］：确认并执行。

［取消］：取消当前操作并返回上一界面。

［上翻页］：显示同级菜单的上一页。

［下翻页］：显示同级菜单的下一页。

［诊断首页］：回到当前汽车诊断程序的主菜单。

［打印］：打印测试结果（显黑时可用）。

［BOX 信息］：显示 SMARTBOX 版本信息。

［帮助］：查看与当前界面有关的帮助信息。

［重试］：将未执行成功的操作再重新执行一次。

4. 选择车系

以下以本田汽车为例。

1）在诊断界面（见图 1-29）下单击［开始］，出现车系选择界面，如图 1-30 所示。

2）单击本田图标，进入下一界面（见图 1-31），在此界面下单击选择本田诊断程序的版本（此例只有一个版本），进入下一界面。

3）查看版本信息。图 1-32 所示界面下可看到该版本诊断软件所能测试车型与系统等信息。单击［确定］后进入下一界面。

4）诊断程序的下载。图 1-33 所示为等待复位、检验与下载过程，成功后单击［确定］即进入测试系统选择界面。

5）测试系统的选择。图 1-34 所示界面显示该版本软件可测试的系统。各系统的操作类似，这里只以发动机为例进行介绍。单击"发动机系统"，进入下一界面。

LAUNCH

X-431

开始			
退出		BOX信息	帮助

图 1-29　诊断界面

选择诊断车系		
奔驰	BMW	本田
三菱	丰田	NISSAN
上翻页		下翻页
	后退	帮助

图 1-30　车系选择界面

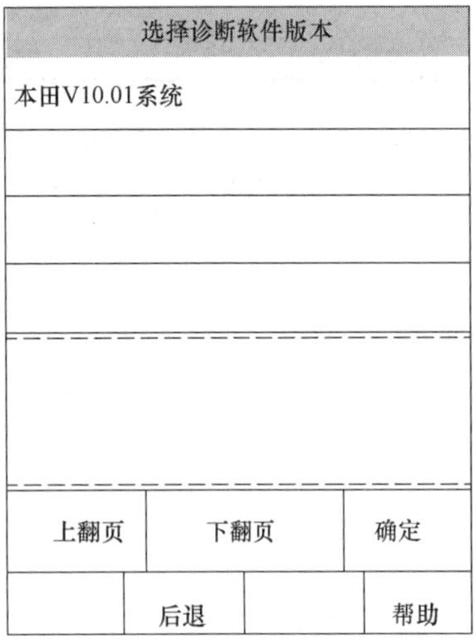

选择诊断软件版本		
本田V10.01系统		
上翻页	下翻页	确定
	后退	帮助

图 1-31　选择诊断软件版本

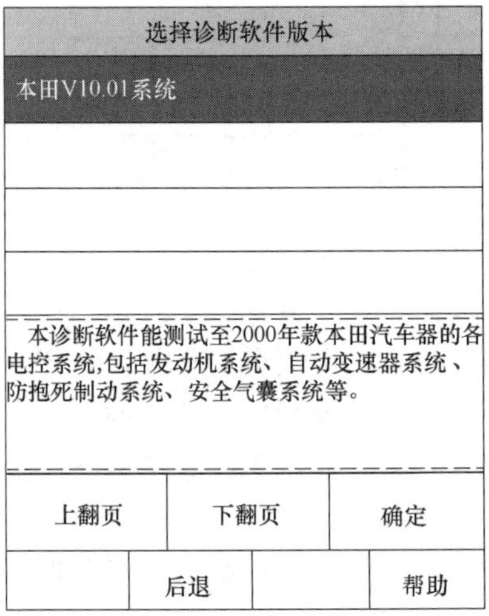

选择诊断软件版本		
本田V10.01系统		
本诊断软件能测试至2000年款本田汽车器的各电控系统,包括发动机系统、自动变速器系统、防抱死制动系统、安全气囊系统等。		
上翻页	下翻页	确定
	后退	帮助

图 1-32　查看版本信息

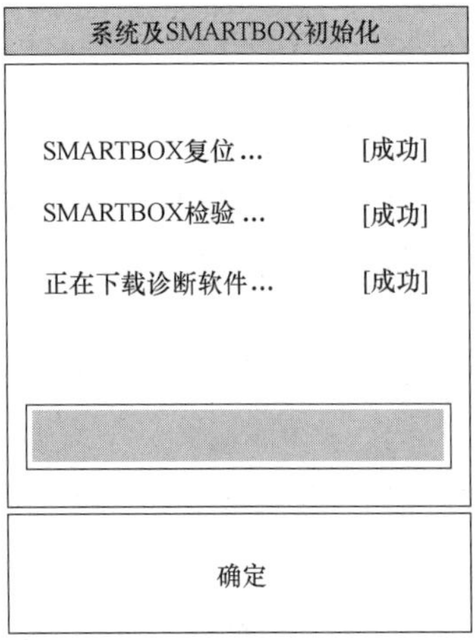

系统及SMARTBOX初始化	
SMARTBOX复位 …	[成功]
SMARTBOX检验 …	[成功]
正在下载诊断软件…	[成功]
确定	

图 1-33　诊断程序的下载

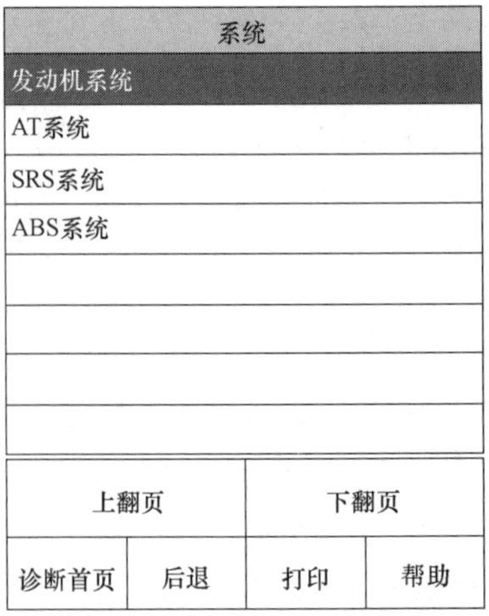

系统			
发动机系统			
AT系统			
SRS系统			
ABS系统			
上翻页		下翻页	
诊断首页	后退	打印	帮助

图 1-34　测试系统的选择

6）功能选择。图 1-35 所示界面显示发动机系统具备的功能，选择相应的功能，单击后即进入其界面。

7）读取故障码。在功能界面下单击"读故障码"，测试完毕后屏幕显示结果，如图 1-36 所示。若需要打印，可以单击［打印］按钮。完成后单击［后退］，回到功能界面。

8）清除故障码。清除故障码前必须读取故障码，在功能界面中单击"清故障码"，清除成功后界面会有提示，如图 1-37 所示。

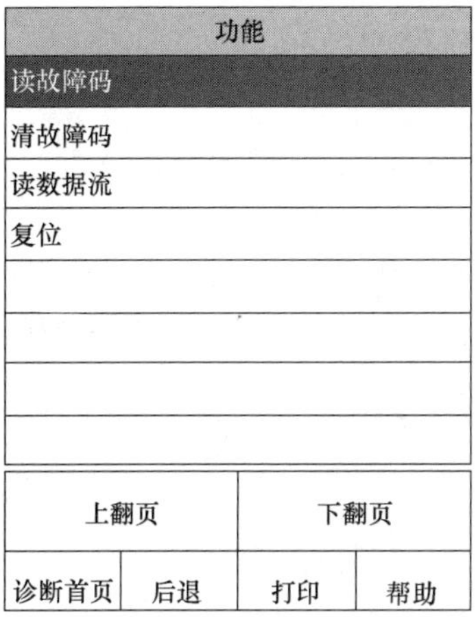

功能	
读故障码	
清故障码	
读数据流	
复位	
上翻页	下翻页
诊断首页　后退	打印　帮助

图 1-35　功能界面

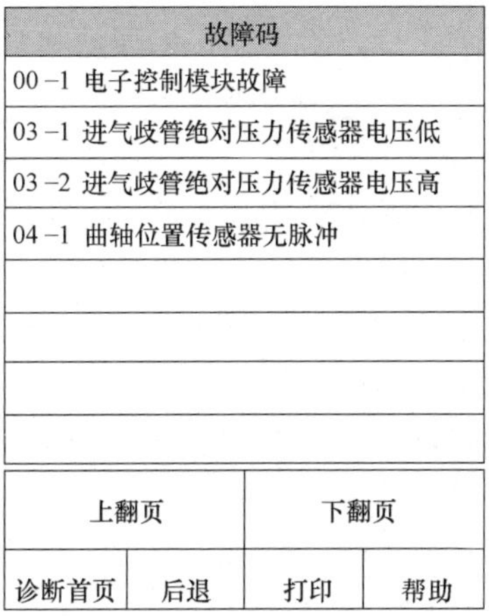

故障码	
00-1　电子控制模块故障	
03-1　进气歧管绝对压力传感器电压低	
03-2　进气歧管绝对压力传感器电压高	
04-1　曲轴位置传感器无脉冲	
上翻页	下翻页
诊断首页　后退	打印　帮助

图 1-36　读取故障码

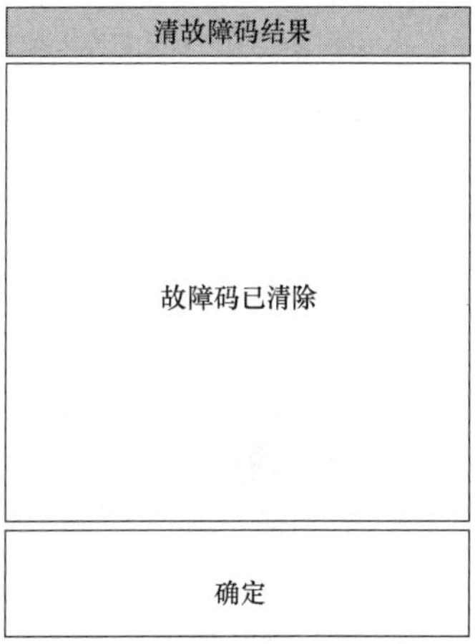

清故障码结果
故障码已清除
确定

图 1-37　清除故障码

本 章 小 结

1）汽车故障诊断与检测技术是指在整车不解体（或仅卸下个别小件）的情况下，确定汽车的技术状况，查明故障原因和故障部位的汽车应用技术，它包括汽车故障诊断技术和检测技术，也可以统称为汽车诊断技术。

2）汽车故障是汽车部分或完全丧失工作能力的现象。

3）汽车故障诊断与排除的难易程度不一样，但如果能够遵循故障诊断与排除的一些基本原则，就可能以简便的方法找出故障并将其排除。

4）随车自诊断是利用汽车上电控系统所提供的故障自诊断功能对电控发动机故障进行诊断的方法。

5）汽车故障诊断与排除中使用的工具和量具种类繁多，规格型号、精度也各有不同，在使用中必须正确选用工具和量具。

思考与练习

一、填空题

1. 汽车故障诊断与检测技术包括_____和_____，也可以统称为汽车诊断技术。汽车故障诊断与检测技术可以在_____的情况下判明汽车的技术状况，为汽车继续运行或进厂（场）维护、修理提供可靠的依据。

2. 汽车故障是_____的现象。

3. 汽车故障诊断标准是对_____的统一规定。

4. 汽车故障诊断按其诊断的深度可分为_____和_____。

5. 汽车故障诊断按诊断时所采用的手段可分为：_____、利用自诊断系统诊断、简单仪表诊断和_____等。

6. 专用诊断仪器根据体积大小可分为台式计算机分析仪、_____和袖珍型计算机分析仪。

7. 随车自诊断是利用汽车上_____所提供的故障自诊断功能对电控部分故障进行诊断的方法。

8. 万用表是一种能测量多种_____的便携式电测仪表。

9. 解码器可分为_____和_____两大类。

二、选择题

1. 下列属于汽车故障诊断与排除基本原则的是（　　　）。

A. 先上后下　　　　B. 先下后上　　　　C. 先外后内　　　　D. 先内后外

2. （　　　）是通过人的感觉器官对汽车故障现象进行看、听、摸、嗅等，了解和掌握故障现象的特点，通过大脑进行分析、判断得出结论的诊断方法。

A. 直观诊断　　　　B. 直接诊断　　　　C. 仪器诊断　　　　D. 以上都是

3. 下列属于直观诊断内容的是（　　　）。

A. 讲　　　　　　　B. 说　　　　　　　C. 问　　　　　　　D. 以上都是

4. 仪表盘上的"CHECKENGINE"代表（　　　）。

A. 故障灯　　　　　B. 前照灯　　　　　C. 示宽灯　　　　　D. 转向灯

三、简答题

1. 汽车的综合性能检测包括哪些项目？

2. 汽车故障诊断的基本方法有哪些？

3. 汽车故障诊断与排除的基本原则有哪些？

4. 直观诊断方法的具体内容有哪些？

5. 解码器的功能有哪些？

第二章 发动机机械部分的故障诊断与排除

学习目标：

1. 分析发动机机械部分常见故障的现象及原因。
2. 正确描述发动机故障诊断过程。
3. 熟悉发动机故障检测仪器的使用方法。
4. 了解发动机燃油喷射系统的基本组成、各系统的作用、工作原理。
5. 掌握发动机燃油喷射系统故障诊断的常用方法。
6. 掌握发动机燃油喷射系统传感器的故障诊断与排除方法。
7. 熟悉发动机燃油喷射系统执行器、燃油系统的故障诊断与排除方法。

第一节　发动机异响的故障诊断

发动机是汽车最主要的总成之一，是汽车动力的来源。由于发动机结构复杂，工作条件差，因而故障率最高，是重点诊断与检测对象。发动机技术状况的变化，主要表现为故障增多、性能下降和损耗增加。

用来评价发动机技术状况的主要参数有输出功率、燃油消耗量、机油消耗量、气缸压力、机油压力、发动机温度、异响和振动等。

一、异响类型

发动机异响是发动机产生的不正常响声，主要有机械异响、燃烧异响和空气动力异响等。

1. 异响原因

机械异响主要是运动副配合间隙太大或配合面有损伤，运转中引起冲击和振动而造成的。当磨损或调整不当造成运动副配合间隙太大时，运转中会产生冲击和振动声波，如曲轴主轴承响、连杆轴承响、凸轮轴轴承响、活塞敲缸响、活塞销响、气门响、正时齿轮响等。

燃烧异响主要是不正常燃烧造成的。

空气动力异响主要是在发动机进气、排气和运转中的风扇扰动气流而造成的。

2. 异响的影响因素和诊断条件

异响与发动机的转速、温度、负荷和润滑条件等有关。一般情况下，转速越高，机械异响越强烈。尽管如此，高转速时各种响声混杂一起，某些异响不易辨清。所以，诊断转速不一定在高速下进行，要具体问题具体对待。例如，气门响和活塞敲缸响时，在怠速或低速情况下就非常明显；主轴承响、连杆轴承响和活塞销响较为严重时，在怠速和低速情况下也能听到。总之，诊断异响应在响声最明显并尽量在低转速下进行。

有些异响与发动机温度有关，在机械异响诊断中，对于热膨胀系数大的配合副，要特别注意发动机的发热状况，最典型的例子是活塞敲缸响。在发动机冷起动时，该响声非常明显。所以，诊断该响声应在发动机低温下进行。发动机温度也是燃烧异响产生的因素之一。

还有许多异响与发动机的负荷有关，如曲轴主轴承响、连杆轴承响、活塞敲缸响、气缸漏气响等，均会随负荷增大而增强，随负荷减小而减弱。但是，也有个别异响与负荷无关，如气门响。

不论什么机械异响，当润滑不佳时，一般都变得严重。在发动机上，不同的机件、部位和工况，声源所产生的振动不同，因而发出的异响在音调、音高、音频、音强、出现的位置和次数等方面均不相同。利用异响的这些特点和规律，在一定的诊断条件下，即可将发动机的异响故障诊断出来。

二、主要异响及其人工经验诊断法

1. 曲轴主轴承异响

（1）故障现象　发动机突然加速时会发出沉重而有力的"刚刚刚"的金属敲击声，严重时机体发生很大振动。响声随发动机转速的提高而增大，随负荷的增加而增强。产生响声的部位在缸体下部的曲轴箱内。单缸断火，响声无明显变化；相邻两缸同时断火，响声会明显减弱。温度变化时响声不变但机油压力明显降低。另外，后道轴承异响，一般声音钝重发闷；前道轴承异响，声音较轻、较脆。曲轴轴向窜动出现的响声，在低速下采用微抖节气门的方法，可听到较沉重的"咯噔、咯噔"的响声，好像独轮车行走在高低不平的石头路上的声音。

（2）故障原因

1）主轴承盖固定螺钉松动。

2）主轴承减摩合金烧毁或脱落。

3）主轴承和轴颈、轴向止推装置磨损严重，造成径向和轴向间隙过大。

4）曲轴弯曲。

5）机油压力太低或机油变质。

（3）诊断方法

1）抖动并加大节气门试验。使发动机在低速下运转，用手微微抖动并反复加大节气门进行试验，同时仔细倾听。如果响声随着发动机转速的升高而增大，抖动节气门时在加油的瞬间响声较明显，这一般是主轴承松旷；如果发动机在怠速或低速运转时响声较明显，高速时显得杂乱，则可能是曲轴弯曲；如果在高速时机体有较大振动，机油压力显著降低，则一般是主轴承松旷严重、烧毁或减摩合金脱落。

2）从机油加注口处听诊。打开机油加注口盖，从机油加注口处仔细倾听，同时反复变更发动机转速进行试验。如果是主轴承异响，可以明显听到沉重有力的金属敲击声。

3）用听诊器具听诊。将听诊器或自制的简易听诊杆，在节气门开度不断变换的同时，对机体曲轴箱两侧与曲轴轴线齐平的位置进行听诊，响声最强的部位即为异响发生的部位。

4）断火试验。松开高压油管接头，如果第一缸断火后响声明显减弱，则为第一道主轴承异响；如果最末缸断火后响声明显减弱，则为最后一道主轴承异响；如果任意相邻两缸同时断火后响声明显减弱，则为两缸之间的主轴承响。对于曲轴轴向窜动所产生的异响，单缸断火无变化。

5）踩离合器踏板试验。踩下离合器踏板保持不动，如果响声减弱或消失，则为曲轴轴向窜动产生的异响。

6）降速试验。诊断主轴承异响时，为避开着火敲击声的干扰，可以采取加大供油拉杆行程后再迅速收回的方法，趁发动机降速之时进行检测，如果听到坚实而沉重的金属敲击声，则有可能为主轴承异响。同时，应打开机油加注口盖，辅之听诊法和气缸断油法，以便确诊。

2. 连杆轴承异响

（1）故障现象　当发动机突然加速时，有"铛、铛、铛"连续明显的敲击声是连杆轴承异响的主要特征。轴承严重松旷时，怠速运转也能听到明显的响声，且机油压力降低。发动机温度变化时，响声不变化；发动机负荷变化时，响声随负荷增加而加剧；单缸断火时，响声明显减弱或消失，但复火时又能立即出现，即具有所谓响声"上缸"现象。

（2）故障原因

1）连杆轴承盖的固定螺栓松动或折断。

2）连杆轴承减摩合金烧毁或脱落。

3）连杆轴承或轴颈磨损严重，造成径向间隙太大。

4）机油压力太低或机油变质。

（3）诊断方法

1）变换转速试验。使发动机怠速运转，然后由怠速向低速，低速向中速，中速向高速加大节气门进行试验，同时结合逐缸断火法和在机油加注口处听诊等方法反复进行。若响声随着转速的升高而增大，抖动节气门时，在加油的瞬间异响突出，响声严重时在任何转速下均可听到，甚至在怠速时也可以听到清晰、明显的敲击声，则可确定为连杆轴承异响。

2）断火试验。在怠速、中速和高速情况下，逐缸反复进行断火试验。如果某缸断火后响声明显减弱或消失，在复火的瞬间又立即出现，则可以断定为该缸连杆轴承异响。

3）听诊。如果用听诊器或简易听诊杆接触在机体上听诊，往往不易听清楚，但在机油加注口处直接倾听，则可以清楚地听到连杆轴承敲击声。

4）检查机油压力。诊断中要注意检查机油压力。如果响声严重，又伴随有机油压力低，这往往成为区别连杆轴承异响与活塞销响、活塞敲缸异响的重要依据。

5）柴油机连杆轴承异响的诊断。与汽油机相比，柴油机连杆轴承的响声比较钝重，诊断时只有避开着火敲击声的干扰，才能听得清楚。如果随着供油拉杆行程的加大，响声逐渐增强，并在迅速收回供油拉杆，趁发动机降速之际，能明显听到坚实的"哐哐哐"的敲击声，即可初步断定为连杆轴承异响。此外，也可以在中、高速运转时做抖动供油拉杆试验，如果这时出现坚实有力的敲击声，说明是连杆轴承响。诊断时可结合从机油加注口处听诊、检查机油压力和做单缸断油试验等方法进行。

3. 活塞销异响

（1）故障现象　发动机在怠速、低速和从怠速向低速抖动节气门时，可以听到明显而清脆的"嗒嗒嗒"好像两个钢球相碰的声音，严重时随转速的升高响声增大，但机油压力不降低。单缸断火时响声明显减弱或消失，复火瞬间响声又出现或连续出现两声异响。

（2）故障原因

1）活塞销与连杆小头衬套配合松旷。

2）活塞销与活塞上的销孔配合松旷。

（3）诊断方法

1）抖动节气门试验。发动机怠速运转，然后由怠速向低速急抖节气门，响声能随转速的变化而变化。每抖一次节气门，如果均能听到清脆而连贯的"嗒嗒嗒"的响声，则有可能是活塞销异响。

2）断火试验。将发动机转速稳定在响声较高的速率上，松开高压油管接头进行断火试验。当某缸断火后响声明显减弱或消失，在复火的瞬间又能立即出现或连续出现两个响声，则可断定为此缸活塞销异响。如果响声严重，并且转速越高响声越大，此时在响声较大的转速下进行断火试验，往往响声不会消失且变得杂乱，这一般是由于配合间隙增大到了很大程度的缘故。以上两种方法如果配合使用，效果会变更好。

3）听诊。在微抖加速踏板使发动机转速不断变化的情况下，用听诊器或简易听诊杆接触在发响气缸的上部或气缸盖上，可以听到清脆的响声。打开机油加注口，也能清楚地听到这一响声。

4. 活塞敲缸异响

（1）故障现象　发动机在怠速或低速运转时，气缸的上部发出清晰而明显的"嗒嗒嗒"的响声，发动机中速以上运转时，这种异响便会减弱或消失。该响声冷车时明显，热车时减弱或消失；单缸断火，响声减弱或消失；严重时，负荷越大响声也越大，但机油压力不降低。

（2）故障原因

1）活塞与气缸壁配合间隙太小。

2）活塞与气缸壁间润滑太差。

（3）诊断方法

1）在不同水温下诊断。敲缸异响的特点是冷车时明显，热车时减弱或消失，因此，应先在冷车时诊断。若冷车时有敲击声，热车时响声消失，说明是活塞敲缸异响，且故障尚轻，车辆可继续运行；若发动机热起后响声虽有减弱，但仍较明显，特别是大负荷低转速时非常清楚，说明响声严重，应停驶检修。

2）断火试验。把发动机置于敲击声最明显的转速下运转，松开高压油管接头进行断火试验，如果某缸断火后响声减弱或消失，则为该缸活塞敲缸异响。

3）加机油确诊。为了进一步确诊是否是活塞敲缸异响，可以将发动机熄火，卸下有响声气缸的喷油器，往气缸内倒少许机油，并用手摇把或起动机转动曲轴数圈，使机油布满在气缸壁与活塞之间，然后装上喷油器，起动发动机，若响声短时间内减弱或消失，过一会儿又重新出现，则可以确诊为活塞敲缸异响。

4）听诊。将听诊器或简易听诊杆接触在机体上部的两侧进行听诊。一般在异响气缸的上部往往响声较弱并稍有振动，再结合断火试验，即可确定出异响的气缸。有时听诊还可以诊断出异响的原因：如果听到"嗒嗒嗒"好像用小锤子敲水泥地的声音，一般是气缸与活塞间隙太大造成的；如听到"刚刚刚"好像用小锤子敲钢管的声音，则有可能是气缸壁润滑不良造成的。

5. 气门异响

（1）故障现象　发动机怠速运转时发出连续不断的、有节奏的"嗒嗒嗒"（在气门脚处）或"啪啪啪"（在气门落座处）的敲击声，转速增高时响声也随之增强，温度变化和单缸断火时响声不减弱。若有数只气门响，则声音显得杂乱。气门脚异响和气门落座异响统称为气门异响。

（2）故障原因

1）气门脚异响

① 气门脚间隙太大。

② 气门脚间隙调整螺钉松动或该间隙处两接触面不平。

③ 配气凸轮外形加工不准或磨损严重，造成缓冲段效能下降，加重了挺杆对气门脚的冲击。

④ 气门脚处润滑不良。

2）气门落座异响

① 气门杆与其导管配合间隙太大。

② 气门头部与其座圈接触不良。

③ 气门座圈松动。

④ 气门脚间隙太大。

（3）诊断方法　气门脚异响和气门落座异响很类似，诊断方法也差不多，由于它们不上缸，因而采用单缸断火或单缸断油的方法无效。

1）听诊。听诊气门异响时不打开机油加注口盖就能在发动机周围听得清清楚楚。当发动机怠速运转时，听到如现象中所述的有节奏的响声，可以稍稍加油，如果此时响声较明显，且逐渐加油时响声又随转速的提高节奏加快，可以初步断定为气门脚异响或气门落座异响。柴油机由于受着火敲击声的影响，其气门响不易听诊。对其听诊时可以采用提高转速后迅速收回供油拉杆的方法，趁发动机降速时，避开着火敲击声的干扰，仔细倾听。

2）检查气门间隙。打开气门室侧盖或气门室顶盖，用塞尺检查或用手摇晃试气门脚间隙，间隙最大的往往是最响的气门。对于运转中的发动机，当将塞尺插入气门脚间隙处致使响声减弱或消失时，即可确定是该气门异响，且由间隙太大造成。若需进一步确诊是气门脚异响还是气门落座异响，可以在气门脚间隙处滴入少许机油，如果瞬间响声减弱或消失，说明是气门脚异响；如果响声无变化，说明是气门落座异响。气门落座异响如果是座圈松动造成的，其响声不如气门脚响坚实，且带有破碎声。

6. 气缸的漏气异响

（1）故障现象　发动机运转时可以从机油加注口处听到曲轴箱内发出"嘣嘣嘣"的漏气声，负荷越大、转速越高，响声越大。当松抬加速踏板或单缸断火时，响声减弱或消失。此外，随着响声的出现，可看到机油加注口处呈脉动状地向外冒烟，脉动次数与异响次数相同。

（2）故障原因

1）活塞环与气缸壁漏光度太大。

2）活塞环开口间隙太大或各环开口重合。

3）活塞环弹力太弱或因其侧隙、背隙太小而导致背压力无法建立。

4）活塞环卡死在环槽内。

5）气缸壁拉伤，出现沟槽。

（3）诊断方法　采用断火试验。打开机油加注口盖，提高发动机转速至响声最明显、冒烟最大时稳住，若某缸断火后响声减弱或消失，且机油加注口处的冒烟量明显减少，说明漏气异响是该缸发出的。

7. 正时齿轮异响

（1）故障现象　有的有节奏，有的无节奏。在有节奏的响声中，有的属于间歇异响，有的属于连续异响。转速越高，响声往往越大。使用单缸断火，响声不减弱。

（2）故障原因

1）齿轮啮合间隙过大或过小。

2）曲轴主轴承孔与凸轮轴轴承孔中心距在使用或保修中发生变化。

3）齿轮的齿形不符合要求或齿面磨损严重。

4）齿轮转动一周，其啮合间隙松紧不一致或发生根切。

5）齿轮齿面碰伤、脱层或轮齿断裂。

6）齿轮在曲轴或凸轮轴上松动或脱出。

7）曲轴或凸轮轴轴向间隙过大。

8）重新装配正时齿轮时，改变了原来的啮合位置。

9）未成对更换齿轮。

（3）诊断方法　诊断方法有两种：一种是变换节气门开度法，另一种是听诊法。在配合使用上述两种方法的同时，要结合以下情况分别进行判断。

1）诊断中若发现响声是无节奏的，且在发动机怠速运转时发出"嘎啦、嘎啦"的响声，中速时响声更为明显，高速时响声变得杂乱并带有破碎声，严重时正时齿轮室盖处有振动，这有可能是齿轮啮合间隙太大造成的。

2）如果出现一种连续不断的"嗷——"的响声，发动机转速越高响声越大，并且经证实该发动机更换过正时齿轮，则有可能是齿轮啮合过紧的缘故。

3）如果出现有节奏的"哽哽哽"的响声，发动机转速越高响声越大，则可能是齿轮啮合间隙不均匀造成的。若响声为连续异响，则故障出在曲轴正时齿轮上；若响声为间歇异响，则故障出在凸轮轴正时齿轮上。

4）若响声是有节奏的，发动机怠速运转时能听到"嗒啦、嗒啦"的声音，中速以上时又变为紧凑的"嗒嗒嗒"的响声，这往往是金属齿轮齿面碰伤以后出现的响声。如果故障在曲轴正时齿轮上，则为连续异响；如果故障在凸轮轴正时齿轮上，则为间歇异响。

5）若在发动机怠速运转时听到"咯啦、咯啦"的撞击声，加大节气门开度时，变为较杂乱的"哇啦啦"的声音，甚至还带点"咯棱、咯棱"的撞击声，同时齿轮室盖处又伴随有振动，通常是一对金属正时齿轮发生根切造成的。

第二节　气缸气密性的检测

气缸密封性与气缸体、气缸盖、气缸垫、活塞、活塞环、进气门和排气门等零件的技术状况有关。在发动机使用过程中，这些零件磨损、烧蚀、结焦或积炭，导致气缸密封性下降，使发动机功率下降，燃油消耗率增加，使用寿命大大缩短。气缸密封性是表征发动机技术状况的重要参数。在不解体的前提下，检测气缸密封性的常用方法有：测量气缸压缩压力，测量曲轴箱窜气量，测量气缸漏气量或气缸漏气率，测量进气管负压等。在就车检测时，只要进行其中的一项或两项，就能确定气缸密封性的好坏。

一、气缸压缩压力的检测

活塞到达压缩终了上止点时的气缸压缩压力可以反映气缸的密封性。其检测方法有用气缸压力表检测和用气缸压力测试仪检测。

1. 用气缸压力表检测

气缸压力表如图 2-1 所示。用气缸压力表检测气缸压缩压力（以下简称气缸压力）具有价格低廉、仪表轻巧、实用性强和检测方便等优点，因而在汽车维修企业中应用十分广泛。

（1）检测方法 使发动机正常运转，水温达到 75℃以上。停机后，拆下空气滤清器，用压缩空气吹净火花塞或喷油器周围的灰尘和脏物，然后卸下全部火花塞或喷油器，并按气缸次序放置。

对于汽油发动机，还应把分电器中央电极高压线拔下并可靠搭铁，以防止电击和着火。最后，把气缸压力表的橡胶接头插在被测缸的火花塞或喷油器孔内，扶正

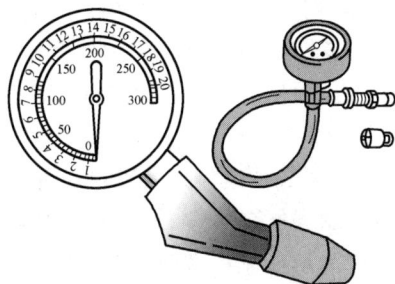

图 2-1　气缸压力表

压紧。将节气门和阻风门置于全开位置，用起动机转动曲轴 3~5s（不少于四个压缩行程），待压力表头指针指示并保持最大压力后停止转动。取下气缸压力表，记下读数，按下单向阀使气缸压力表指针回零位。按上述方法依次测量各缸，每缸测量次数不少于两次。

就车检测柴油机气缸压力时，应使用螺纹接头的气缸压力表。如果该发动机需在较高转速下测量，则除受检气缸外，其余气缸均应工作。其他检测条件和检测方法同汽油机。

（2）诊断参数标准 气缸压力标准值一般由发动机制造厂提供。根据 GB/T 15746—2011《汽车修理质量检查评定方法》附录 B 的规定：大修竣工发动机的气缸压力应符合原设计规定，每缸压力与各缸平均压力的差，汽油机不超过 5%，柴油机不超过 8%。

几种常见车型发动机气缸压力的标准值见表 2-1。

表 2-1　几种常见车型气缸压力值

发动机型号	压缩比	气缸压力/kPa	各缸压力差/kPa
奥迪 100 1.8L	8.5	新车：800~1000 极限：650	≤300
捷达 EA827	8.5	900~1100	≤300
桑塔纳 AJR 1.8L	9.3	1000~1350	300
富康 TU3	8.8	1200	300
解放 CA6102	7.4	930	—
东风 EQ6100	6.75	833	—
五十铃 4JB1	18.2	3100	—

（3）结果分析　测得结果如高于原设计规定，可能是由于燃烧室积炭过多、气缸衬垫过薄或缸体与缸盖接合平面经多次修理加工造成的。测得结果如低于原设计规定，可以向该缸火花塞或喷油器孔内注入适量机油，然后用气缸压力表重测气缸压力并记录。

1）如果第二次测出的压力比第一次高，说明气缸、活塞环、活塞磨损过大，或活塞环对口、卡死、断裂及缸壁拉伤等造成气缸不密封。

2）如果第二次测出的压力与第一次相近，说明进、排气门或气缸衬垫不密封。

3）如果两次检测某相邻两气缸压力均较低，说明这两个气缸相邻处的气缸衬垫烧损导致窜气。

2. 用气缸压力测试仪检测

1）用压力传感器式气缸压力测试仪检测。用这种测试仪检测气缸压力时，须先拆下被测缸的火花塞或喷油器，旋上仪器配备的压力传感器，用起动机转动曲轴 3～5s，由传感器取出气缸的压力信号，经放大后送入 A-D 转换器进行模数转换，再送入显示装置即可获得气缸压力。

2）用起动电流或起动电压降式气缸压力测试仪检测。通过测起动电源-蓄电池的电压降，也可以获得气缸压力。这是因为起动机工作时，蓄电池端电压的变化取决于起动机电流的变化。当起动电流增大时，蓄电池端电压降低，即起动电流与电压降成正比。由于起动电流与气缸压力成正比，因此起动时蓄电池的电压降与气缸压力也成正比，所以通过测蓄电池电压降可以获得气缸压力。用该测试仪检测气缸压力时，无须拆下火花塞或喷油器。

3）用电感放电式气缸压力测试仪检测。这是一种通过检测点火二次侧电感放电电压来确定气缸压力的仪器，仅适用于汽油机。汽油机工作中，随着断电器触点打开，二次侧电压随即上升击穿火花塞间隙，并维持火花塞放电。火花放电电压也称为火花线，它属于点火系统电容放电后的电感放电部分。电感放电部分的电压与气缸压力之间具有近乎线性的对应关系，因此各缸火花放电电压可以作为检测各缸压力的信号，该信号经变换处理后即可显示气缸压力。

使用以上几种测试仪检测气缸压力时，发动机不应着火工作。对于汽油机，可拔下分电器中央高压线并搭铁或按测试仪要求处理；对于柴油机，旋松喷油器高压油管接头断油，即可达到目的。

二、曲轴箱窜气量的检测

检测曲轴箱窜气量也是检测气缸密封性的方法之一。特别是在发动机不解体的情况下，使用该方法诊断气缸活塞摩擦副的工作状况具有明显的优势。

1. 曲轴箱窜气量的检测方法

曲轴箱窜气量的检测一般采用曲轴箱窜气量检测仪（见图 2-2）进行，具体检测步骤如下：

1）打开电源开关，按仪器使用说明书的要求对检测仪进行预调。

2）密封曲轴箱，即堵塞机油尺口、曲轴箱通风进出口等，将取样头插入机油加注口内。

3）起动发动机，待其运转平稳后，仪表箱仪表的指示值即为发动机曲轴箱在该转速下的窜气量。

曲轴箱窜气量除与发动机气缸活塞组技术状况有关外，还与发动机转速和负荷有关。因此在检测时，发动机应加载，节气门全开（或柴油机供油量最大），在最大转矩转速（此时窜气量达最大值）下测试。发动机加载可以在底盘测功机上实现，测功机的加载装置可以方便地通过滚筒对发动机进行加载，以实现发动机在全负荷工况下从最大转矩转速至额定转速的任一转速下运转，因此，可以用曲轴箱窜气量检测仪检测出各种工况下的窜气量。

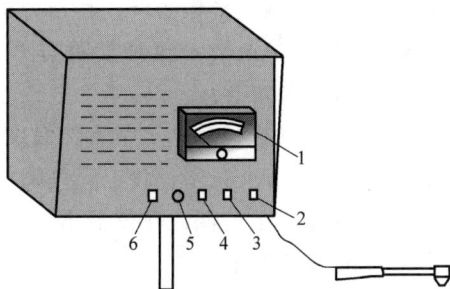

图 2-2　曲轴箱窜气量检测仪

1—指示仪表　2—预测按钮　3—预调旋钮
4—档位开关　5—调零旋钮　6—电源开关

2. 曲轴箱窜气量诊断参数标准

对曲轴箱窜气量还没有制订出统一的国家诊断标准，有些维修企业的自用标准一般是根据具体车型逐渐积累资料制订的。由于曲轴箱窜气量还与缸径和缸数有关，因此很难把众多车型统一在一个诊断参数标准内。有些国家以单缸平均窜气量作为诊断参数。综合国内外情况，单缸平均窜气量可参考以下标准：

汽油机：新机为 $2\sim4L/min$，达到 $16\sim22L/min$ 时需大修。

柴油机：新机为 $3\sim8L/min$，达到 $18\sim28L/min$ 时需大修。

曲轴箱窜气量大，一般是气缸、活塞、活塞环磨损量大，使各部分间隙大；活塞环对口、结胶、积炭、失去弹性、断裂及缸壁拉伤等原因造成，应结合使用、维修和配件质量等情况来进行深入诊断。

三、气缸漏气量和漏气率的检测

1. 气缸漏气量的检测

气缸的密封性可以用检测气缸漏气量的方法进行判断。检测气缸漏气量时，发动机不运转，活塞处在压缩终了上止点位置，从火花塞孔处通入一定压力的压缩空气，通过测量气缸内压力的变化情况来表征整个气缸组的密封性，即不仅表征气缸活塞摩擦副，还表征进排气门、气缸衬垫、气缸盖及气缸的密封性。该方法仅适用于对汽油机的检测。

国产 QLY—1 型气缸漏气量检测仪如图 2-3a 所示。该仪器由调压阀、进气压力表、测量表、校正孔板、橡胶软管、快速接头和充气嘴等组成，此外还需配备外部气源、指示活塞位置的指针和活塞定位盘。外部气源的压力相当于气缸压力，一般为 $600\sim900kPa$。压缩空气按箭

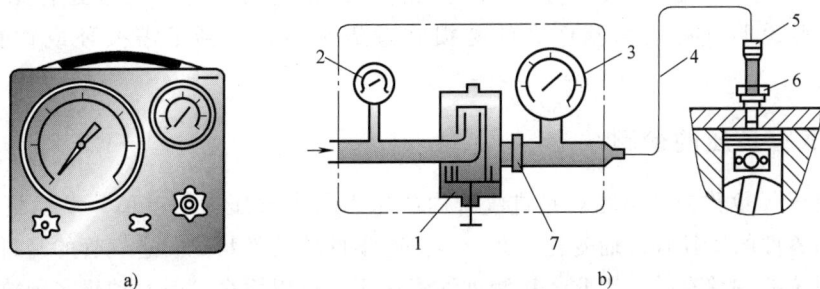

a)　　　　b)

图 2-3　QLY—1 型气缸漏气量检测仪

1—调压阀　2—进气压力表　3—测量表　4—橡胶软管　5—快速接头　6—充气嘴　7—校正孔板

头方向进入气缸漏气量检测仪，其压力由进气压力表显示。随后，压缩空气经调压阀、校正孔板、橡胶软管、快速接头和充气嘴进入气缸，气缸内的压力变化情况由测量表显示（见图2-3b）。检测方法如下：

1）先将发动机预热到正常工作温度，然后用压缩空气吹净缸盖，特别要吹净火花塞孔上的灰尘，拧下所有火花塞，装上充气嘴。

2）将仪器接上气源，在仪器出气口完全密封的情况下，通过调节调压阀，使测量表的指针指在392kPa位置上。

3）卸下分电器盖和分火头，装上指针和活塞定位盘。指针可以用旧分火头改制，仍装在原来的位置上。活塞定位盘用较薄的板材制成，其上按缸数进行刻度，并按分火头的旋转方向和点火次序刻有缸号。假定是6缸发动机，分火头按顺时针方向转动，点火次序为1-5-3-6-2-4，则活塞定位盘上每60°有一个刻度，共有6个刻度，并按顺时针方向在每个刻度上分别刻有1、5、3、6、2、4的字样。

4）摇转曲轴，先使第一缸活塞处于压缩终了上止点位置，然后转动活塞定位盘，使刻度"1"对正指针。变速器挂低速档，拉紧驻车制动器，以保证压缩空气进入气缸后不会推动活塞下移。

5）把第一缸充气嘴接上快速接头，向缸内充气，测量表上的读数便反映了该缸的密封性。在充气的同时，可以从进气口、排气消声器口、散热器加水口和机油加注口等处，仔细听是否有漏气声，以便找出故障部位。

6）摇转曲轴，使指针对正活塞定位盘下一缸的刻度线，按以上方法检测下一缸漏气量。

7）按以上方法和点火次序，检测其他各缸的漏气量。为使数据可靠，各缸应重复测量一次。仪器使用完毕后，调压阀应退回到原来的位置。

对于解放和东风等国产发动机，在确认进、排气门和气缸衬垫密封良好的情况下，如果其测量读数值大于246kPa，气缸活塞摩擦副的密封性可诊断为合格；如果读数值小于246kPa，则需换环或镗缸换活塞。

2. 气缸漏气率的检测

气缸漏气率的检测，无论使用的仪器、检测的方法还是判断故障的方法，与气缸漏气量的检测是基本一致的，只不过气缸漏气量检测仪的测量表标定单位为kPa或MPa，而气缸漏气率测量表的标定单位为百分数。一般说来，当气缸漏气率达30%~40%时，如果能确认进气门、排气门、气缸衬垫、气缸盖和气缸套等是密封的（可以从各处有无漏气或相关迹象确认），则说明气缸活塞摩擦副的磨损临近极限值，已到了需换环或镗缸换活塞的程度。

四、进气管负压的检测

进气管负压（也称为真空度）是进气管内的压力与大气压力的差值。发动机进气管负压随气缸活塞组零件的磨损程度而变化，并与气门组零件的技术状况、进气管的密封性以及点火系统和供油系统的调整有关。因此，检测进气管负压，可以用来诊断发动机多种故障。

进气管负压用真空表检测，无须拆卸任何机件，而且快速简便，应用极广。一般发动机综合分析仪也具有进气管负压检测功能。

1. 测试条件及操作方法

1）起动发动机，并使其以高于怠速的转速空转 30min 以上，使发动机达到正常工作温度。

2）将真空表软管接到进气歧管的测压孔上。

3）变速器挂空档，发动机怠速运转。

4）读取真空表上的示值。

2. 诊断标准

根据 GB/T 3799.1—2005《商用汽车发动机大修竣工出厂技术条件 第 1 部分：汽油发动机》的规定，在正常工作温度和标准状态下，发动机怠速运转时，进气管负压应符合原设计规定，其波动范围：六缸汽油机一般不超过 3kPa，四缸汽油机一般不超过 5kPa。

第三节　冷却系统、润滑系统的故障诊断

一、作用及组成

1. 冷却系统的作用及组成

冷却系统的作用是将受热零件吸收的部分热量及时散发出去，保证发动机在最适宜的温度状态下工作。水冷发动机的冷却系统通常由冷却液、水泵、散热器、风扇、储水箱和水管等组成，如图 2-4 所示。

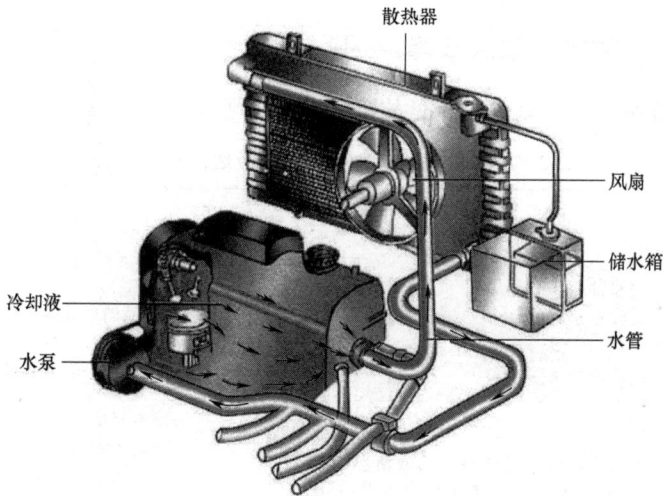

图 2-4　水冷发动机冷却系统的组成

2. 润滑系统的作用及组成

润滑系统（见图 2-5）的作用是向做相对运动的零件表面输送定量的清洁润滑油，以实现液体摩擦，减小摩擦阻力，减轻机件的磨损，并对零件表面进行清洗和冷却。润滑系统通常由润滑油道、机油泵、机油滤清器和一些阀门等组成。

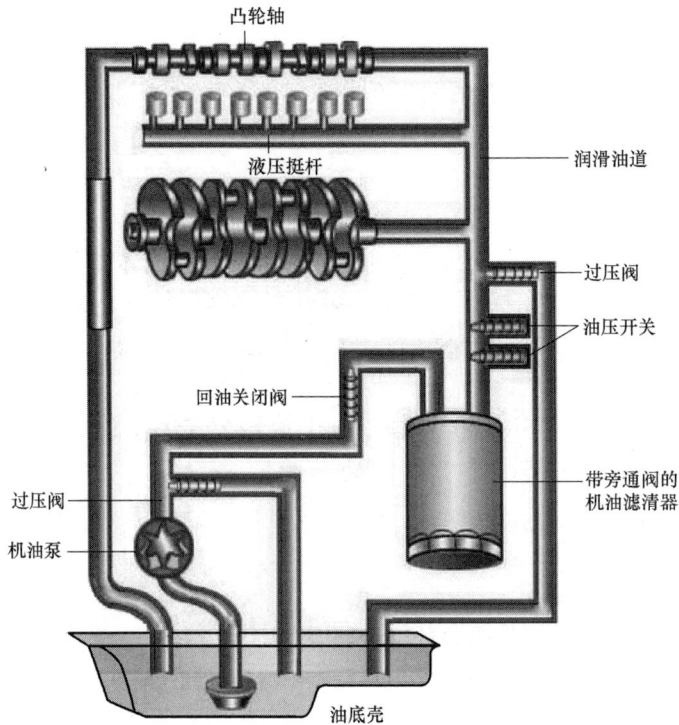

图 2-5　润滑系统的组成

二、常见故障、故障现象及故障原因

冷却系统和润滑系统故障繁多，常见故障的现象及原因见表 2-2。

表 2-2　冷却系统和润滑系统常见故障的现象及原因

常见故障	故障现象	故障原因
机油压力过低	1）机油警告灯亮 2）发动机过热 3）动力不足	1）机油量不足 2）油道堵塞 3）集滤器、滤清器堵塞 4）机油泵损坏 5）机油压力传感器、线路损坏
机油压力过高	发动机运行中机油将机油滤清器等的密封圈冲裂或发动机起动后机油压力增至0.49MPa以上	1）机油滤清器堵塞且旁通阀开启困难 2）曲轴箱通风阀（PCV 阀）堵塞 3）气缸体主油道堵塞 4）机油黏度过高 5）限压阀调整不当 6）机油压力表或传感器失效
发动机过热	1）汽车在行驶中冷却液温度超过 90℃，冷却液温度表指针指向红线 2）运行中冷却液温度在 90℃ 以上，一停车冷却液就立即沸腾 3）发动机在加速时伴随有明显的金属敲击声，同时动力不足，冷却液温度警告灯闪亮	1）冷却系统堵塞或水道中有水垢 2）水泵损坏 3）节温器失灵 4）风扇电动机损坏 5）百叶窗关闭或开度不足 6）散热器散热片倾倒过多或泥沙堵塞 7）冷却液严重泄漏 8）机油油量不足或黏度太大

常见故障	故障现象	故障原因
发动机过冷	1)发动机运转一定时间后温度仍低于正常工作温度 2)冷却液温度表指示值低于发动机正常工作温度 3)发动机乏力,排气管时有放炮声	1)节温器阀门常开 2)百叶窗不能关闭 3)风扇常开 4)冷却液温度表及其线路故障 5)冷却液温度传感器损坏

第四节　发动机燃油喷射系统的故障诊断与排除

电控燃油喷射系统尽管形式多样,但它们都具有相同的控制原理,即以电子控制单元(ECU)为控制核心,以空气流量和发动机转速为控制基础,以喷油器为控制对象,保证发动机在各种工况下获得最佳的混合气浓度,以满足发动机动力性、经济性和排放要求。相同的控制原理决定了各类电控燃油喷射系统具有相同的组成和类似的结构,如图2-6所示。电控燃油喷射系统都由以下三个子系统组成:空气供给系统、燃油供给系统和电子控制系统。

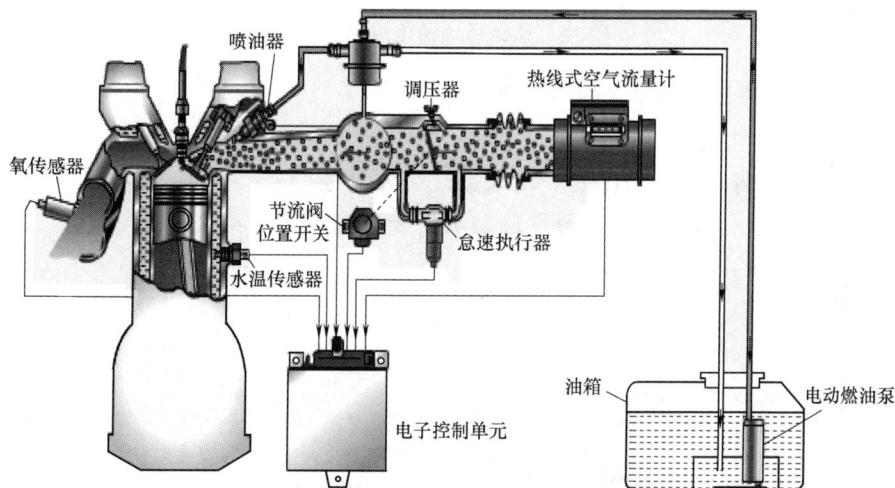

图 2-6　电控燃油喷射系统的组成

一、空气供给系统的故障诊断与排除

1. 作用、组成

空气供给系统的作用是向发动机提供与负荷相适应的清洁空气,同时对流入发动机气缸的空气量进行直接或间接计量并控制进入发动机气缸的空气量,使它们在系统中与喷油器喷出的汽油形成空燃比符合要求的可燃混合气。该系统主要包括空气滤清器、空气流量计或进气压力传感器、节气门阀体(或电子节气门)、进气歧管和怠速控制(ISC)阀等。空气经过滤清器、流量计后进入气缸。空气供给系统的组成和进气流程如图2-7所示。

2. 空气供给系统主要部件的故障诊断与排除

了解发动机空气供给系统电控部分的常见故障及这些故障对发动机工作的影响,是正确、迅速地诊断故障的基础。这里主要介绍该部分的常见故障,以供故障诊断时参考。

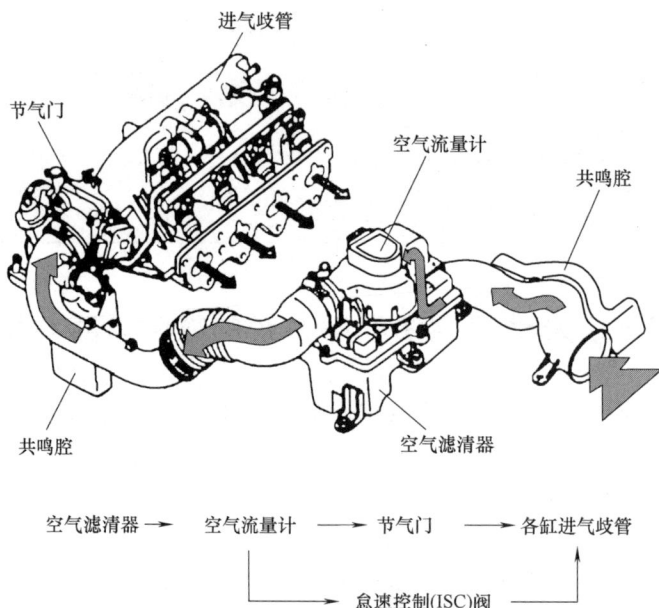

进气歧管

节气门

空气流量计

共鸣腔

共鸣腔

空气滤清器

空气滤清器 → 空气流量计 → 节气门 → 各缸进气歧管

怠速控制(ISC)阀

图 2-7　空气供给系统的组成和进气流程

（1）空气流量计的常见故障诊断与排除

1）旋转翼片式空气流量计的常见故障诊断与排除

① 常见故障及影响。旋转翼片式空气流量计的常见故障有：电位计滑片与碳膜电阻接触不良、电阻值发生变化、燃油泵开关触点接触不良或传感器转轴回位弹簧失效等。旋转翼片式空气流量计常见故障及影响见表2-3。

表 2-3　旋转翼片式空气流量计常见故障及影响

故障部位	对电控燃油喷射系统的影响	对发动机工作的影响
电位计电阻值不准确	传感器空气流量信号不正确	发动机功率下降，运转不平稳，油耗增加
电位计滑片与碳膜电阻接触不良	传感器空气流量信号时有时无	发动机间断运行或不工作
传感器转轴回位弹簧变弱（失效）	喷油量过多	发动机油耗及排污上升，排气管放炮
燃油泵开关触点接触不良	起动后燃油泵断电不工作	发动机起动困难或发动机起动后随即熄火

② 诊断与排除方法。首先查看空气流量计本体有无开裂现象、测量板转动是否卡顿、转轴是否松旷等。若有上述不良情况，则需更换空气流量计；若无上述不良情况，则用万用表的电阻档测量空气流量计插座上各端子间的电阻是否正常，不正常时需更换空气流量计。

测量空气流量信号端子电阻时，还需慢慢转动测量板，看万用表的电阻值变化情况。如果随测量板的转动，电阻值忽大忽小或有间断出现电阻很大（∞）的情况，则均为空气流量计不良，需更换。测量燃油泵开关端子，在测量板关闭时（初始位置）电阻值应为∞，只要测量板一打开，电阻就应为0Ω，否则，说明燃油泵开关触点接触不良。测量进气温度热敏电阻端子时，需同时测量环境温度。

2）热线（热膜）式空气流量计的常见故障诊断与排除

① 常见的故障及影响。热线（热膜）式空气流量计较为常见的故障有：热线（热膜）沾

污、热线断路（热膜损坏）和热敏电阻不良等。热线（热膜）式空气流量计常见故障及影响见表2-4。

表2-4　热线（热膜）式空气流量计常见故障及影响

故障部位	对电控燃油喷射系统的影响	对发动机工作的影响
热线（热膜）沾污	空气流量信号电压下降而使供油量过小	发动机运转不平稳或不工作,发动机运转无力,加速不良
热线断路（热膜损坏）	无空气流量信号输出	发动机不能工作
热敏电阻不良	空气流量信号电压不准确	发动机油耗过高或运转不正常

② 故障诊断与排除方法。采用就车诊断方法，将空气流量计线束插接件橡胶罩拔开，在发动机转动和停转的情况下测出空气流量计的输出电压，判断其是否正常。由于就车诊断时，空气流量计还与控制器（ECU）连接，控制器故障也会使空气流量计信号失常。故就车诊断空气流量计信号异常时，还不能断定就是空气流量计的故障，需拆开与控制器的连接件，做进一步诊断。

先将空气流量计线束插接器拔开，在空气流量计相应端子上接上蓄电池电压，然后测其输出信号电压，如果信号电压正常（1.5V左右），再向空气流量计吹入空气，信号电压应随风量的大小变化而灵敏地变化。如果信号电压在风量变化时不变、变化极小或变化迟缓等，均为空气流量计损坏，否则，为控制器故障，均需更换新件。

（2）节气门体与节气门位置传感器的常见故障诊断与排除

1）常见故障及影响。节气门体与节气门位置传感器的常见故障及影响见表2-5。

表2-5　节气门体与节气门位置传感器的常见故障及影响

故障部位	对电控燃油喷射系统的影响	对发动机工作的影响
节气门积炭	节气门关闭不严	急速不稳或急速过高时无法调低
急速空气道堵塞	急速时空气量不足	急速不稳或无急速
节气门位置传感器急速触点接触不良	无急速信号	急速不稳或无急速
节气门位置传感器全负荷触点接触不良（开关量输出型）	无全负荷信号	发动机加速困难
节气门位置传感器电位计电阻值不准确（线性输出型）	节气门位置信号不正确	发动机动力不足、运转不平稳、加速性差
节气门位置传感器电位计滑头与电阻接触不良（线性输出型）	节气门位置信号时有时无	发动机工作性能不良,发抖、喘振、加速性差、发动机加速时失速
节气门位置传感器急速触点调整不当	急速信号不正确	发动机急速不稳、急速熄火或急速过高时无法调低,开空调（或使用动力转向）时熄火

2）故障诊断与排除方法。检查节气门拉索运动是否有卡顿、回位过于迟缓等现象。如果急速不能调低，则将辅助空气软管夹紧，若急速仍然不能下降，则需拆开节气门体，检查节气门是否能关闭、急速空气道有无堵塞等。

拔去节气门位置传感器的线束插接器。对于开关量输出型节气门位置传感器，可以用万用表电阻档在节气门位置传感器接线插座上测量急速触点和全负荷触点的导通情况，如图2-8所示。当节气门全闭时，急速触点应导通；当节气门全开或接近全开时，全负荷触点应导通；在其他开度下，两触点均应不导通，否则应调整和更换节气门位置传感器。

对于线性输出型节气门位置传感器，则用万用表测量节气门开度端子的电阻，如图2-9所示。图2-9中E和V_T端子之间的电阻应能随节气门开度增大而呈线性连续增大，如果电阻值忽大忽小或为∞，都需更换节气门位置传感器。

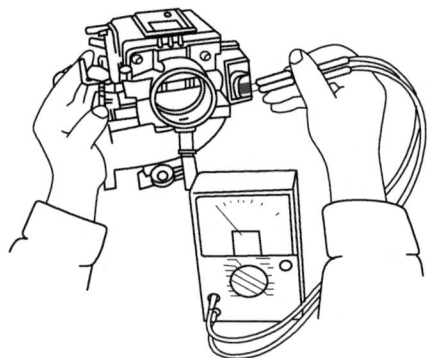

图2-8 开关量输出型节气门位置传感器的检查

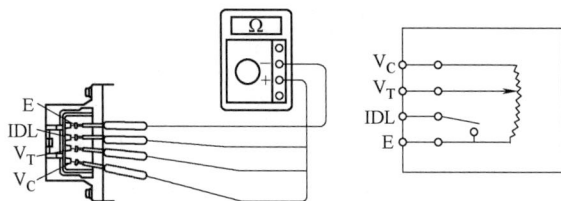

图2-9 线性输出型节气门位置传感器的检查

拧松节气门位置传感器的两个固定螺钉，见图2-10a，将规定厚度（如为0.35mm）的塞尺插入节气门限位螺钉和限位杆之间，同时用万用表电阻档测量怠速触点的导通情况，即图2-10b所示的IDL和E端子间的导通性。

逆时针转动节气门位置传感器，使怠速触点断开，然后按顺时针方向慢慢地转动节气门位置传感器，直到怠速触点闭合为止。

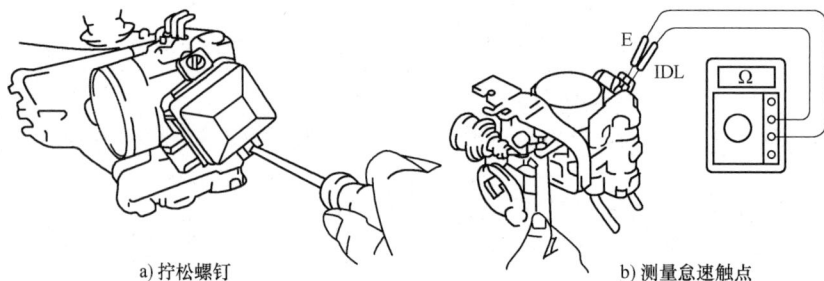

a)拧松螺钉

b)测量怠速触点

图2-10 节气门位置传感器的调整

拧紧节气门位置传感器的两个固定螺钉。分别将比规定厚度小0.50mm的塞尺（如0.30mm和0.40mm的塞尺）插入节气门限位螺钉和限位杆之间，同时测量怠速触点的导通情况。当塞尺厚度为0.30mm时，怠速触点应导通；当塞尺厚度为0.40mm时，怠速触点应断开。否则，应重新调整或更换节气门位置传感器。

（3）进气歧管压力传感器的常见故障诊断与排除

1）常见故障及影响。进气歧管压力传感器的常见故障及影响见表2-6。

表2-6 进气歧管压力传感器的常见故障及影响

故障部位	对电控燃油喷射系统的影响	对发动机工作的影响
真空软管老化破裂	不能准确反映进气歧管绝对压力，进气量检测信号不准确，从而影响基本喷油量	发动机工作性能不良，加速性差，油耗增加，发动机无力
压力转换元件损坏	不能准确测量进气量	发动机起动困难，动力不足，工作性能不良，油耗增加，加速性差

2）故障诊断与排除方法

① 首先检查连接在进气歧管上的真空软管有无破裂、老化、压瘪等现象。

② 然后打开点火开关，但不要起动发动机。

③ 拔下连接进气歧管压力传感器与进气歧管的真空软管（见图 2-11a），在 ECU 线束插接器处用万用表电压档测量进气歧管压力传感器在大气压力状态下的输出电压（见图 2-11b），并记下这一电压值。

④ 用手持真空泵向进气歧管压力传感器内施加真空，从 13.3kPa（100mmHg）开始，每次递增 13.3kPa（100mmHg），一直增加到 66.7kPa（500mmHg）为止。测量在不同真空度下进气歧管压力传感器的输出电压，该电压值应能随真空度的增大而不断下降。将不同真空度下的输出电压降与标准值相比较，如果不符，应更换进气歧管压力传感器。

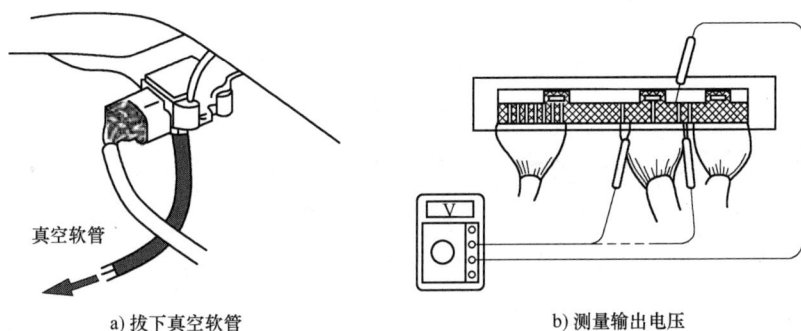

a) 拔下真空软管　　　　　　　　　b) 测量输出电压

图 2-11　进气歧管压力传感器的检测

二、燃油供给系统的故障诊断

1. 作用、组成

燃油供给系统的作用是：电动燃油泵向喷油器提供足量的具有一定压力的燃油，根据发动机不同工况的要求，喷油器按照来自 ECU 的控制信号，向进气歧管内的进气门上方喷射定量的燃油，配制一定数量和浓度的可燃混合气，供入气缸，进行燃烧做功。燃油供给系统由燃油箱、燃油泵、燃油滤清器、燃油蒸气管、燃油蒸发控制装置、燃油回流管、油压调节器、燃油喷射器、双通阀和输油管等组成，有的还设有油压脉动缓冲器。燃油供给系统的组成和工作流程如图 2-12 所示。燃油从油箱内由燃油泵吸出经燃油滤清器后，由油压调节器调整燃油压力，再经输油管分配给各喷油器和冷起动喷油器，喷油器根据 ECU 发来的脉冲信号，把适量燃油喷射到进气歧管中。

2. 燃油泵的控制电路

EFI 系统燃油泵的基本控制要求是：只有在发动机处于运转状态时，燃油泵才泵油；发动机不运转时，即使接通点火开关，燃油泵也不工作。发动机在低速或中小负荷下工作时，需要的供油量相对较小，此时燃油泵也应低速运转，这样可减少燃油泵的磨损、噪声以及不必要的电能消耗；发动机在高转速或大负荷下工作时，需要的供油量相对较大，此时燃油泵应高速运转，以增加泵油量。一般燃油泵转速控制分低速和高速两级。目前常见的燃油泵转速控制方式有以下几种：

1）采用燃油泵开关控制的燃油泵控制电路如图 2-13 所示。此控制方法运用于使用叶片式

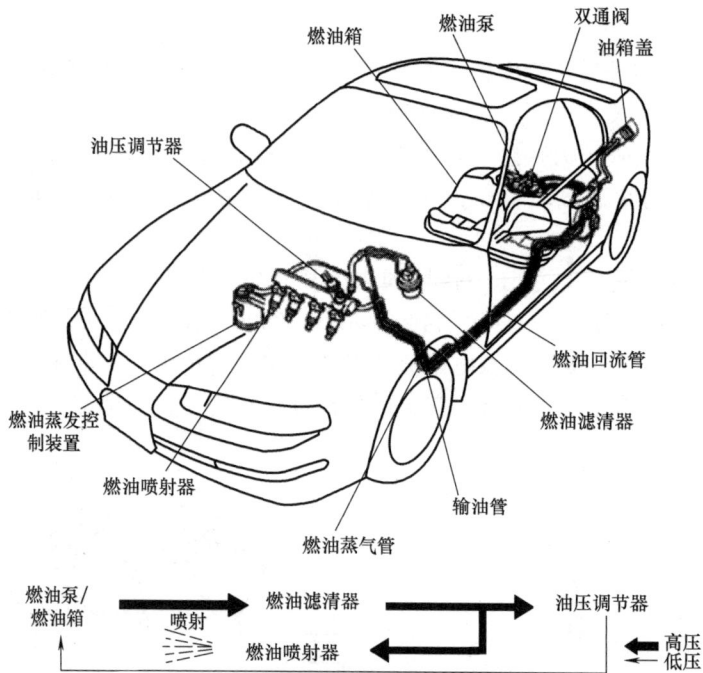

图 2-12 燃油供给系统的组成和工作流程

空气流量计的 L 型燃油喷射（EFI）系统中。

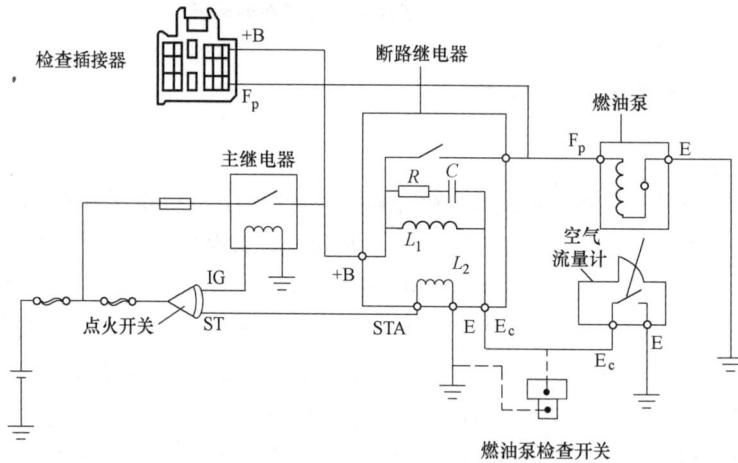

图 2-13 采用燃油泵开关控制的燃油泵控制电路

2）采用 ECU 控制的燃油泵控制电路如图 2-14 所示。此控制方法运用于使用 D 型电控燃油喷射系统及使用热线式空气流量计和卡门涡旋式空气流量计的 L 型电控燃油喷射系统中。

3）采用串联电阻器控制的燃油泵控制电路如图 2-15 所示。它在燃油泵控制电路中，增设一个电阻器（降压电阻器）和燃油泵控制继电器（或叫作电阻器旁路继电器）对燃油泵转速进行二级控制（高速、低速）。当发动机工作时，ECU 根据其转速和负荷，对燃油泵控制继电器进行控制，继而控制电阻器是否串入控制电路中，调节加载在燃油泵电动机上的电压，进而实现燃油泵转速的变化。

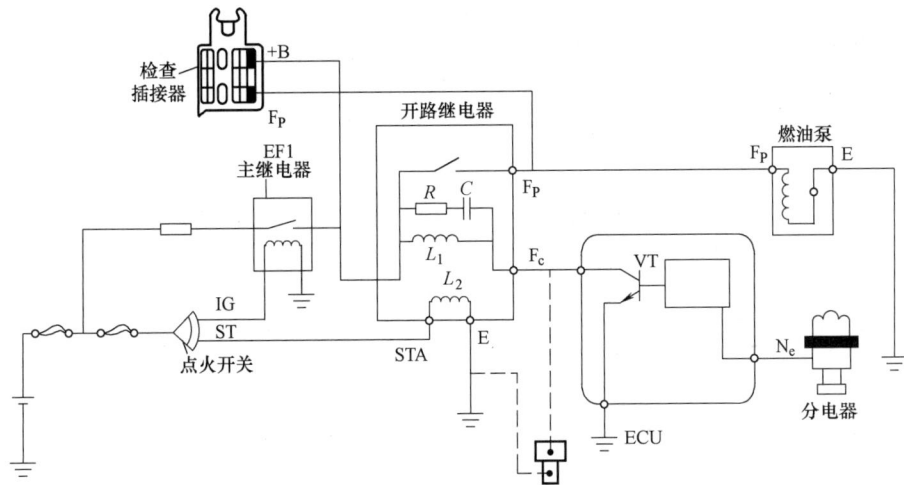

图 2-14 ECU 控制的燃油泵控制电路

当发动机在低速或中小负荷下工作时，燃油泵控制继电器触点 B 闭合，电阻器串入电路，燃油泵以低速运转。当发动机处于高转速、大负荷下工作时，ECU 输出信号，切断燃油泵控制继电器线圈电路，使继电器触点 A 闭合，此时电阻器被旁路接通，燃油泵电动机直接与电源相通，燃油泵处于高速运转。

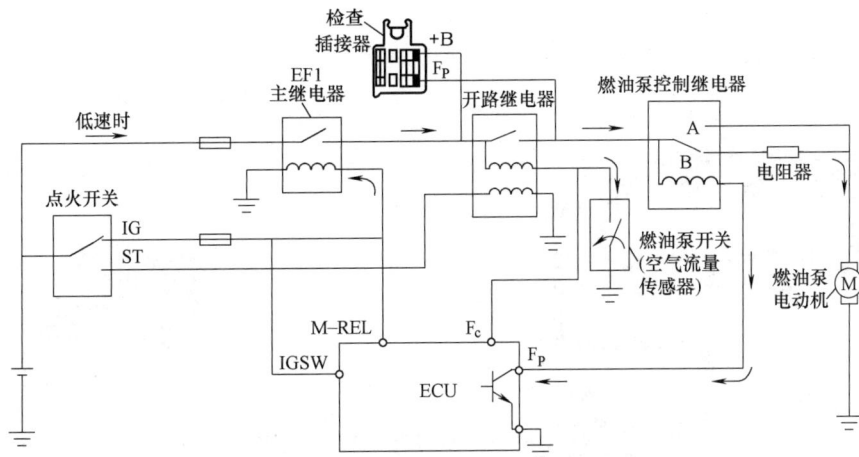

图 2-15 采用串联电阻器控制的燃油泵控制电路

4）采用电动机控制模块控制的燃油泵控制电路如图 2-16 所示。它是通过控制加到燃油泵电动机上的电压来实现的。当发动机在起动阶段或高转速、大负荷下工作时，发动机控制模块（ECU）向燃油泵控制模块的 FPC（燃油泵控制）端子输入一个高电位信号，此时燃油泵控制模块的 F_p 端子向燃油泵电动机供应较高的电压（相当于蓄电池电压），使其高速运转。

发动机起动后，在怠速或小负荷下工作时，发动机控制模块向燃油泵控制模块的 FPC 端输入一个低电位信号，此时燃油泵控制模块的 F_p 端子向燃油泵电动机供应低于蓄电池的电压（约 9V），使其低速运转。

当发动机的转速低于最低转速（120r/min）时，燃油泵控制模块断开燃油泵电路，使其停止工作，所以此时尽管点火开关处于接通状态，燃油泵也不工作。图 2-16 所示发动机控制模块与燃油泵控制模块间的 DI 电路，为燃油泵控制模块的故障诊断信号线路。

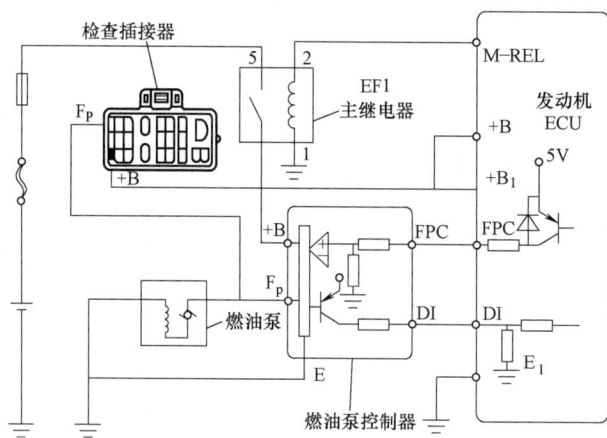

图 2-16   采用发动机控制模块控制的燃油泵控制电路

3. 燃油管

汽车一般有两条燃油管，如图 2-17 所示。

（1）进油管   其作用是将燃油从燃油箱输送到喷油器。

（2）回油管   其作用是使多余的燃油返回燃油箱。

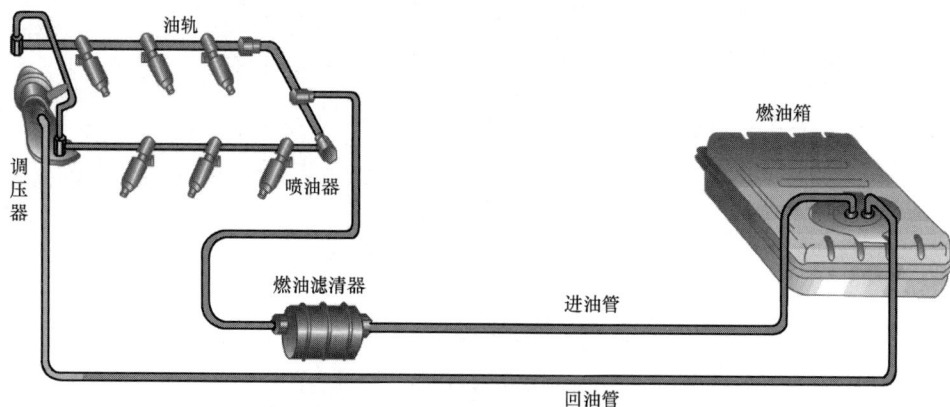

图 2-17   燃油供给系统的进油管和回油管

燃油管有的是钢质的硬管，也有的是橡胶软管，通常装在车身地板下或车架下。为防止路面飞起的石子损坏管道，一般安装有防护板。

一些新型轿车采用了无回油管燃油系统，这套系统中燃油不从发动机部位回流，燃油滤清器和喷油器之间只有一条燃油管，这样，可以降低发动机对燃油的加热效应从而防止油箱内温度升高，降低了燃油蒸发排放。天津一汽丰田生产的花冠、威驰，东风标致 307 等车型采用这类无回油管燃油系统，如图 2-18 所示。

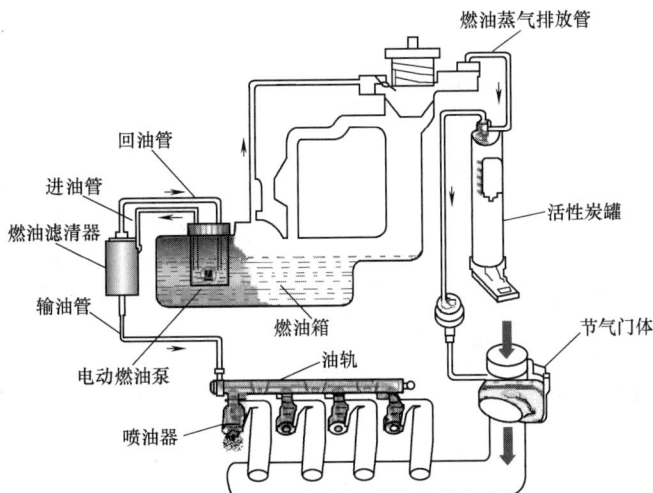

图 2-18　无回油管的燃油供给系统

三、电控燃油喷射系统油路故障诊断与排除

对于电控燃油喷射发动机，只要有油、有电，喷油时间及点火时间准确，发动机便可以起动，余下的问题便只是一个修正问题，而修正精确与否是保证发动机更好地燃烧、更平稳地工作的关键。带有电控燃油喷射系统的发动机难于起动或根本无法起动是较常见的故障，而这种故障又多由供油不良引起。下面就怎样简捷地诊断油路部分的故障做较详细的介绍。

1. 燃油系统油压的释放与预置

电控燃油喷射发动机为了便于再次起动，在发动机熄火后，燃油管路中仍然保持着较高的燃油压力。在拆卸燃油管道，检修或更换燃油滤清器、电动燃油泵、喷油器等部件时，应先释放燃油管道内的油压，其方法如下：

1）起动发动机。

2）在发动机运转时拔下电动燃油泵继电器（或拔下电动燃油泵电源插接器）。

3）待发动机自行熄火后，再转动起动开关，起动发动机 2 次或 3 次，燃油压力即可完全释放。

4）关闭点火开关，装上燃油泵继电器（或插上电动燃油泵电源插接器）。在拆卸燃油管道进行检修之后，为避免首次起动发动机时因油路内尚未建立起燃油压力而使起动时间过长，应将点火开关反复打开、关闭数次，以预置燃油系统的油压。

2. 燃油压力的检测

检测发动机运转时燃油管路内的油压可以判断油路有无故障。检测燃油压力时应准备一个量程为 1MPa 左右的油压表及专用的油管接头，按下列步骤检测燃油压力。

1）将燃油系统卸压，拆下蓄电池负极电缆。

2）拆除冷起动喷油器油管接头螺栓，将油压表和油管一起安装在冷起动喷油器油管接头上，如图 2-19a 所示。

油压表也可以安装在燃油滤清器油管接头、燃油分配管进油接头上，或用三通接头接在燃油管道上便于安装和观察的任何部位，如图 2-19b 所示。

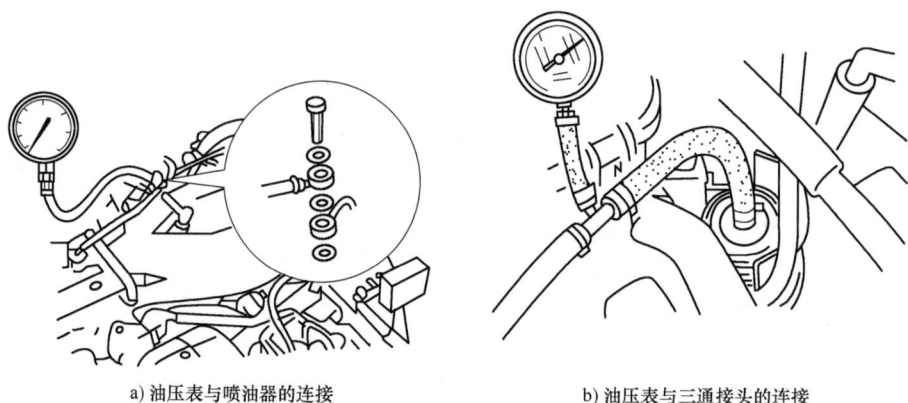

a) 油压表与喷油器的连接　　　　　　　　　　　b) 油压表与三通接头的连接

图 2-19　油压表的安装

3）重新装上蓄电池负极电缆。

4）测量燃油系统的静态油压。

① 起动发动机，使之怠速运转或用一根跨接导线将电动燃油泵的两个检测插孔短接，打开点火开关（不要起动发动机），让燃油泵运转。

② 观察表上的油压值，应符合规定。若油压过高，应检查油压调节器；若油压过低，应检查电动燃油泵、燃油滤清器和油压调节器。

③ 测量燃油系统的保持压力。测量静态油压结束后，过 5min 再观察油压表指示的油压（此时的压力称为燃油系统保持压力），其值应不低于规定值（如 147kPa）。若油压过低，应进一步检查电动燃油泵保持压力、油压调节器保持压力及喷油器有无泄漏现象。

④ 发动机运转时燃油压力的测量。起动发动机，让发动机怠速运转，测量此时的燃油压力，如图 2-20a 所示。缓慢开大节气门，测量在节气门接近全开时的燃油压力，然后拔下油压调节器上的真空软管，并用手堵住（见图 2-20b），让发动机怠速运转，测量此时的燃油压力。正常情况下，该压力和节气门全开时的燃油压力基本相等，若测得的油压过高，应检查油压调节器及其真空软管；若测得的油压过低，则应检查电动燃油泵、燃油滤清器及油压调节器。

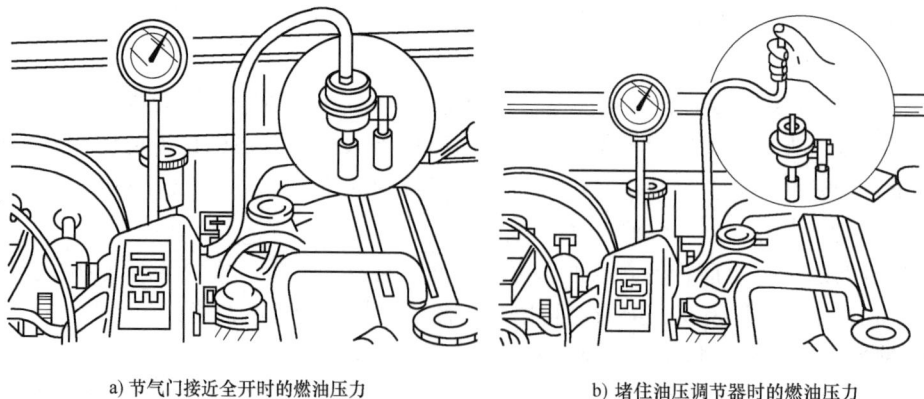

a) 节气门接近全开时的燃油压力　　　　　　　　b) 堵住油压调节器时的燃油压力

图 2-20　燃油压力的测量

⑤ 电动燃油泵最大压力和保持压力的测量。将油压表接在燃油管路上，并将出油口堵住，如图 2-21 所示。用一根跨接线将电动燃油泵的两个检测插孔短接，打开点火开关，持续 10s

左右（不要起动发动机），使电动燃油泵工作，同时读出油压表的压力。该压力称为电动燃油泵的最大压力，它应当比发动机运转时的燃油压力高 200~300kPa，通常可达 490~640kPa。如果不符合标准值，应更换电动燃油泵。关闭点火开关 5min 后再观察油压表压力，此时的压力称为电动燃油泵的保持压力，其值应大于 340kPa，如果不符合标准值，应更换电动燃油泵。

⑥ 油压调节器工作状况的检查。按前述方法测量发动机运转时的燃油压力，然后拔下油压调节器上的真空软管，并检查燃油压力，此时的燃油压力应比发动机怠速运转时的燃油压力高 50kPa 左右。如果压力变化不符合要求，即说明油压调节器工作不良，应更换。

⑦ 油压调节器保持压力的测量。当燃油系统保持压力不符合标准值时，应做此项检查，以便找出故障原因。其检查方法是：将油压表接入燃油管路，用一根短导线将电动燃油泵的两个检测插孔短接，打开点火开

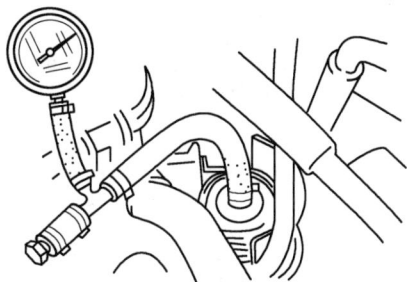

图 2-21　电动燃油泵最大压力的测量

关，并保持 10s，让电动燃油泵运转，然后关闭点火开关，拔去检测插孔上的短接导线，用包上软布的钳子将油压调节器的回油管夹紧，使回路停止回油，5min 后观察燃油压力，该压力称为油压调节器保持压力。如果该压力仍然低于燃油系统保持压力的标准值，则说明燃油系统保持压力过低的故障与油压调节器无关；相反，若此时压力大于标准值，则说明油压调节器有泄漏处，应更换。

⑧ 当测量燃油系统在怠速运转时的燃油压力时，夹住油压调节器回油管，使回路停止回油，此时油压表的指示压力应比没有夹住回油管时高 2~3 倍，否则说明燃油泵泵油不足。

⑨ 将各缸喷油器插接器拔下，接通点火开关并连续起动 15s，观察油压表的指示压力，待 30s 后再次观察油压表的指示压力，其值不应回落。当油压值有明显回落时，重新起动 15s，然后夹住油压调节器的回油管，若 30 s 后油压不回落，则为油压调节器泄漏。如果夹住油压调节器回油管，油压仍然下降，则夹住油压调节器的进油口，若此时油压不再回落，则为燃油泵单向阀工作不良，应更换燃油泵。

四、电控系统的故障诊断与排除

1. 作用、组成

电控系统又称为发动机管理系统（Engine Management System，EMS）、发动机集中控制系统（Power Control Module，PCM）、发动机控制单元（Engine Control Unit，ECU），主要由传感器、PCM 和执行器组成。电控系统的主要作用是根据发动机和汽车不同的运行工况，对喷油时刻、喷油量以及点火时刻等进行确定和修正，检测各传感器的工作，并将工作参数储存和输出。电控系统的工作示意图如图 2-22 所示。将发动机的运行工况（如进气量、节气门位置、曲轴位置、转速、冷却液温度、进气温度、排气成分等）和车辆运行状况（如车速等）信息，通过传感器转换成相应的电信号并输送给电控单元，电控单元对这些电信号进行分析、判断、比较、计算等实时处理后，得出最佳控制方案并向各有关执行元件发出控制指令，控制最佳的空燃比和点火时刻，使得发动机在各种工况下都处于最佳工作状态。电控单元还具有故障自诊断功能。

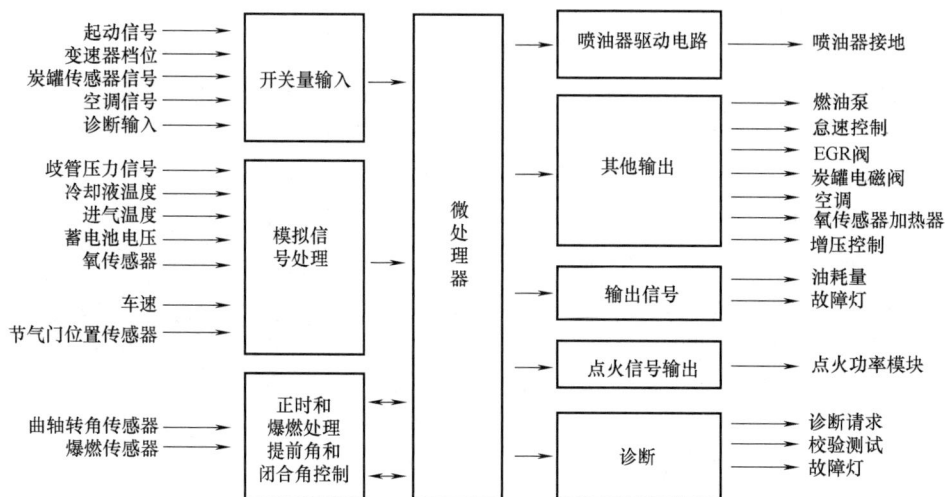

图 2-22　电控系统的组成

2. 电控系统主要元件的故障现象

　　电控系统的各项功能是由许多元件相互配合完成的，如果元件发生故障，必将影响整个系统的工作，因此，尽快排除元件故障在汽车维修中是非常必要的。为此，将电子控制系统主要元件产生故障时的主要表征进行了归纳，见表2-7。

表 2-7　电控系统主要元件故障现象

元件名称	功　能	故障现象
微处理器	对各传感器输入的信号进行综合处理，发出各种补偿修正信号	①发动机无法起动；②发动机工作不良，性能失常
点火线圈	接收从点火器（模块）送来的放大信号，产生一次电流与二次电流	①无高压火花；②高压火花强度不足；③发动机无法起动
点火器	接收点火信号发生器或微处理器发出的点火信号并将点火信号放大后送给点火线圈	①无高压火花；②高压火花弱；③闭合角值混乱；④发动机起动困难
旋转翼片式空气流量计（L型电控系统用）	该型空气流量计用叶片的运动改变传感器的电阻，从而得到相应的电压信号，输入微处理器，该信号是决定基本喷油量的主要信号之一	①起动困难；②急速不稳；③发动机转速不易提高；④加速时回火，放炮；⑤油耗增大；⑥易爆燃
卡门涡旋式空气流量计	该型空气流量计以频率信号计算出空气流量，并将信号送入微处理器，决定基本喷油量	①发动机不易起动；②急速不稳；③燃油消耗量大；④爆燃，加速不良
热线式（或热膜式）空气流量计（LH型电控系统用）	该型空气流量计属于电桥热敏电阻式，利用电阻值的变化测量空气流量并输入微处理器，以决定基本喷油量	①发动机起动困难；②急速不稳；③发动机易熄火；④发动机动力不足
进气歧管绝对压力传感器（博世D型电控系统）	在博世D型电控系统中，通过真空管与进气管连接所形成的负压测量进气量，进气歧管绝对压力传感器将相应的电压信号输入微处理器，以供其决定点火与燃油喷射系统基本参数	①发动机不易起动；②发动机运转无力；③发动机急速不稳；④发动机油耗增加

元件名称	功　　能	故障现象
大气压力传感器	根据海拔不同时的相应气压值，将信号送入微处理器，以便进行喷油正时修正	①发动机急速不稳；②发动机工作不良
节气门位置传感器（线性）	节气门位置传感器是将电位计与节气门的开度形成一一对应关系，并将对应的电压信号送入微处理器，判断发动机的负荷大小	①发动机起动困难；②急速不稳易熄火；③发动机工作不良；④加速性差；⑤发动机动力性能下降
节气门位置传感器（触点开关式）	将急速触点和全负荷触点接通的信号送入微处理器，用于判定急速状态和发动机全负荷状态	①发动机起动困难；②急速不稳、无急速、易熄火；③发动机动力性差、爬坡无力；④不能进行减速断油控制
进气温度传感器	将利用进气温度改变内部的热敏电阻器所形成的对应电压信号输入微处理器，以供其修正点火、喷油正时及进行喷油量修正	①急速不稳；②易熄火；③耗油量大；④起动困难；⑤混合气过浓；⑥发动机性能不佳
冷却液温度传感器	利用冷却液温度改变内部热敏电阻值的大小所形成的对应电压信号输入微处理器，以作为点火与喷油正时调整，修正喷油量，进行冷起动加浓	①起动困难，特别是冷起动；②急速不稳、易熄火；③发动机性能不佳
急速控制电动机	微处理器根据发动机各传感器的信号，控制急速电动机做出相应动作，决定旁通空气量，以修正喷油量	①起动困难；②急速不稳；③容易熄火；④空调无法正常工作；⑤急速过高；⑥发动机易失速
急速电动机位置传感器	急速电动机位置传感器利用电位计检测急速电动机位置，并以电压信号输入微处理器，以供修正混合比	①急速不稳；②容易熄火，不易起动；③加速不良
空档起动开关（P/N 开关）	空档起动开关挂入空档和驻车档时才能起动，脱离空档，信号输入微处理器后增油	①发动机无法起动；②脱离 P/N 位后，微处理器不指示增油；③急速不稳易熄火；④变速杆在"P""N"位时发动机也能起动
氧传感器	用来检测排气歧管中的氧气含量，以供微处理器修正和调整空燃比	①急速不稳，耗油量大；②空燃比不当，有害气体的排放量大
动力转向开关（P/S 开关）	P/S 开关接收动力转向盘转向时的压力信号，将转向信号输入微处理器，以供其修正急速喷油量	①转向时发动机易熄火；②转向时发动机急速不稳；③发动机急速时无法补偿
空调开关（A/C）	当接通空调时，空调开关将信号输入微处理器，以修正急速时喷油量	①开空调时发动机易熄火；②开空调时急速转速下降；③开空调时急速不稳；④开空调时无空调功能
曲轴箱通风阀（PCV 阀）	曲轴箱通风阀开启时，将曲轴箱内的燃油、机油蒸气和燃烧气体漏入，同时将曲轴箱废气引入进气管，以降低废气排放	①发动机不易起动；②无急速或急速不稳；③加速无力、耗油增加
排气再循环阀（EGR 阀）	控制废气引入燃烧室的量，从而降低发动机的温度，以减少 NO₂ 排放量	①发动机温度过高；②发动机不易起动；③发动机无力、耗油量大；④爆燃；⑤加速不良；⑥有害气体（NO₂）排放量大；⑦减速熄火
排气再循环阀位置传感器	排气再循环阀位置传感器以电位计的形式将位置信号输入微处理器，以控制 NO₂ 排放量	①急速不稳、容易熄火；②有害气体（NO₂）排放量大；③发动机性能不佳

（续）

元件名称		功　　能	故　障　现　象
活性炭罐电磁阀		发动机起动后,微处理器控制活性炭罐电磁阀动作,使炭罐内的燃油蒸气经电磁阀进入燃烧室	①发动机性能不佳;②急速不良;③空燃比不正确
爆燃传感器		爆燃传感器检测到爆燃信号,将信号送入微处理器,以修正点火正时	①发动机爆燃,特别是加速时爆燃;②点火正时不准,发动机工作不良
点火信号发生器	电磁感应式	利用电磁感应产生脉冲信号,送入微处理器或点火器,以激发高压电	①发动机无法起动;②发动机工作不良,运转不佳;③急速不稳;④间歇性熄火;⑤发动机不易起动;⑥高压火无力
	霍尔式	利用霍尔效应产生脉冲信号送入微处理器或点火器,以激发高压电	
	光电式	通过光电效应产生脉冲信号送入微处理器或点火器,以激发高压电	
曲轴位置传感器		利用电磁感应(或霍尔效应或光电效应)将曲轴上止点火信号输入微处理器,作为点火正时与喷油正时的修正信号	①发动机无法起动或起动困难;②加速不良;③急速不稳;④容易熄火、间歇性熄火
可变凸轮轴电磁阀		微处理器感知各传感器送入的信号,适时地起动电磁阀,以利用机油压力改变凸轮轴角度,调整进、排气门开闭时间	①急速不稳,引起抖动;②发动机运转无力;③引起三元催化转换器损坏;④产生爆燃
电动燃油泵		燃油泵在接通点火开关后,可以运转5~9s,以补充系统初始压力;起动后,向系统连续供油	①发动机起动困难,甚至无法起动;②发动机起动后熄火或运转途中熄火;③发动机运转无力,加速性差
燃油滤清器		燃油滤清器用来滤去燃油中的杂质	①发动机无法起动,或起动困难;②发动机工作不良,运转不稳;③发动机运转中有"打嗝"现象;④喷油器堵塞;⑤发动机运转无力,加速性差
燃油压力调节器		燃油压力调节器用以调整系统压力,使其稳定供油	①起动困难,急速不稳易熄火;②运转无力,供油不足;③发动机排气冒黑烟
喷油器		根据微处理器发出的喷油脉冲信号,向进气歧管喷入适量的燃油	①发动机起动困难,或无法起动;②发动机工作不稳、抖动;③急速不稳;④容易熄火;⑤排气冒黑烟,排污量增加
冷起动喷油器		微处理器根据冷却液温度信号控制(或由温度时间开关控制)冷起动喷油器喷油,热机后,喷油停止	①急速不良;②冷起动困难;③间歇熄火;④热起动困难;⑤油耗增大,混合气过浓,排气冒黑烟;⑥废气排放量过大
热敏温度时间开关		热敏温度时间开关利用双金属片的开关动作控制冷起动喷油器定时喷油	①冷车起动困难;②热车起动困难;③急速不稳;④油耗增加;⑤混合气过浓,排污量增加;⑥冷起动正常,热车熄火
暖机调节器(机械式)喷油系统		利用双金属片受热变形改变燃油计量分配器,控制柱塞上方的控制压力,以调整喷油	①冷起动困难;②混合气过浓;③发动机运转不良
燃油计量分配器(K型,KE型喷油器系统)		燃油计量分配器起分配燃油的作用,K型喷油系统用系统压力调节器来调整;KE型喷油系统则用电液式压差调节器来调压	①发动机工作不良;②起动困难或无法起动;③急速不稳;④发动机运转无力

元件名称	功　　能	故　障　现　象
电液式压差调节器（用于 KE 型喷油系统）	根据微处理器发出的控制信号,控制与调整燃油计量分配器下腔的压力	①发动机起动困难;②加速不良,怠速不稳;③发动机怠速时开空调、用动力转向时易熄火
车速传感器	用以检查车速,其信号送入微处理器用以修正喷油量	①防抱死制动装置不工作;②巡航控制系统不工作;③发动机运转不良、无力;④无高速断油和急减速断油控制
变速器电磁阀	根据微处理器信号控制自动变速器的工作状态	①车辆无法行驶;②变速器换档困难;③行驶时变速器将锁定在某一档位(如宝马汽车将锁定在三档)

五、其他常见故障的诊断与排除

发动机燃油喷射系统的工作状况对发动机的运转性能有很大影响,不论该系统的 ECU、控制电路还是其他任何一个传感器、执行器出现故障,都会在一定程度上影响发动机的起动性、运转稳定性、动力性、经济性、排放性等。因此,当发动机出现故障或性能下降时,首先应检查发动机燃油喷射系统有无故障。

由于发动机燃油喷射系统的构造和工作原理都十分复杂,不同车型的电控系统又往往有很大差异,其故障形式既可能是电子方面的,又可能是机械方面的,因此给故障的诊断与排除带来一定困难,必须了解各种电控系统的工作原理和构造特点,参阅被修车型的详细技术资料,充分并合理地利用各种检测工具和手段。除此之外,掌握分析各种故障原因的方法,遵循合理的诊断程序和步骤,也是十分重要的。这里介绍一些常见故障的诊断与排除方法,供检修车辆时参考。

1. 发动机无法起动

发动机无法起动的现象主要有以下几种:①起动机无法带动发动机转动,或能够带动但转动缓慢;②起动机能够带动发动机正常转动,但无法起动,且无着车征兆;③有着车征兆,但发动机无法起动。造成发动机无法起动的原因很多,有起动系统、点火系统、燃油喷射系统及发动机机械故障等。其中,因起动系统故障而造成发动机无法起动的故障不在电控系统检查范围内。发动机机械故障应在排除燃油喷射系统和电子点火系统的故障之后再做进一步检查。

（1）发动机无法起动且无着车征兆

1）故障现象。接通起动开关时,起动机能够带动发动机正常转动,但发动机无法发动,且无着车征兆。

2）故障原因。①燃油箱中无燃油;②起动时节气门全开;③电动燃油泵不工作;④喷油器不工作;⑤油路压力过低;⑥点火系统故障;⑦发动机气缸压缩压力过低。

3）故障诊断与排除。电子控制燃油喷射发动机在设计上具有良好的起动性能,一般故障通常不会导致发动机无法起动。如果出现此种故障,其原因一定是发动机的电子点火系统、燃油系统、控制系统三者之中的一个或一个以上完全丧失了功能。因此,发动机无法起动的故障诊断与排除,应重点集中在上述三个系统中。

① 对于发动机无法起动故障,一般应先检查燃油箱存油情况。打开点火开关,若燃油表指针不动或油量警告灯亮,则说明燃油箱内无油,应加满油后再起动。

② 应采用正确的起动操作方法。通常电子控制燃油喷射发动机的起动控制系统要求在起动时不踩加速踏板。如果在起动时将加速踏板完全踩下或反复踩加速踏板增加供油量，往往会使控制系统的溢油消除功能起作用，从而导致喷油器不喷油，造成无法起动。

③ 检查电子点火系统。导致发动机无法起动的常见原因是电子点火系统无法点火。因此，在做进一步的检查之前，应先排除电子点火系统的故障。在检查电子点火系统有无高压火花时，应采用正确的方法，不可沿用检查传统触点式点火系统高压火花的做法，以防损坏点火系统中的电子元器件。正确的检查方法是：从分电器上拔下高压总线，让高压总线末端距离缸体5~6mm，或从缸体上拔下高压分线（见图2-23），将一个火花塞接在高压线上，并接地，接通起动开关，用起动机带动发动机转动，同时观察高压总线末端或火花塞电极处有无强烈的蓝色高压火花。

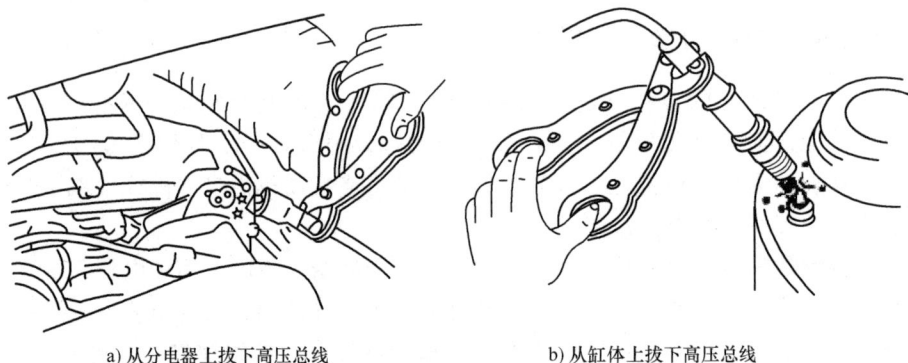

a) 从分电器上拔下高压总线　　　　b) 从缸体上拔下高压总线

图 2-23　高压火花的检查

如果没有高压火花或火花很弱，说明点火系统有故障。在查找故障部位之前，可先进行发动机故障自诊断，检查有无故障码。现代电控燃油喷射发动机的故障自诊断系统通常能检测出点火系统中的曲轴位置传感器（点火信号发生器）及点火器的故障。如果有故障码，则可以按照显示的故障码查找故障部位。如果无故障码，则应分别检查点火系统中的高压线、分电器盖、高压线圈、点火器、分电器、曲轴位置传感器及点火控制系统。电子点火系最容易损坏的零件是点火器，应重点检查。

④ 检查电动燃油泵是否工作正常。电动燃油泵不工作也是造成发动机不能起动的最常见原因之一。用一根导线将电动燃油泵的两个检测插孔短接，然后打开点火开关，此时应能从燃油箱口处听到燃油泵运转的声音，或用手捏住进油管时能感觉到进油管的油压脉动，或拆下油压调节器上的回油管后应有燃油流出。

如果电动燃油泵不工作，应检查熔断器、继电器及电动燃油泵控制电路等。如果电路正常，则说明电动燃油泵有故障，应更换。

如果在检查中电动燃油泵能工作，可以在这种状态下尝试起动发动机。若可以起动，说明是电动燃油泵控制电路有故障，应对其进行检查。

⑤ 检查喷油器是否喷油。如果电子点火系统和电动燃油泵工作均正常，则应进一步检查喷油控制系统，在起动发动机时，检查各喷油器有无工作的声音。如果喷油器不工作，可用一个大阻抗的试灯接在喷油器的线束插接器上。如果在起动发动机时试灯能闪亮，说明喷油控制系统工作正常，喷油器有故障，应更换。如果试灯不闪亮，则说明喷油控制系统或控制电路有

故障，应检查喷油器电源熔断器是否烧断，喷油器降压电阻器是否烧断，喷油器与电源之间的接线是否良好，喷油器与ECU之间的接线是否良好，ECU的电源继电器与ECU之间的接线是否良好。如果外部电路均正常，则可能是ECU内部有故障，可以用ECU故障检测仪或采用测量ECU各引脚电压的方法来检测其有无故障，也可以更换一台正常的ECU。如果能起动，可以确定为ECU故障，应更换。

⑥ 检查燃油系统压力。燃油系统油压过低会造成喷油量太少，也会导致发动机无法起动。在电动燃油泵运转时检查燃油系统油压，在发动机未运转的状态下正常燃油压力应达300kPa左右。如果燃油压力过低，可以用钳子包上软布，将油压调节器的回油管夹住，阻断回油通路。此时，若燃油压力迅速上升，说明是油压调节器漏油造成油压过低，应更换油压调节器。若燃油压力上升缓慢或基本不上升，则说明油路堵塞或电动燃油泵有故障，应先拆检汽油滤清器。如果滤清器堵塞，应更换；反之，则应更换电动燃油泵。

⑦ 检查气缸压缩压力。若上述检查均正常，则应进一步检查发动机气缸压缩压力。若气缸压缩压力低于0.8MPa，则说明发动机机械部分有故障，应进一步拆检发动机本体。

（2）有着车征兆，但发动机无法起动

1）故障现象：起动发动机时，起动机能带动发动机正常转动，有轻微着车征兆，但不能起动。

2）故障原因：①进气管漏气；②点火提前角不正确；③高压火花太弱；④气缸压力太低；⑤燃油压力太低；⑥冷却液温度传感器有故障；⑦空气滤清器堵塞；⑧空气流量计有故障；⑨喷油器漏油；⑩喷油器控制系统有故障。

3）故障诊断与排除：有着车征兆而不能起动，说明电子点火系统、燃油喷射系统和控制系统虽然工作失常，但并没有完全丧失功能。这种无法起动故障的原因不外乎是高压火花太弱或点火正时不正确、混合气太稀、混合气太浓、气缸压力太低等。一般先检查电子点火系统，然后再检查进气系统、燃油系统、控制系统，最后检查发动机气缸压力。

① 先进行故障自诊断，检查有无故障码。如果有故障码，则可以按显示的故障码查找相应的故障原因。必须指出的是，所显示出的故障码不一定都与发动机无法起动有关系，有些故障码是发动机在以往的运行过程中出现偶发性故障所留下的，有些故障码所表示的故障则不会影响发动机的起动性能。会影响起动性能的部件主要有：曲轴位置传感器、冷却液温度传感器、空气流量计等。

② 检查高压火花。除了检查分电器高压总线上的高压火花是否正常外，还要进一步检查各缸高压分线上的高压火花是否正常。若总线火花太弱，应更换高压线圈。若总线火花正常而分线火花较弱或断火，说明分电器盖或分火头漏电，应更换。

③ 检查空气滤清器。如果滤芯过脏堵塞，可拆掉滤芯后再起动发动机。如果能正常起动，则应更换滤芯。

④ 检查进气系统是否漏气。采用空气流量计测量进气量的燃油喷射系统，只要连接在空气流量计之后的进气管道有漏气，就会影响进气量计量的准确性，从而使混合气变稀。严重的漏气会导致发动机无法起动。应仔细检查空气流量计之后的进气软管有无破裂现象，各处接头卡箍是否松脱，谐振腔是否破裂，曲轴箱通风软管是否接好。

此外，燃油蒸发控制系统和排气再循环系统在起动及怠速运转中是不工作的。如果因某种原因而使它们在起动时就进入工作状态，也会影响起动性能。将燃油蒸发回收软管或排气再循环管道堵塞住，再起动发动机，如果在这种状态下发动机能正常起动，说明该系统有故障，应认真检查。

⑤ 检查火花塞。火花塞间隙太大也会影响起动性能。火花塞正常间隙一般为0.8mm，有些高能量的电子点火系统火花塞间隙较大，可达1.2mm。如果火花塞间隙太大，应按车型维修手册所示标准值进行调整。

⑥ 如果火花塞表面只有少量潮湿的汽油，说明喷油器喷油量太少。对此，应先检查起动时电动燃油泵是否工作。可用一根导线将电动燃油泵的两个检测插孔短接，再起动发动机，如果能起动，则说明电动燃油泵在起动时不工作，应检查控制电路。如果电动燃油泵可以工作但不能起动，应进一步检查燃油压力。如果燃油压力太低，应检查燃油滤清器、油压调节器有无故障。

⑦ 如果火花塞表面有大量潮湿汽油，说明气缸中已出现"呛油"现象，这也会造成发动机无法起动。对此，可以拆下所有火花塞，将其烤干，再让气缸中的汽油完全挥发，然后装上火花塞重新起动。如果仍会出现"呛油"现象，应拆卸喷油器，检查其有无漏油。

⑧ 喷油量太大或太小也可能是空气流量计或冷却液传感器故障所致。如果出现这种情况，应对照车型维修手册中的有关数据测量这两个传感器。

⑨ 调整点火正时。如果将点火提前角调大或调小后就能起动，则说明点火正时不正确。对此，应将点火正时调整准确。

⑩ 检查气缸压缩压力是否正常，若低于0.8MPa，则说明气缸压力过低，应拆检发动机。

2. 发动机起动困难

发动机起动困难是指起动机能带动发动机按正常速度转动，有明显着车征兆，但无法起动，或需要连续多次起动或长时间转动起动机才能起动。对于起动困难的故障，应分清是在冷车时出现还是热车时出现，或者不论冷车热车均出现，这一故障的原因一般是在喷油系统。

（1）故障现象 起动时曲轴转动正常，但需要较长时间才能起动，或有明显着车征兆而无法起动。

（2）故障原因

① 进气系统中有漏气；②燃油压力太低、气缸压缩压力太低；③空气滤清器滤芯堵塞；④冷却液温度传感器故障；⑤空气流量计故障；⑥怠速控制阀或附加空气阀故障；⑦喷油器故障（不工作、漏油、堵塞）；⑧点火正时不正确；⑨起动开关至ECU的接线断路；⑩ ECU故障。

（3）故障诊断与排除

1）进行故障自诊断。如果有故障码，则按故障码查找相应的故障原因。

2）检查急速时进气管的真空度。若真空度小于66.7kPa，说明进气系统中有空气泄漏，应检查进气管各个管接头、衬垫、真空软管等处，以及排气再循环系统、燃油蒸气控制系统。

3）检查空气滤清器。如果滤芯堵塞，应清洗或更换。

4）如果节气门在1/4左右开度时发动机能正常起动，而节气门全关时起动困难，应检查急速控制阀及附加空气阀是否工作正常；在冷车急速运转中，拔下急速控制阀线束插接器，或者在冷车急速运转时将附加空气阀进气软管用钳子夹住。如果发动机转速没有下降，说明急速控制阀工作不正常，应检查急速控制阀及其控制电路。

5）检查燃油压力。用一根导线将电动燃油泵的两个检测插孔短接，然后打开点火开关，让电动燃油泵运转。在这种状态下，燃油压力应达 300kPa 左右。如果压力太低，应检查油压调节器、喷油器有无漏油，汽油滤清器有无堵塞，燃油泵最大泵油压力是否正常。

6）检查温度传感器和空气流量计。拔下温度传感器和空气流量计线束插接器，用万用表电阻档测量温度传感器和空气流量计接线端子之间的电阻，如果阻值不符合标准，应更换。

7）如果在热状态下不易起动（在热车状态下，如果打开起动开关转动曲轴超过 3~4 圈后才能起动，即可视为不易起动），应检查在点火开关关闭后，燃油系统的保持压力是否正常。接上油压表，在关闭点火开关（发动机熄火）后，5min 内燃油压力应保持不低于150kPa。如果保持压力太低，应检查油压调节器、电动燃油泵、喷油器等处是否漏油。

8）在发动机怠速运转时检查点火正时，如果不符合标准，应予以调整。

9）检查起动开关至 ECU 的起动信号是否正常。如果 ECU 接收不到起动开关的起动信号，就不能进行起动加浓控制，也会导致起动困难。对此，应从 ECU 线束插接器处检查起动时有无起动开关的信号传至 ECU。如果无信号，应检查起动开关和线路。

10）检查气缸压缩压力。如果压力过低，应拆检发动机。

如果上述检查均正常，可以尝试更换一个正常的 ECU，若有好转，则说明原 ECU 有故障，应更换。

3. 怠速不良

怠速不良是电子控制燃油喷射发动机最常见的故障之一。它有多种表现形式，包括怠速不稳、怠速熄火、冷车或怠速不良等。造成怠速不良的原因很多，常常是几种原因综合引起的。在故障诊断与排除过程中，要根据故障的具体表现来分析故障原因。下面介绍几种不同形式的怠速不良的故障诊断与排除方法。

（1）发动机怠速不稳，易熄火

1）故障现象：发动机起动正常，但不论冷车或热车怠速均不稳定，怠速转速过低，易熄火。

2）故障原因：①进气系统中有漏气处；②油路压力太低；③空气滤清器堵塞；④喷油器雾化不良、漏油或堵塞；⑤怠速调整不当；⑥怠速控制阀或旁通空气阀工作不良；⑦火花塞工作不良；⑧空气流量计有故障；⑨气缸压缩压力过低。

3）故障诊断与排除

① 先进行故障自诊断，检查有无故障码出现，如果有，则按所显示的故障码查找故障原因和故障部位。

② 检查进气系统各管接头、各真空软管、排气再循环系统和燃油蒸发回收系统有无漏气。

③ 检查怠速控制阀的工作是否正常。拔下怠速控制阀接线插接器，如果发动机转速无变化，说明怠速控制阀或控制电路有故障，应检修电路或更换怠速控制阀，调整发动机怠速。

④ 怠速时逐个拔下各缸高压线，检查发动机转速的下降程度是否相等。如果拔下某缸高压线后发动机转速基本不变，说明该缸工作不良或不工作，应检查其火花塞或喷油器有无故障、喷油器控制电路是否短路。

⑤ 仔细听各缸喷油器在怠速时的工作声音。如果各缸喷油器工作声音不均匀，说明各缸喷油器喷油不均匀，应拆检、清洗或更换喷油器。

⑥ 检查高压火花。如果火花太弱，应检查点火系统。拆检各缸火花塞，检查电极有无磨损严重或积炭现象，火花塞电极间隙是否正常。

⑦ 检查燃油压力。怠速时的燃油压力应为250kPa左右。如果燃油压力太低，应检查油压调节器、电动燃油泵、汽油滤清器。

⑧ 检查旋转翼片式或量芯式空气流量计有无卡滞现象，如果不良，应更换空气流量计。

⑨ 检查调整节气门间隙。

⑩ 检查气缸压缩压力，如果压力低于0.8MPa，应拆检发动机。

（2）冷车怠速不稳、易熄火

1）故障现象：发动机冷车运转时怠速不稳或过低，热车后怠速恢复正常。

2）故障原因：①附加空气阀故障；②怠速控制阀故障；③冷却液温度传感器故障。

3）故障诊断与排除

① 进行故障自诊断。检查有无故障码，如果有，可以按显示的故障码查找故障原因。

② 检查附加空气阀。拆下附加空气阀，检查在冷车状态下其阀门是否开启。如果有异常，应更换空气阀。

③ 检查怠速控制阀。发动机熄火后拔下怠速控制阀线束插接器，待发动机起动后再插上。如果发动机转速无变化，说明怠速控制阀不工作，应检查控制电路或拆检怠速控制阀。

④ 测量冷却液温度传感器。如果有短路、断路处或电阻值不符合标准，应更换冷却液温度传感器。如果没有被测车型的冷却液温度传感器检测标准数据，也可以拔下冷却液温度传感器线束插接器，用一个4~8kΩ的电阻器代替冷却液温度传感器。如果发动机怠速恢复正常，说明冷却液温度传感器已损坏，应更换。

（3）热车怠速不稳或熄火

1）故障现象：发动机冷车运转时怠速正常，热车后怠速不稳，怠速转速过低或熄火。

2）故障原因：①怠速调整得过低；②冷却液温度传感器有故障；③怠速控制阀有故障；④火花塞工作不良；⑤喷油器工作不良。

3）故障诊断与排除

① 进行故障自诊断，检查有无故障码，如果有故障码，则按所显示的故障码查找故障原因。

② 检查发动机的初始怠速转速，若过低，应按规定的程序予以调整。

③ 检查冷却液温度传感器。如果拔下冷却液温度传感器线束插接器后，怠速不稳现象消除，则说明冷却液温度传感器有故障，应予以更换。或者测量冷却液温度传感器的电阻，如果不符合标准值，应更换冷却液温度传感器。

④ 检查怠速控制阀是否工作。拔下怠速控制阀线束插接器，若发动机转速无变化，则说明怠速控制阀工作不良，应检查控制电路或更换怠速控制阀。

⑤ 拆下各缸火花塞，检查火花塞电极是否良好，有无磨损严重或积炭现象，视情况更换或调整火花塞电极间隙。

⑥ 拆下各缸喷油器，用试验台检查。若各缸喷油器雾化不良或喷油量不均，特别是怠速工况喷油量不均，应清洗或更换喷油器。

（4）热车怠速过高

1）故障现象：发动机冷车时能以正常快怠速运转，但热车后仍保持快怠速，导致怠速转速过高。

2）故障原因：①节气门卡滞、关闭不严；②怠速调整不当；③附加空气阀故障；④怠速控制阀故障；⑤冷却液温度传感器故障；⑥空调开关、动力转向器压力开关有故障；⑦曲轴箱强制通风阀故障。

3）故障诊断与排除

① 检查急速时节气门是否全闭，节气门拉索有无卡滞现象。用手将节气门摇臂朝关闭的方向扳动，如果发动机急速能下降至正常转速，说明节气门卡滞，关闭不严。若是节气门拉索卡滞，应更换新拉索；若为节气门轴卡滞，应拆卸、清洗节气门体。

② 按规定程序重新调整急速。如果调整无效，则应做进一步检查。

③ 进行故障自诊断。如果有故障码，则按所显示的故障码查找故障原因。

④ 检查附加空气阀。将钳子包上软布，夹紧附加空气阀进气软管。如果发动机急速转速能随之下降至正常转速，则说明附加空气阀在热车后不能关闭。对此，应检查其电源线路是否正常，如果正常，则应更换附加空气阀。

⑤ 检查冷却液温度传感器。若拔掉冷却液温度传感器线束插接器后，发动机急速转速恢复正常，说明冷却液温度传感器有故障，向 ECU 输送过低的冷却液温度信号。

在拔掉冷却液温度传感器插接器后，发动机故障警告灯会亮起，此时 ECU 的失效保护功能起作用，自动将冷却液温度设定为 80℃，在重新插上冷却液温度传感器线束插接器后，ECU 内仍会留下表示冷却液温度传感器故障的故障码。对此，应在发动机熄火后拆下蓄电池负极搭铁线，持续约 30s 时间，以消除 ECU 中的故障码。

⑥ 检查急速控制阀。发动机熄火后拔下急速控制阀线束插接器，待起动后再插上。如果发动机转速随之变化，说明急速控制阀工作正常；否则，应检查控制电路或更换急速控制阀。

⑦ 在打开空调开关后或转动转向盘时，如果发动机转速没有变化，说明急速自动控制系统有故障，应检查空调开关、动力转向器压力开关及急速自动控制电路。

⑧ 将钳子包上软布夹紧曲轴箱强制通风阀软管。如果发动机转速随之下降，则说明曲轴箱强制通风阀在急速时漏气，使发动机进气量过大，影响急速。对此，应更换曲轴箱强制通风阀。

（5）急速上下波动

1）故障现象：发动机急速运转时转速不断地上下波动。

2）故障原因：①急速开关（节气门位置传感器）调整不当，致使急速开关触点不闭合；②喷油器雾化不良或堵塞；③空气流量计有故障；④急速控制阀或急速自动控制电路有故障；⑤冷却液温度传感器信号不正确；⑥氧传感器失效或反馈控制电路有故障。

3）故障诊断与排除

① 进行故障自诊断。要特别注意有无节气门位置传感器、冷却液温度传感器、空气流量计、氧传感器、急速控制阀的故障码。如果有故障码，应检查相应的传感器及其电路。

② 急速时逐个拔下各缸高压线或喷油器线束插接器，检查发动机各缸工作是否均匀。如果拔下某缸高压线或喷油器线束插接器，发动机转速下降不明显，说明其工作不良，应拆检其火花塞或喷油器。

③ 检查冷却液温度传感器在不同温度下的电阻是否符合标准值，若不符合，应更换冷却液温度传感器。

④ 检查空气流量计，如果有异常，应更换。

⑤ 在急速运转中拔下急速控制阀线束插接器。如果急速上下波动的现象消失，但随之急

速不稳现象加剧，说明怠速控制阀工作正常，喷油系统有故障；如果怠速波动现象不变，则说明怠速控制阀工作不良或不工作。对此，应检查怠速控制阀线束插接器处有无脉冲电信号。若无信号，则说明控制电路或ECU有故障；若有信号，则说明怠速控制阀卡住，应拆检或更换怠速控制阀。

（6）使用空调器或转向时怠速不稳或熄火

1）故障现象：在发动机怠速运转中使用空调器或汽车转向时怠速过低、不稳，甚至熄火，关闭空调器或停止转向时怠速运转正常。

2）故障原因

① 发动机初始怠速调整过低，使怠速自动控制无法正常进行。

② 怠速控制阀不工作，在使用空调器或汽车转向时，由于空调压缩机或动力转向液压泵开始工作，增大了发动机负荷，导致怠速过低、运转不稳或熄火。

③ 空调开关或转向液压开关及其控制电路有故障，使ECU得不到使用空调器和汽车转向的信号，没有进行怠速自动控制，导致怠速过低、不稳或熄火。

3）故障诊断与排除

① 进行故障自诊断，读取故障码。有些车型的ECU能检测出怠速控制阀的工作状态。当怠速控制阀工作不正常（如线路短路或断路）时，ECU会显示出一个故障码。也可以通过ECU故障检测仪（解码器）来检测怠速控制阀的工作状态，在汽车运转过程中检测ECU向怠速控制阀发出的指令。如果有ECU指令而怠速控制阀没有相应的反应，则说明怠速控制阀或控制电路有故障，若没有指令信号，则说明ECU或空调开关、动力转向液压开关有故障。

② 按规定的程序重新检查调整发动机的初始怠速。

③ 检查怠速控制阀是否工作正常。对于脉冲电磁阀式怠速控制阀，可以在汽车运转中拔下怠速控制阀线束插接器，若发动机转速没有变化，则说明怠速控制阀不工作。对于步进电动机式怠速控制阀，应在发动机熄火后拔下线束插接器，待发动机起动后再插上，若此时发动机转速无变化，则说明怠速控制阀不工作。对此，应进一步检查线束插接器处有无脉冲电压。如果无脉冲电压，应检查控制电路；如有脉冲电压，则说明怠速控制阀有故障，应更换。

④ 检查空调开关、转向液压开关有无故障，其与ECU的连接线路有无断路或短路处。

4. 加速不良

电控发动机的特点之一是具有极好的加速性能，响应十分灵敏、迅速，如果出现加速反应迟滞等现象，即说明其电子控制系统有故障，应及时进行检修。

1）故障现象：踩下加速踏板后发动机转速不能马上升高，有迟滞现象，加速反应迟缓，或在加速过程中发动机转速有轻微的波动。

2）故障原因：①点火提前角不正确；②燃油压力过低；③进气系统中有漏气处；④节气门位置传感器或空气流量计故障；⑤喷油器工作不良；⑥排气再循环系统工作不正常。

3）故障诊断与排除

① 进行故障自诊断，检查有无故障码。空气流量计、节气门位置传感器等故障都会影响汽车的加速性能。按显示的故障码查找故障原因。

② 检查点火正时。在发动机怠速时点火提前角应为10°～15°，如果不正确，应调整发动机的初始点火提前角。加速时点火提前角应能自动加大到20°～30°，如果有异常，应检查点火控制系统或更换ECU。

③ 检查进气系统有无漏气。测量进气管真空度。怠速时真空度应大于66.7kPa。如果真空度太小，说明进气系统有漏气处，应仔细检查各进气管接头处及各软管、真空管等。

④ 检查空气滤清器，如果有堵塞现象，应清洗或更换。

⑤ 检查节气门位置传感器。对于开关量输出型节气门位置传感器，当节气门全闭时，怠速开关触点应闭合；当节气门打开时，怠速开关触点应断开；当节气门接近全开时，全负荷开关触点应闭合。对于线性输出式节气门位置传感器，在节气门由全闭到全开变化时，其信号端子与接地端子间的电阻值应连续增大，不应出现断续现象。如果有异常，应按规定进行调整或更换。

⑥ 检查燃油压力。怠速时燃油压力应符合标准值，加速时燃油压力应能上升50kPa左右。如果油压过低，应检查油压调节器、电动燃油泵等。

⑦ 拆卸、清洗各喷油器。检查喷油器在加速工况下的喷油量，如果有异常，应更换喷油器。

⑧ 检测空气流量计，如果有异常，应更换。

⑨ 对于设有排气再循环系统的电控发动机，可以拔下排气再循环阀上的真空软管，见图2-24，并将其塞住，然后再检查发动机的加速性能。如果此时加速性能恢复正常，则说明排气再循环系统工作不正常，再循环的排气量太大，影响了发动机的加速性能。对此，应检查废气调整阀、三通电磁阀工作是否正常，如果有异常，应更换。

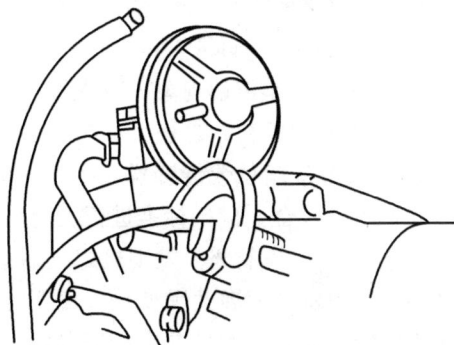

5. 动力不足

1）故障现象：发动机无负荷运转时基本正常，但带负荷运转时加速缓慢，上坡无力，加速踏板踩到底时仍感到动力不足，转速不能提高，达不到最高车速。

2）故障原因：①空气滤清器堵塞；②节气门调整不当，不能全开；③燃油压力过低；④蓄电池电压过低；⑤喷油器堵塞或雾化不良；⑥冷却液温度传感器故障；⑦空气流量计故障；⑧点火正时不当或高压火花太弱；⑨发动机气缸压缩压力过低。

图 2-24　排气再循环系统的检查

3）故障诊断与排除

① 将加速踏板踩到底，检查节气门能否全开，如果不能全开，应调整节气门拉索或加速踏板。检查节气门位置传感器的怠速开关和全负荷开关是否调整正确，如果不正确，应按标准重新调整。

② 检查空气滤清器是否堵塞，如果堵塞，应清洗或更换。

③ 进行故障自诊断，检查有无故障码出现。影响发动机动力性的传感器和执行器有冷却液温度传感器、空气流量计或进气歧管绝对压力传感器、点火器、喷油器等。按所显示的故障码查找故障原因。

④ 检查点火正时。在热车后的怠速运转中检查点火提前角，应为10°~15°，加速时的点火提前角应能自动提前至20°~30°。如果怠速时的点火提前角不正确，应调整初始点火提前角；如果加速时点火提前角不正常，应检查点火提前控制电路及曲轴位置传感

器、点火器等。

⑤ 检查冷却液温度传感器。在不同温度下，冷却液温度传感器的电阻应能按规定标准值变化。如果不符合标准值，应更换冷却液温度传感器。

⑥ 检查空气流量计或进气歧管压力传感器，如果有异常，应更换。

⑦ 检查所有火花塞、高压线、点火线圈、点火器等，如果有异常，应更换。

⑧ 检查燃油压力，如果压力过低，应进一步检查电动燃油泵、油压调节器、燃油滤清器等。拆卸喷油器，检查喷油量是否正常。如果喷油量不正常或雾化不良，应清洗或更换喷油器。

⑨ 检查蓄电池电压。蓄电池电压过低，会引起喷油器喷油量减少，造成发动机动力不足，加速迟缓。若蓄电池电压过低，应检查充电系统或更换蓄电池。

⑩ 测量气缸压缩压力，如果压力过低，应拆检发动机。

6. 减速不良

1）故障现象：发动机怠速运转正常，但在行驶中突然松开加速踏板减速时，发动机经常发生熄火故障。

2）故障原因：①怠速调整过低；②怠速自动控制失常；③断油控制失常；④控制系统或点火系统线路接触不良。

3）故障诊断与排除

① 如果有怠速不稳现象，应先按"怠速不稳"故障的检查方法进行检查。

② 检查发动机初始怠速，如果初始怠速过低，应按规定程序和标准进行调整。

③ 检查节气门位置传感器。在节气门全闭时，节气门位置传感器内的怠速开关触点应闭合，如果不能闭合，应按标准进行调整。如果调整无效，应更换节气门位置传感器。

④ 检查怠速控制阀。发动机熄火后拔下怠速控制阀线束插接器，待发动机起动后再插上插接器。如果发动机转速无变化，说明怠速控制阀不工作，应检查在发动机怠速运转时怠速控制阀线束插接器内有无脉冲电压信号输出。如果无信号，则应检查控制电路；如果有信号，则说明怠速控制阀已损坏，应更换。

⑤ 检查减速断油功能是否正常。拔下节气门位置传感器线束插接器，用一根导线将插接器内怠速开关触点的两接线孔插孔短接，起动发动机，踩下加速踏板，观察发动机转速能否在断油转速和回油转速之间来回变化（见图 2-25），并记下回油转速的数值。如果回油转速过低（一般不低于 1200 r/min），说明 ECU 内断油控制功能失常，应更换 ECU。

⑥ 全面检查 ECU 控制电路及点火线路各插接器处有无接触不良的地方。

7. 油耗过大

1）故障现象：发动机动力良好，但耗油量过大，加速时排气管冒黑烟。

2）故障原因：①冷却液温度传感器失常；②空气流量计或进气歧管压力传感器失常；③节气门位置传感器失常；④燃油压力过高；⑤喷油器漏油。

3）故障诊断与排除

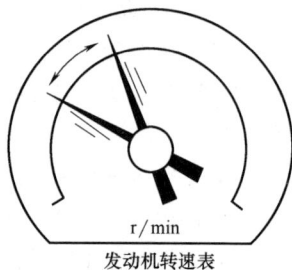

发动机转速表

图 2-25 急减速断油功能的检测

① 检测冷却液温度传感器，其在不同温度下的电阻值应符合标准。若电阻太大，会使 ECU 误认为发动机处于低温状态，从而进行冷车加浓控制，使油耗增加。也可以用 ECU 故障检测仪来检测，它能在发动机运转时显示冷却液温度传感器传给 ECU 的信号所表示的冷却液温度，将这一数值与发动机实际冷却液温度相比较，就能直观地反映出冷却液温度传感器工作是否正常。

② 检测空气流量计或进气歧管绝对压力传感器，其数值应符合标准。空气流量计或进气歧管压力传感器的误差会直接影响喷油量。检测结果如果有异常，应更换空气流量计或进气歧管绝对压力传感器。

③ 检查节气门位置传感器。在节气门处于中小开度时，全负荷开关触点应断开。若全负荷开关触点始终闭合或闭合时间过早，会使 ECU 始终或过早地进行全负荷加浓，从而增大油耗。

④ 测量燃油压力。怠速时的燃油压力应符合标准值，随着节气门的开启，燃油压力应逐渐上升，节气门全开时的燃油压力约比怠速时高 50kPa。若燃油压力能随节气门开度变化而改变，但压力始终偏高，则说明油压调节器有故障，应更换。若燃油压力不能随节气门开度变化而改变，则说明油压调节器的真空软管破裂或脱落，或燃油压力调节控制电磁阀有故障，使进气管真空度没有作用在油压调节器的真空膜片室上，导致油压过高。对此，应更换软管或电磁阀。

⑤ 拆卸喷油器，检查各喷油器有无漏油现象，如果有异常，应清洗或更换喷油器。

8. 点火不正常

电控发动机的点火系统都采用电子点火提前角自动控制系统。这种点火系统的故障形式主要是无高压火花或火花弱。电子点火提前角由 ECU 自动控制，使用中一般不会发生变化，无须进行调整，极少出现故障。与传统的触点式点火系统相比，该点火系统在结构和工作原理上都有很大不同，因而其故障的诊断与排除方法也有其特殊性。

1）故障现象：发动机不能起动或起动困难，起动后运转不稳，有断火现象，排气管放炮，汽车行驶无力。检查高压火花，为粉红色或暗红色，甚至无高压火花。

2）故障原因：①点火线路接触不良；②高压线电阻过大或漏电；③点火线圈击穿、短路或断路；④点火器损坏；⑤曲轴位置传感器损坏；⑥ECU 内点火控制模块损坏。

3）故障诊断与排除

① 检查点火线圈、点火器、分电器（曲轴位置传感器）的线束插接器是否连接可靠。如果插接器内有水渍或松动、接触不良，应清除水渍，使之连接牢固。

② 测量各高压线电阻，每根高压线的电阻应小于 25kΩ，如果电阻太大或表面破损、破裂老化，应更换高压线。

③ 打开点火开关，测量点火线圈正极接线上有无 12V 电压。如果无电压，则说明点火开关损坏，点火开关至点火线圈的线路有断路处或熔断器烧断。

④ 检查点火线圈。分别测量点火线圈一次绕组和二次绕组的电阻。如果是高压火花弱的故障，还应检查点火线圈在热态下的电阻。点火线圈一次绕组的电阻一般为 0.35~0.65Ω，二次绕组的电阻一般为 9~18kΩ。如果有异常，应更换点火线圈。

⑤ 检查曲轴位置传感器。测量传感器线圈电阻，检查信号转子与定子之间的间隙，如果不符合标准值，应调整或更换曲轴位置传感器。

⑥ 检查点火控制系统线路。用示波器测量在发动机转动时 ECU 有无脉冲信号送至点火器。如果无信号，则说明 ECU 有故障；如果有信号，则说明点火器损坏，应更换点火器或 ECU。

9. 发动机进气管回火

1）故障现象：发动机工作不正常，迅速增大节气门开度时进气管回火。

2）故障原因

① 进气系统漏气。空气软管破损或软管接头松脱，排气再循环阀不能关闭，机油滤清器盖关闭不严。

② 点火时间过早。

③ 喷油压力偏低。输油管路有泄漏处，燃油滤清器及输油管路阻塞；燃油泵工作不良；燃油压力调节器工作不良。

④ 喷油器工作不良。喷油器喷孔阻塞；喷油器串联电阻器漏电；喷油器电源线路或线路插接器接触不良。

⑤ 喷油器控制信号不良。空气流量传感器工作不良，冷却液温度传感器、进气温度传感器工作不良，节气门位置传感器工作不良，传感器至 ECU 线路工作不良。

⑥ 蓄电池电压过低。蓄电池损坏，充电系统有故障。

10. 排气管放炮

1）故障现象：发动机工作不正常，排气管有放炮现象。

2）故障原因

① 点火时间过迟。

② 喷油器漏油。

③ 燃油压力调节器工作不良（喷油压力过高）。

④ 点火系统缺火或火花弱。点火线圈不良，火花塞电极烧蚀或积炭；高压分线漏电或松脱；分电器盖漏电。

⑤ 喷油器控制信号不良。节气门位置传感器工作不良，氧传感器工作不良；传感器至 ECU 线路工作不良或 ECU 故障。

⑥ 排气门漏气。

⑦ 急速控制系统工作不良。

11. 发动机喘抖

1）故障现象：在车辆起步或加速时发动机喘抖，加速困难。

2）故障原因

① 离合器打滑。

② 制动器拖滞。

③ 进气系统漏气。空气软管破损或软管接头松脱，排气再循环阀不能关闭，机油滤清器盖关闭不严。

④ 空气滤清器堵塞。

⑤ 点火系统工作不良。火花塞积炭或电极间隙不正常，高压导线漏电或松脱，分电器盖或分火头漏电，点火线圈不良，点火正时不正确。

⑥ 喷油压力过低。输油管路有泄漏处，燃油滤清器或输油管路阻塞，电动燃油泵工作不

良或滤网堵塞，燃油压力调节器工作不良。

⑦ 喷油器工作不良。喷油孔堵塞；串联电阻器漏电；喷油器驱动电源线路工作不良。

⑧ 喷油器控制信号不良。空气流量计工作不良，冷却液温度传感器、进气温传感器工作不良，节气门位置传感器工作不良，有关线路和插接器接触不良，ECU故障。

⑨ 个别缸不工作。气缸垫损坏；个别缸火花塞点火不良，个别缸喷油器喷油不良；高压分线工作不良；个别缸进排气门漏气。

12. 发动机间歇熄火

1) 故障现象：发动机突然熄火，过后会自动着火（或可以起动）正常运转，不定时又会突然自行熄火。

2) 故障原因：①空气流量计信号不连续；②节气门位置传感器工作不良；③曲轴位置传感器信号线路时通时断；④EFI主继电器、电动燃油泵继电器触点接触不良；⑤有关线路插接器松动；⑥ECU工作不良。

发动机燃油喷射系统的故障，大多数出在系统的零部件、配线、插接器及传感器上，而ECU本身一般很少出现故障。因此对电控发动机的故障进行诊断时，应首先对各组成零部件、配线、插接器、传感器进行检查，确认均正常时，才能判定故障在ECU本身，而不能轻易判定是ECU故障，当故障既不能在故障码中得到证实，也不能在基本检查中得到证实时，那就应按表2-7检查和判断故障。

本 章 小 结

1) 曲柄连杆机构、配气机构中有许多高速运动的零部件，在汽车的使用过程中，磨损会使各配合副间隙增大，导致气缸密封性下降，运动件冲击载荷加剧。对外表现为发动机动力性变差，燃油、机油消耗增加，还会引发多种异响。

2) 润滑系统的主要作用是减少运动件的摩擦和磨损，同时兼有清洗、冷却、密封、防锈作用。润滑系统的常见故障有：机油压力过高、机油压力过低、机油变质。在发动机正常工作情况下，机油压力应在 $196\sim392$kPa 之间，不同的车型略有差异，当机油压力警告灯点亮时，必须查明原因，排除故障后方可继续行驶。

3) 冷却系统的作用是保持发动经常处于合适的工作温度，防止出现过冷、过热情况。基本型乘用车大多采用全封闭式冷却系统，发动机工作时系统压力大于大气压力，冷却液在温度为110℃以上时也不会沸腾，即便冷却液温度表指示超过100℃，只要指针不过红线，冷却液温度警告灯不亮都是正常的。冷却系统的常见故障有：发动机过热、过冷、漏液。

4) 空气供给系统的作用是向发动机提供与负荷相适应的可燃混合气。

5) 燃油供给系统的作用是：根据发动机不同工况的要求，向进气歧管内进气门上方喷射定量的燃油，配制一定数量和浓度的可燃混合气。

6) 电控系统的主要作用是根据不同的发动机运行工况，对喷油以及点火时刻等进行控制和修正。

7) 根据发动机不能起动、发动机起动困难、怠速不良、动力不足、油耗过大、减速不良、点火不正常、发动机进气管回火、排气管放炮、发动机喘抖、发动机经常失速（转速忽高忽低）、发动机间歇熄火等故障现象，分析故障的具体原因。

思考与练习

一、填空题

1. 润滑系统故障主要有：_____、_____、_____、_____、_____、_____、_____、_____、_____。

2. 要使发动机正常工作，需要有足够的_____、准确的_____及必要的_____、_____的混合气浓度。

3. 电控汽油喷射系统都由以下三个子系统组成：_____系统、_____系统和_____系统。

4. 空气供给系统的作用是向_____提供与负荷相适应的清洁_____，同时对流入_____的空气量进行_____或间接计量和控制进入发动机气缸的空气量，使它们在系统中与喷油器喷出的汽油形成空燃比符合要求的可燃混合气。

5. 旋转翼片式空气流量计的常见故障有：_____与碳膜电阻接触不良，电阻值发生变化，_____或传感器转轴回位弹簧失效等。

6. 燃油供给系统的作用是：电动燃油泵向_____提供足量的具有一定压力的_____，根据发动机不同工况的要求，喷油器按照来自ECU的控制信号，向进气歧管内进气门上方喷射定量的燃油，配制一定数量和浓度的_____，供入气缸，进行燃烧做功。

7. 燃油泵的控制电路主要有_____、_____、_____、_____四种类型。

8. 检查节气门位置传感器，在节气门全闭时，节气门位置传感器内的_____应闭合，如不能闭合，应按标准进行调整。如果调整无效，应更换节气门位置传感器。

9. 检测冷却温度传感器，在不同温度下的_____值应符合标准。_____太大，会使ECU误认为发动机处于低温状态，从而进行冷车_____控制，使油耗增加。

二、选择题

1. 可以作为汽油机供给系统诊断参数的是（　　）。
A. 喷油器喷油压力　　B. 车轮侧滑量　　C. 车轮前束值　　D. 喷油量

2. 进气管负压用（　　）检测，无须拆任何机件，而且快速简便，应用极广。
A. 气缸压力表　　B. 真空表　　C. 万用表　　D. 油压表

3. 进气管负压随海拔升高而（　　）。
A. 增高　　　　　　B. 降低　　　　　　C. 不变　　　　　　D. 都可以

4. 能用来表征发动机气缸密封性的诊断参数是（　　）。
A. 气门间隙　　　　B. 气缸压力　　　　C. 点火提前角　　　　D. 点火滞后角

5. 与平原地区相比，在相同的混合气成分下，高原地区点火提前角应（　　）。
A. 提前　　　　　　B. 推迟　　　　　　C. 不变　　　　　　D. 都可以

6. 电控汽油喷射发动机的点火提前角一般是（　　）。
A. 可调的　　　　　B. 不可调的　　　　C. 固定不变的　　　　D. 都可以

7. 要检测电磁感应式曲轴位置传感器是否良好，应检查电磁感应线圈的（　　）。
A. 阻值　　　　　　　　　　　　　　　B. 交流信号电压
C. 阻值与交流信号电压　　　　　　　　D. 电流

8. 霍尔效应传感器信号是频率调制信号，其波形是（　　），所以可用直流电压档检测平均电压，以判别霍尔传感器有无信号输出。

    A．方波　　　　　　　　B．正弦波　　　　　　　C．递增信号波　　　D．余弦波

9．（　　）不是电喷发动机冷车起动困难的根本原因。

    A．冷却液温度传感器有故障　　　　　　B．点火能量不够

    C．车速传感器有故障　　　　　　　　　D．空气流量计有故障

10．（　　）不是电喷发动机热车起动困难的根本原因。

    A．冷却液温度传感器有故障　　　　　　B．混合气过浓

    C．车速传感器有故障　　　　　　　　　D．曲轴位置传感器有故障

11．（　　）不是电喷发动机怠速转速过低的根本原因。

    A．怠速控制阀有故障　　　　　　　　　B．节气门位置传感器信号不正确

    C．车速传感器有故障　　　　　　　　　D．曲轴位置传感器有故障

12．（　　）是电喷发动机怠速转速过高的原因之一。

    A．节气门位置传感器信号不正确　　　　B．车速传感器有故障

    C．喷油器线圈断路　　　　　　　　　　D．喷油器线圈短路

13．（　　）是电喷发动机怠速转速过高的原因之一。

    A．怠速控制阀有故障　　　　　　　　　B．车速传感器有故障

    C．喷油器线圈断路　　　　　　　　　　D．喷油器线圈短路

14．某燃油喷射系统的汽油压力过高，原因是（　　）。

    A．电动燃油泵的电刷接触不良　　　　　B．回油管堵塞

    C．燃油压力调节器密封不严　　　　　　D．以上都正确

15．在（　　）式空气流量计中，还装有进气温度传感器和燃油泵控制触点。

    A．翼片　　　　　　　　B．卡门涡旋　　　　　　C．热线　　　　　　D．热膜

16．负温度系数的热敏电阻的阻值随温度的升高而（　　）。

    A．升高　　　　　　　　B．降低　　　　　　　　C．不受影响　　　　D．先高后低

三、判断题

1．在单缸断火情况下测得的发动机转速与没有单缸断火情况下一样，说明该断火缸工作良好。　　　　　　　　　　　　　　　　　　　　　　　　　　　　　　　　（　　）

2．进气管负压与气缸密封性无关。　　　　　　　　　　　　　　　　　　　（　　）

3．节气门位置传感器输出的模拟电压信号随节气门的开度增大而增大。　　（　　）

4．进气压力传感器都有一根电源线，一根信号线，一根接地线。　　　　　（　　）

5．装有氧传感器的发动机，应使用无铅汽油。　　　　　　　　　　　　　（　　）

6．检测电磁感应式曲轴位置传感器是否良好时，仅需检查电磁感应线圈电阻值。（　　）

7．油压调节器故障或回油管堵塞会造成燃油喷射系统油压过低。　　　　　（　　）

8．冷却液温度传感器有故障会引起发动机冷车起动困难。　　　　　　　　（　　）

9．怠速控制阀有故障会引起怠速转速过低。　　　　　　　　　　　　　　（　　）

10．冷却液温度传感器不正常会引起热车起动困难。　　　　　　　　　　（　　）

11．喷油器漏油或严重雾化不良，会引起热车起动困难。　　　　　　　　（　　）

12．节气门位置传感器不良，会引起发动机减速时熄火现象。　　　　　　（　　）

13．燃油压力过高或喷油器有故障，会使发动机油耗大。　　　　　　　　（　　）

14. 在拆卸燃油系统内任何元件时，都必须首先释放燃油系统压力。　　　　（　　）

15. 在电控发动机的燃油供给系统中一般采用的都是一次性的燃油滤清器。　（　　）

四、问答题

1. 发动机加速不良，如何确定故障部位？

2. 导致机油压力过低的主要原因有哪些？

3. 气缸压力不足的原因有哪些？

4. 发过机过热，如何确定故障部位？

5. 燃油压力调节器的作用是什么？

6. 简述燃油供给系统油压的释放步骤。

7. 简述空气流量传感器及线路的检测方法。

8. 发动机不能起动的原因主要有哪些？

9. 简述电控发动机热车怠速不稳或熄火的故障诊断与排除程序。

10. 简述电控发动机怠速过高的故障诊断与排除程序。

11. 简述发动机动力不足的故障诊断与排除程序。

第三章

底盘的故障诊断与排除

学习目标：

1. 熟悉汽车底盘各系统的作用及基本组成。
2. 熟悉汽车离合器的故障诊断与排除方法。
3. 掌握汽车变速器的故障诊断与排除方法。
4. 熟悉万向传动装置常见故障的诊断思路。
5. 掌握驱动桥常见故障的诊断思路。
6. 熟悉汽车行驶系统、转向系统常见故障的诊断思路。
7. 掌握制动系统常见故障的诊断思路。

汽车底盘包括传动系统、行驶系统、转向系统和制动系统，其技术状况直接决定整车行驶的操纵稳定性和安全性，同时还影响发动机的动力传递和燃油消耗。

为确保汽车能正常运行和安全行驶，应及时对汽车底盘进行检测和故障诊断与排除。常用的汽车底盘检测设备有：离合器打滑频闪测定仪、传动系统游动角度检测仪、车轮定位仪、四轮定位仪、车轮动平衡仪、悬架和转向系统检测仪、悬架装置检测台等。随着科学技术的发展，这些检测设备已大量采用光、机、电一体化技术，并采用计算机控制，有些还具有智能化功能或专家诊断系统。正确使用这些检测设备，可以保证在汽车底盘的维修中获得可靠的技术数据，从而保证汽车底盘有效地工作。

传动系统的布置形式主要与发动机的位置和驱动方式有关。除发动机前置后轮驱动和发动机后置后轮驱动形式外，目前基本型乘用车上采用最多的是发动机前置前轮驱动的方式。

第一节　离合器的故障诊断与排除

一、离合器作用及要求

离合器安装在发动机与变速器之间，用来分离或接通两者之间的动力联系。

1. 作用

1）在起步时和换档后，使发动机与变速器逐渐接合，以传递发动机向变速器输入的动力，保证汽车平稳起步和继续行驶。

2）在起动、换档和制动时，使发动机与变速器暂时分离，以切断发动机向变速器输入的动力，保证发动机容易起动，在换档中齿轮免受冲击，在制动时发动机不会熄火。

3）在正常行驶中传递动力并防止传动机构超负荷工作。

2. 对离合器的要求

1）具有合适的转矩储备能力，保证能在传递发动机输出的最大转矩而不打滑的同时，又能防止传动系统过载。

2）分离迅速、彻底，以便于发动机起动和变速器换档。

3）接合平顺、柔和，以保证汽车平稳起步。

4）具有良好的散热能力，将离合器滑动产生的热量及时散出，保证离合器工作可靠。

5）离合器从动部分的转动惯量要尽可能小，以减轻换档时齿轮的冲击。

6）操纵轻便，以减轻驾驶人的疲劳程度。

二、汽车常用典型离合器的结构与特点

1. 膜片弹簧离合器

采用膜片弹簧作为压紧弹簧的离合器称为膜片弹簧离合器。该离合器还分推式膜片弹簧离合器和拉式膜片弹簧离合器两种。

特点：①膜片弹簧离合器转矩容量大且较稳定；②操纵轻便；③结构简单且较紧凑；④散热通风性能好；⑤摩擦片的使用寿命长。膜片弹簧的安装位置相对于离合器的旋转轴线完全对称，因此它的压紧力不会受离心力影响，很适合高速旋转，并且制造膜片弹簧的工艺水平在不断提高，因而这种离合器在汽车上用得越来越多。

2. 周布弹簧离合器

周布弹簧离合器目前主要用在商用载重汽车上，它是由螺旋弹簧沿着压盘的圆周作同心圆布置而成的。压盘、分离杠杆及螺旋弹簧均装在离合器盖内，组成离合器盖总成。飞轮作为离合器的一个主动摩擦面，而另一个主动摩擦面为压盘。

特点：周布弹簧离合器所用的螺旋弹簧是线性的，当摩擦片磨损后，弹簧伸长，压紧力下降，这对离合器可靠传递转矩是很不利的。为此，可改用组合周布螺旋弹簧的结构，在大弹簧的里面放一个弹簧，两者旋向相反，弹簧刚度也不同。为了保证摩擦片上压力分布尽量均匀，压簧的数目不应太少，且要随摩擦片直径的增大而增多，有时甚至布置成两排。

3. 中央弹簧离合器

采用一个或两个圆柱螺旋弹簧，或用一个矩形断面的锥形螺旋弹簧做压簧布置在离合器正中间的结构的离合器，称为中央弹簧离合器。

其结构组成部件有：压盘、离合器盖、调整环、弹性压杆、风扇叶盘、压紧弹簧、分离轴承、分离套筒和压盘分离弹簧。

特点：中央弹簧离合器的压簧不和压盘直接接触，因此压盘由于摩擦而产生的热量不会直接传递给弹簧使其回火失效。中央弹簧的压紧力通过杠杆系统作用于压盘，并按杠杆比放大，因此可用较小的弹簧力得到足够大的压盘压紧力。有些中央弹簧离合器弹性压杆的中段常常做成叶片形状，成为风扇叶片，有利于离合器的通风散热。

三、离合器的组成及部位

离合器位于发动机与变速器之间，在汽车起步和变速器换档时，暂时切断发动机与变速器的连接，以切断动力传递，变档后逐渐接合，传递发动机动力，从而保证汽车平稳起步以及平顺换档，并且能防止传动系统过载。目前以膜片弹簧离合器的应用最为广泛。

膜片弹簧离合器主要由主动部分（飞轮、压盘、离合器盖）、从动部分（从动盘、从动轴）、压紧机构（膜片弹簧）、分离机构（分离轴承与套筒、分离叉等）和操纵部分等组成。

四、离合器常见故障的诊断与排除

离合器常见故障有打滑、分离不彻底、发抖和发响等。

1. 离合器打滑

（1）故障现象

1）汽车用低速档起步时，放松离合器踏板后，不能顺利起步。

2）汽车加速行驶时，车速不能随发动机转速的提高而提高，感到行驶无力，严重时产生焦臭味或冒烟等现象。

3）当拉紧驻车制动器进行起步试验时，发动机不熄火。

（2）故障原因

1）离合器踏板自由行程过短或没有自由行程，使分离轴承一直压在分离杠杆上。

2）从动盘上有油污，造成从动盘表面摩擦力减小。

3）从动盘摩擦片、压盘或飞轮工作面磨损严重，离合器盖与飞轮的连接松动，使压紧力减弱。

4）从动盘摩擦片上的油污、烧蚀、硬化表面，外露铆钉或不平整表面，使摩擦力下降。压力弹簧疲软或折断，膜片弹簧疲软或开裂，使压紧力下降。

5）分离轴承套筒与导管间油污严重，使分离轴承不能回位。

（3）故障诊断与排除

1）检查离合器踏板自由行程是否合适，若不合适，应进行调整。

2）清除从动盘油污并排除漏油故障。

3）检查从动盘摩擦片、压盘或飞轮工作面磨损情况，若磨损严重，应及时更换。

4）检查压力弹簧、膜片弹簧是否疲软、折断或弹性不足，若弹性不足或破坏，应及时更换。

5）检查从动盘、分离轴承套筒与导管，若有油污，应及时清理。

2. 离合器分离不彻底

（1）故障现象 发动机怠速运转时，踩下离合器踏板，挂档时有齿轮撞击声且难以挂入。如果勉强挂上档，则在离合器踏板尚未完全放松时发动机熄火。

（2）故障原因

1）离合器踏板自由行程过大。

2）新换的摩擦片太厚或从动盘正反面装错。

3）从动盘钢片翘曲，摩擦片破裂或铆钉松动。

4）液压传动离合器的液压系统漏油造成油量不足，或有空气侵入。

5）分离杠杆调整不当，其内端不在同一平面内或内端高度太低，或分离杠杆弯曲变形、支座松动、支座轴销脱出，使分离杠杆内端高度难以调整。

（3）故障诊断与排除

1）检查离合器踏板自由行程是否合适，若不合适，应进行调整。

2）检查离合器从动盘或摩擦片安装得是否正确，若从动盘变形或损坏，应及时更换。

3）检查液压系统管路、管接头是否漏油，若漏油，应查找漏油处并进行修补。

4）检查分离杠杆是否变形，支座是否松动，分离杠杆调整得是否合适，若不符合要求，应更换分离杠杆。

5）检查变速器第一轴和离合器从动盘配合得是否良好，若配合不当，应及时调整。

3. 离合器异响

（1）故障现象　车辆起步或换档时操纵离合器，有异响。

（2）故障原因　分离轴承磨损严重或缺油，轴承回位弹簧过软、折断或脱落；从动盘铆钉松动或减振弹簧折断；踏板回位弹簧过软、脱落或折断。

（3）故障诊断与排除　稍稍踩下离合器踏板，膜片弹簧与分离轴承接触，听到有"沙沙沙"的响声，为分离轴承异响，若加油后仍存在响声，为轴承磨损松旷或损坏，应予以更换；踩下、放松离合器踏板时，如果出现间断的碰击声，为分离轴承前后滑动异响（分离轴支承弹簧失效），应更换支承弹簧；发动机一起动就有响声，将离合器踏板提起后响声消失，说明离合器踏板弹簧失效，应更换离合器踏板弹簧；连踩踏板，在离合器刚接触或分开时响，为从动盘铆钉松动或摩擦片铆钉外露，应修复铆钉。

4. 车辆起步时离合器发抖

（1）故障现象　车辆起步时，离合器不能平稳接合，使车身产生抖动。

（2）故障原因　离合器压盘或从动盘发生翘曲，或从动盘铆钉松动；变速器与飞轮壳或者离合器盖与飞轮固定螺栓松动；膜片弹簧弹力不均匀。

（3）故障诊断与排除　让发动机怠速运转，挂低速档，缓慢松开离合器踏板并踩加速踏板起步，如果车身有明显的抖动，则为离合器发抖。检查变速器与飞轮壳、离合器盖与飞轮固定螺钉是否松动；拆开离合器盖测量膜片弹簧的高度是否一致。若上述各项均符合要求，则拆下离合器，分别检查压盘、从动盘是否变形，铆钉是否松动，膜片弹簧的弹力是否在允许范围内；若不符合要求，均应更换新件。

第二节　变速器的故障诊断与排除

一、变速器的作用

变速器是汽车传动系统中的主要变速机构，它可以扩大发动机传至驱动轮的转矩和转速的变化范围，以适应不同使用条件的要求；在发动机旋转方向不变的前提下，实现汽车倒向行驶；利用空档切断动力传递，便于发动机起动、怠速或换档。图 3-1 所示为基本型乘用车变速器变速传动机构。

二、变速器的常见故障诊断与排除

手动变速器常见故障有跳档、乱档、异响、换档困难和漏油。

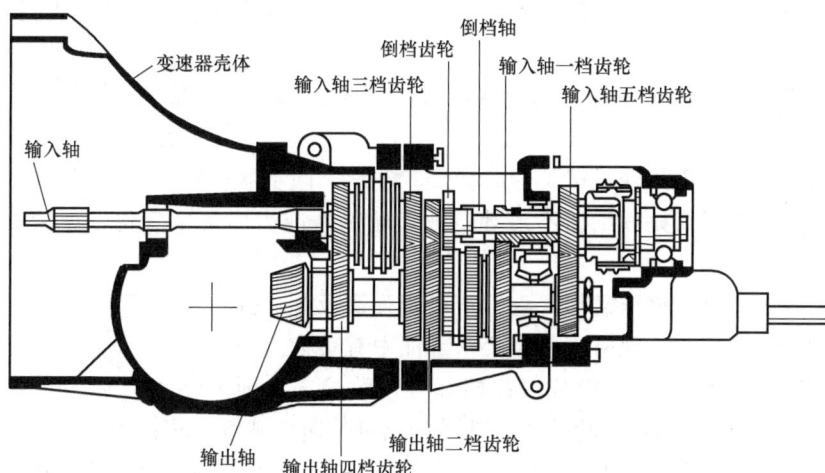

图 3-1　基本型乘用车变速器变速传动机构

1. 变速器跳档

（1）故障现象　车辆在重载加速或爬坡行驶时，变速杆自动从某档跳回空档。

（2）故障原因

1）变速杆系磨损松旷或变速器内拨叉弯曲变形，止推垫片磨损，使齿轮不能完全啮合。

2）相啮合的齿轮或齿圈磨损严重。

3）自锁装置的凹槽、钢球磨损严重，自锁弹簧疲劳或折断。

4）轴或轴承磨损严重，使相啮合的齿轮或齿圈不同心。

5）齿轮与轴的花键严重磨损，使配合间隙过大。

（3）故障诊断与排除

1）检查变速杆系是否松旷或严重磨损，变速器内拨叉是否弯曲变形，止推垫片是否磨损，若松旷或损坏严重，应及时调整或更换相应零件。

2）检查相啮合的齿轮或齿圈的磨损情况，若磨损严重或断齿，应更换齿轮或齿圈。

3）检查自锁装置的凹槽、钢球是否严重磨损，自锁弹簧是否疲劳或折断，若磨损严重或损坏，应及时更换相应零件。

4）检查轴或轴承是否磨损严重，必要时应更换轴或轴承。

5）检查齿轮与轴花键的磨损情况，若磨损严重，应更换花键。

2. 变速器乱档

1）故障现象：①汽车在起步挂档或行驶中换档时，挂不上所需档位；②挂档后不能退回空档；③车辆静止时可能同时挂上两个档。

2）故障原因

① 互锁装置的凹槽、锁销或钢球磨损严重。

② 变速杆下端长度不足、下端工作面磨损严重或拨叉导致凹槽磨损严重。

③ 变速杆球头定位销磨损松旷、折断，或球头、球孔磨损严重。

3）故障诊断与排除

① 检查互锁装置的凹槽、锁销和钢球的磨损情况，若磨损严重，应更换相应零件。

② 检查变速杆下端长度与下端工作面的配合情况，若磨损严重或间隙过大，应更换相应零件。

③ 检查变速杆球头定位销，若松旷、折断，或球头、球孔磨损严重，应更换相应零件。

3. 变速器异响

1）故障现象：变速器异响主要有变速器齿轮的啮合声、轴承的运转声等。

2）故障原因

① 变速器第一轴、第二轴或拨叉弯曲变形，轴承、同步器毂磨损、失圆。

② 齿轮加工精度或热处理工艺不当等造成齿轮偏磨或齿形发生变化，齿轮啮合间隙或花键配合间隙过大。

③ 自锁装置的凹槽、钢球磨损严重，或自锁弹簧疲劳、折断。

④ 齿轮油不足、变质、规格不符合要求或油中有杂物。

3）故障诊断与排除：①一般若在各档都有连续响声，则为轴承损坏；②若某档位有连续、较尖细的响声，则为该档齿轮响声；③若挂上某档时有断续、沉闷的冲击声，则为该档个别齿轮折断；④若停车时踩下离合器踏板不响，松开离合器踏板时发响，则为常啮合齿轮响。应根据响声特点，着重检修相应部位，对磨损严重或损坏的零件应予以更换。

4. 变速器换档困难

1）故障现象：变速器不易挂上档或挂上档后不易脱出。

2）故障原因：①离合器分离不彻底；②拨叉轴弯曲或拨叉轴与导向孔严重锈蚀，拨叉固定螺栓松动；③同步器磨损或弹簧安装不正确。

3）故障诊断与排除：①检查离合器操纵机构能否灵活移动，离合器能否分离彻底；②拆开变速器盖，查看拨叉轴是否弯曲，如果弯曲应校直或更换；③若离合器轴与导向孔锈蚀，应除锈修复；④若拨叉固定螺钉松动，应将其拧紧；⑤若同步器磨损或损坏，应更换。

三、自动变速器的故障诊断与检测

1. 自动变速器故障诊断与检测基础

自动变速器故障诊断与检测的难点在于自动变速器的结构较为复杂，它集机械、液压、电控系统为一体，其诊断与检测方法不像手动变速器那样通过拆检就能判断出故障原因。所以，在对自动变速器进行诊断与检测之前，先了解其组成及结构特点，根据自动变速器诊断与检测原则，通过性能试验等方式有针对性地去查找故障根源，才能提高工作效率，少走弯路。

（1）ECU 控制的自动变速器检测与诊断的原则

1）分清故障部位和性质：分清故障是发动机电控控制系统、自动变速器液压控制系统引起的，还是机械系统（液力变矩器或行星齿轮机构）引起的；是只需维护就可排除的，还是需要拆卸自动变速器彻底修理才能排除的。

2）坚持先易后难、逐步深入的原则：①按故障的难易程度，先从最简单、最容易检查的部位入手，如自动变速器油的状况、开关、拉杆等；②从那些最易于接近的部位、易被忽视的部位和影响较大的因素开始；③最后再深入到实质性故障。

3）充分利用自动变速器的性能试验，包括基础检验、手动换档试验、液压试验、电液控制系统工作过程检验、失速试验和时滞试验等，为查找故障提供思路和线索。通过这些检验项目的检测，一般可以发现自动变速器的故障所在。

4）充分利用电控自动变速器的故障自诊断功能：ECU 内部有一个故障自诊断电路，它能在汽车行驶过程中不断地监测自动变速器控制系统各部分的工作情况，并能检测出控制系统中的大部分故障，将故障以代码的形式进行记录。维修人员可以按照特定的方法将故障码从ECU中读出，为自动变速器控制系统的检修和故障诊断提供依据。

5）非拆不可，放在最后：必须在拆检之后才能确诊的故障，应是最后才予以诊断的故障，因为自动变速器一般是不允许分解的。

（2）自动变速器的组成及相互关系　自动变速器的基本组成及相互关系如图3-2所示。

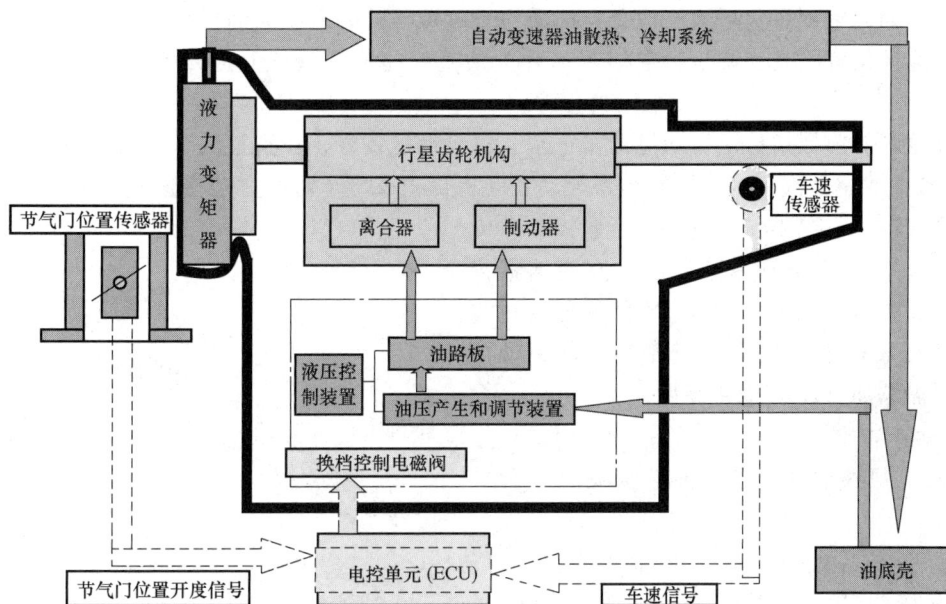

图 3-2　自动变速器的基本组成及相互关系

（3）ECU控制的自动变速器故障诊断程序　ECU控制的自动变速器故障诊断的一般程序如图3-3所示。

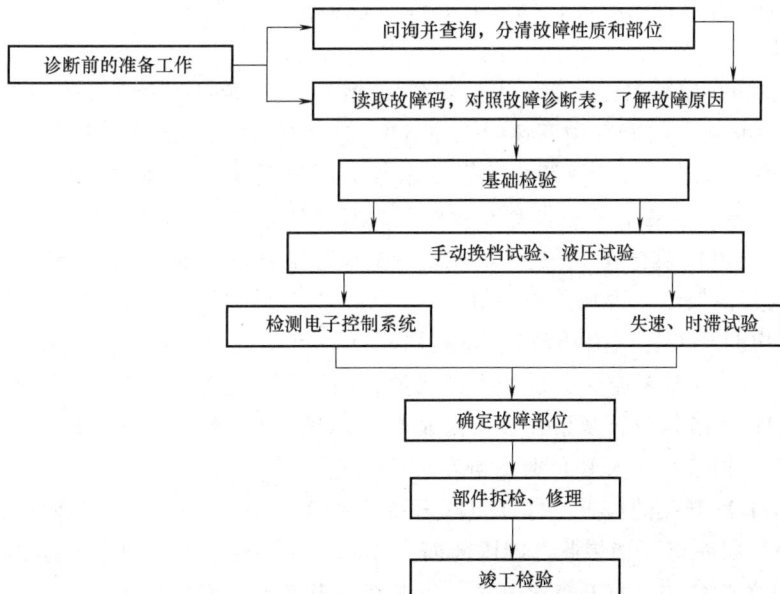

图 3-3　ECU控制的自动变速器故障诊断程序

2. 自动变速器的性能试验

在分析与诊断自动变速器故障时，性能试验是提高工作效率的有效途径。性能试验的项目包括：基础检验、手动换档试验、液压试验、失速试验、时滞试验、道路试验和锁止离合器试验。

（1）基础检验　自动变速器基础检验的目的是检验其是否具备正常的工作能力。基础检验中的检查和调整项目包括油位检查、油质检查、液压控制系统漏油检查、节气门拉索检查和调整、变速杆位置检查和调整、空档起动开关检查、超速档（O/D）开关检查和发动机怠速检查等。

基础检验的前提条件是发动机工作正常，底盘性能良好，特别是汽车制动系统正常。

1）检查油位：汽车水平停放，未起动发动机可检查冷车时的自动变速器油量，起动1min后依次挂入各档，让ATF（Automatic Transmission Fluid，自动变速器油）在变速器内充分流动，变速杆置于P位或N位，再通过自动变速器油尺检查油位（见图3-4）。如果油位过低，则需添加ATF到规定高度。

2）检查油质

① 看：观察油的颜色，油液清亮且带猩红色为正常。

② 闻：正常的ATF应有类似新机油的气味。若有烧焦味，则说明油温过高、油位过低、ATF冷却器或管路堵塞、离合器或制动器打滑等；若有异味，则说明ATF已氧化或变质，需更换。

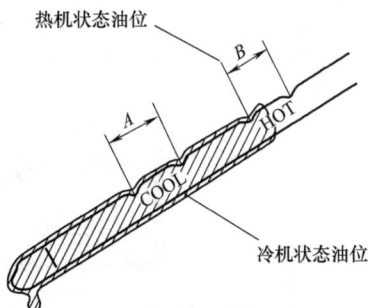

图3-4　自动变速器油面高度的检查
A—冷态时的油位范围　*B*—热态时的油位范围

③ 摸：用手指捻试油的黏度，感觉有黏性时说明正常，若感觉有渣粒或碎屑，则说明变速器内有磨损处。

④ 验：将油滴在滤纸上，等油滤干后观察无残渣且滤纸略显红色为正常。

3）检查泄漏情况：检查自动变速器壳体各部位、油底壳和散热装置及其管路是否漏油。

4）检查和调整变速杆位置及锁止按钮工作状况（见图3-5）。在挂入P、R、N、D、S或2、L、1档时，变速杆到位，变速器具有落座声为宜。停车后当变速杆置入P位时，锁止按钮应自动弹出并将变速杆锁止在P位。如果需要在未起动发动机时换档，必须按下锁止按钮，变速杆才能挂入其他档位，否则需要调整。

5）检查多功能开关（档位开关）、超速档（O/D）开关和行驶模式开关。检查多功能开关时，选择路试或使车辆悬空，分别挂入各档位，检查汽车是否只在P、N位才能起动。发动机起动后，分别挂入各档位，观察仪表板指示灯显示的"P、R、N、D、S或2、L、1"是否与实际挂入的档位相符，挂入R位时，倒车灯应点亮。

超速档（O/D）开关的检查：打开点火开关，按下"O/D OFF"开关两次，观察仪表上的"O/D OFF"指示灯，如果此灯能因此而点亮和熄灭，则该开关和指示灯功能正常。

行驶模式开关的检查：打开点火开关，行驶模式开关在不同的位置，相应的"NORM"和"PWR"指示灯分别显示不同的模式符号。按下行驶模式开关，PWR指示灯应点亮；不按此开关（开关在高位），NORM 指示灯应点亮。

6）检查和调整节气门拉索。将加速踏板踩到底，节气门全开，限位块与防尘套之间的距离要求有 0～1mm，如图 3-6 所示。

7）检查发动机基本怠速：将车辆停在水平地面上，用三角木塞住车轮，拉紧驻车制动器，变速杆位于 P 位或 N 位，关闭车上所有用电设备，踩下制动踏板，起动车辆，观察发动机怠速状况。通常装有自动变速器的汽车发动机怠速为 800±50r/min。

（2）手动换档试验　手动换档试验的目的是通过手动换档试验，区分故障在自动变速器电控系统还是在机械系统或液压系统。

手动换档试验的方法是将自动变速器换档控制阀的导线插接器全部拔下，用手动换档驾驶车辆，检查发动机的转速和车速与自动变速器档位的对应关系。丰田轿车电控自动变速器手动换档试验时档位和变速杆的关系见表 3-1。

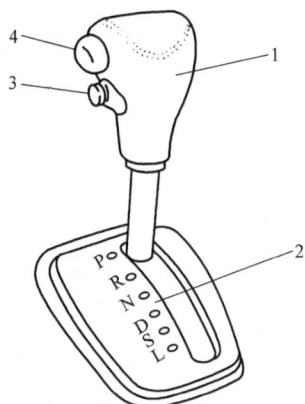

图 3-5　自动变速器变速杆
1—操纵手柄　2—档位及其符号
3—超速档开关或保持开关
4—锁止按钮

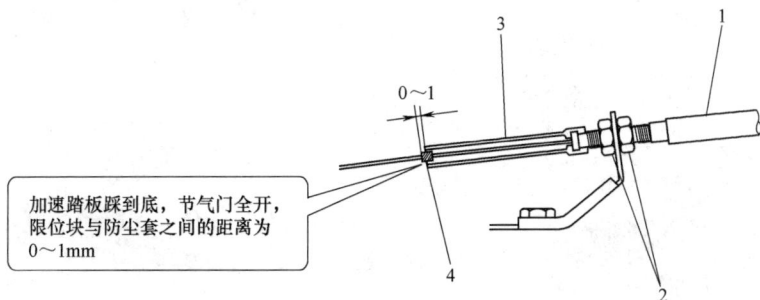

图 3-6　节气门拉索的调整
1—节气门拉索　2—固定螺母　3—防尘套　4—限位块

表 3-1　丰田轿车电控自动变速器手动换档时档位和变速杆的关系

变速杆位置	对应的档位
P	驻车档
R	倒档
N	空档
D	超速档
S 或 2	2 档
L 或 1	1 档

试验结果分析：如果车辆故障没有变化，则说明故障发生在机械系统和液压系统；如果车辆故障发生变化，则说明故障发生在电控系统。

（3）液压试验　液压试验是在自动变速器工作时，通过测量液压控制系统各回路的压力来判断各元件的功能是否正常，目的是检查液压控制系统各管路是否漏油及各元件（如液力变矩器、蓄能器等）是否工作正常，是判别故障在液压控制系统还是在机械系统的主要依据。几种常见车型自动变速器主油路油压标准见表3-2。

表 3-2　常见自动变速器主油路油压标准

车型	变速器型号	发动机型号	变速杆位置	主油路油压/kPa	
				怠速工况	失速工况
丰田 CROWN3.0	A340E	2JZ-GE	D	363~422	902~1147
			R	500~598	1236~1589
雷克萨斯 LS400	A341E A342E	1UZ-FE	D	382~441	1206~1363
			R	579~657	1638~1863
日产	L4N71B	VG30E VG30S	D	314~373	1157~1275
			R	549~686	2187~2373

　　主油路油压测试方法如图3-7、图3-8所示。测试主油路油压时，通常分别测出挂前进档和倒档时的主油路油压。

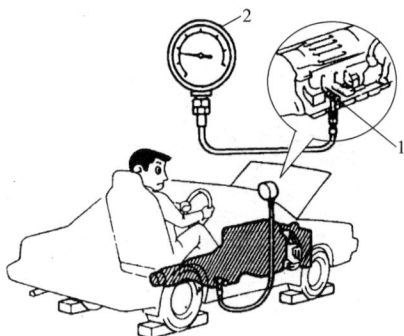

图 3-7　测试主油路油压时油压表的连接
1—主油路测压孔　2—油压表

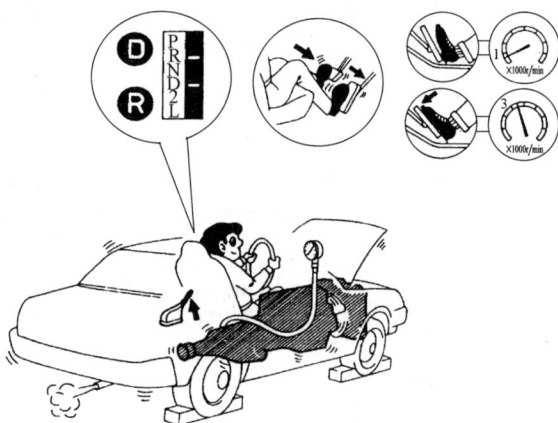

图 3-8　主油路油压测试

主油路油压测试操作步骤：

　　1）拆下自动变速器壳体上的主油路测压孔或前进档油路测压孔螺塞，接上油压表，塞好车轮，拉紧驻车制动器。

　　2）起动发动机，将变速杆拨至前进档（D）位置。

　　3）读出发动机怠速运转时的油压，该油压即为怠速工况下的前进档主油路油压。

　　4）用左脚踩紧制动踏板，同时用右脚将加速踏板完全踩下，在失速工况下读取油压，该油压即为失速工况下的前进档主油路油压。

　　5）将变速杆拨至空档（N）或停车档（P）位置，让发动机怠速运转1 min以上。

　　6）将变速杆拨至各个前进低速档（S、L或2、1）位置和倒档（R）位置，重复上述2~4的步骤，读出各个前进低速档和倒档在怠速工况和失速工况下的主油路油压。

　　试验结果分析：若所有档位油压均高，则为主油路调压阀故障；若所有档位油压均低，则为油泵或主油路调压阀故障；若某一档位油压偏低，则该档油路堵塞或泄漏。

（4）时滞试验　在发动机怠速运转时将变速杆从空档（N）位置拨至前进档（D）或倒档（R）位置后，需要有一段短暂时间的迟滞或延时才能使自动变速器完成档位的接合（此时汽车会产生一个轻微的振动），这一短暂的时间称为自动变速器换档的迟滞时间，此项试验即称为时滞试验。

时滞试验的目的是测出自动变速器的迟滞时间，根据其长短来判断主油路油压及换档执行元件的工作是否正常。迟滞时间取决于自动变速器油路油压、油路密封情况以及离合器和制动器的磨损情况。

时滞试验如图 3-9 所示。

1）发动机和自动变速器达到正常工作温度，让 ATF 在变速器内充分流动。

2）将汽车停在水平地面上，拉紧驻车制动器。

3）检查发动机怠速，如果不正常，应按标准予以调整。

4）将变速杆从空档（N）位置拨至前进档（D）位置，用秒表测量从拨动变速杆开始到感觉到汽车振动为止所需的时间，称为 N→D 迟滞时间。

5）将变速杆拨至空档（N）位置，让发动机怠速运转 1min 之后，再重复做一次同样的试验。

6）按照上述方法，将变速杆由空档（N）位置拨至倒档（R）位置，以测量 N→R 迟滞时间。

7）N→D、N→R 的档位切换试验分别做 3 次，取平均值。

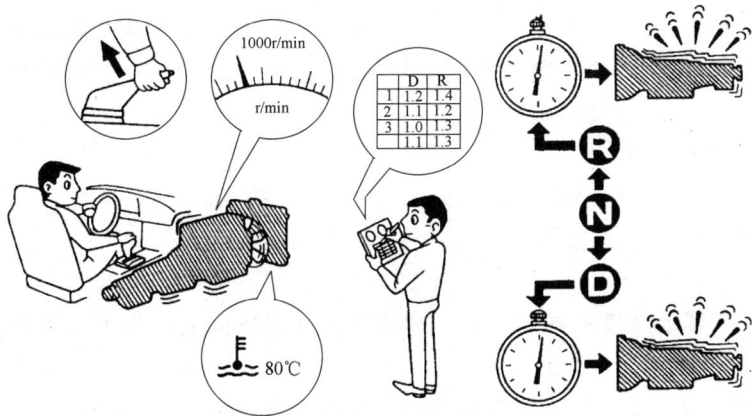

图 3-9　时滞试验

试验结果分析：大部分自动变速器 N→D 迟滞时间小于 1.2 s，N→R 迟滞时间小于 1.5 s。若 N→D 迟滞时间过长，则说明主油路油压过低、前进档离合器摩擦片磨损严重或前进档单向超越离合器工作不良；若 N→R 迟滞时间过长，则说明倒档主油路油压过低，倒档离合器或倒档制动器磨损严重或工作不良。

（5）锁止离合器试验　锁止离合器通常采用道路试验来进行。试验目的是检验锁止离合器是否能正常工作。

具体试验方法如图 3-10 所示。行驶中，将汽车加速到超速档，以高于 80km/h 的速度行驶，节气门保持在低于 1/2 开度位置，离合器锁止装置应该已经锁止。此时，快速将加速踏板踏下至 2/3 开度，同时检查发动机转速变化情况，结果应该是发动机转速和车速同步上升。

试验结果分析：如果车速和发动机转速同步上升，表明锁止离合器正常工作。如果发动机转速上升比车速上升得快，表明锁止离合器没有锁止，通常的原因是锁止控制系统有故障或锁止离合器打滑。

（6）道路试验　内容包含六点。

1）升档检查：从 1 档位到 2 档位再到 3 档位等上行档的检查，确认是否能升档或换档顺畅。

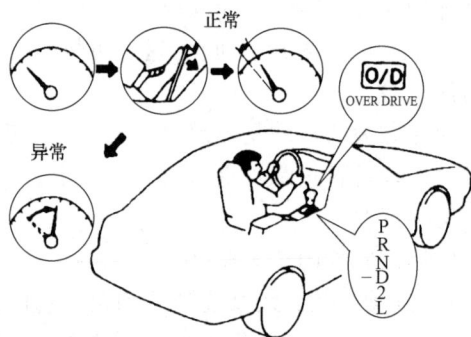

图 3-10　锁止离合器工作状况的检查

2）升档点检查：检查有无升档过早或过迟现象，主要检查升档时的发动机转速和车速。

3）降档检查：从高档位往低档位逐档检查，确认是否能降档或换档是否顺畅。

4）降档点检查：检查有无降档过早或过迟现象，主要检查降档时的发动机转速和车速。

5）人工换档检查，参见本节"手动换档试验"。

6）换档品质检查：观察汽车在换档时是否顺畅，正常换档应没有冲击感，该项检查主要用来检验各换档阀和各蓄能器性能的好坏。

（7）失速试验　失速试验用来检测失速状态下发动机的转速，目的是检查发动机功率大小、油泵的泵油能力、液力变矩器单向离合器性能好坏及自动变速器中有关换档执行元件工作是否正常。失速试验可以用来诊断可能的机械故障部位，如离合器、制动器的磨损、打滑情况等。

失速试验操作步骤如下：

1）将车停在水平、开阔路面，用三角木塞紧车轮，拉紧驻车制动器，同时用力踩紧制动踏板，起动发动机到发动机冷却液温度和自动变速器油温正常。

2）将变速杆拨入 D 位。

3）在左脚踩紧制动踏板的同时，用右脚将加速踏板踩到底，当发动机转速不再升高时，迅速读取此时发动机转速，并做好记录。

4）将变速杆拨到 P 或 N 位，让发动机怠速运转 1min 以上，以使 ATF 冷却到正常温度。

5）将变速杆拨入其他档位（R、S 或 2、L 或 1），做同样的试验。

不同车型自动变速器的失速转速标准不一样，但是多数为 2300r/min 左右。常见自动变速器的失速标准值见表 3-3。

表 3-3　常见自动变速器的失速标准值

车型	变速器型号	发动机型号	失速转速/（r/min）
丰田皇冠 3.0	A340E	2JZ-GE	2300~2600
雷克萨斯 LS400	A341E、A342E	1UZ-FE	2050~2350

试验结果分析：若所有档位失速转速均低，则说明发动机功率不足；若所有档位失速转速均高，但油压正常，则说明液力变矩器损坏；若某一档位失速转速偏高，但油压正常，则说明

该档液压执行元件打滑。

3. 电控自动变速器的故障自诊断

电控自动变速器的 ECU 内部有一个自诊断电路，它能自动监测控制系统的故障，并以代码的形式记录在 ECU 内。读取自动变速器的故障码，可利用汽车故障诊断仪读取故障码，也可以进行人工读码。汽车故障诊断仪有专用和通用两种形式；人工读码则通过仪表盘上的"O/D OFF"指示灯（此灯也作为故障警告灯）的闪烁情况读码。

对电控自动变速器进行读码诊断前所需要的测试条件：

1）汽车电源正常，自动变速器电控单元熔丝正常。

2）蓄电池、发动机、自动变速器、继电器盒、电控单元等各个搭铁点搭铁可靠。

3）变速杆位于 P 位，并拉紧驻车制动器。

4. 自动变速器常见故障的分析与诊断

自动变速器常见故障的分析与诊断见表 3-4。

表 3-4　自动变速器常见故障的分析与诊断

故障名称	故障现象	故障原因	检查要点或顺序
无前进档和倒档	1）发动机能正常工作,但汽车和热车状态挂入任何前进档或倒档都不能行驶 2）冷车时能行驶一小段路程,但热车后汽车无法行驶	1）自动变速器无 ATF 2）油泵进油滤网堵塞或油泵损坏 3）主油路严重泄漏或其调压阀、其他阀体损坏 4）变速杆到变速器的连杆或拉索松脱,手动阀保持在空档或驻车档位置 5）液力变矩器安装不当 6）驻车锁止爪故障 7）变速器内部机件故障	1）检查油位及油质 2）检查变速杆到变速器的连杆或拉索的安装状况 3）检测主油压 4）拆检油底壳,检查进油滤网 5）检查手动阀的安装状况 6）进一步拆检变矩器、油泵、驻车锁止爪及内部机件
无前进档	汽车倒档能正常行驶,但挂入前进档时无法行驶	1）变速杆及连杆或拉索调整不当 2）前进档离合器油路严重泄漏 3）前进档单向超越离合器打滑或装反 4）前进档离合器严重打滑	1）检查变速杆位置 2）测量前进档油路油压 3）检测或拆检前进档离合器和前进单向超越离合器
无倒档	汽车在前进档能正常行驶,但挂入倒档时无法行驶	1）变速杆及连杆或拉索调整不当 2）倒档油路严重泄漏 3）驱动倒档的离合器、制动器严重打滑	1）检查变速杆位置 2）测量倒档油路油压 3）检测或拆检倒档及高速档离合器或低速档及倒档制动器是否打滑
不能自动升档	1）汽车行驶中自动变速器始终保持在 1 档,不能升入 2 档和高速档 2）行驶中能升入 2 档,不能升入 3 档或超速档	1）节气门拉索或节气门位置传感器调整不当 2）车速传感器有故障 3）档位开关有故障 4）换档电磁阀工作不可靠或换档阀卡滞 5）前进档离合器、制动器有故障	1）检查节气门拉索或节气门位置传感器 2）测试车速传感器和档位开关及线路 3）测试换档电磁阀及线路 4）检测换档阀工作情况 5）拆检各前进档离合器、制动器

（续）

故障名称	故障现象	故障原因	检查要点或顺序
升、降档时滞过长	1）升档时滞过长现象：①行驶中升档车速明显高于标准值，升档前发动机转速偏高；②必须采用抬加速踏板的方法才能升入高速档或超速档 2）降档时滞过长现象：①行驶中降档车速明显低于标准值；②必须采用点踩加速踏板的方法才能降入低档	1）节气门拉索或节气门位置传感器调整不当 2）节气门位置传感器损坏 3）电子控制器或车速传感器有故障 4）换档电磁阀或换档阀有故障 5）前进档离合器、制动器摩擦片间隙偏大	1）检查节气门拉索或节气门位置传感器 2）检查车速传感器及其线路 3）检查换档电磁阀及其线路 4）检查换档阀 5）拆检各换档执行元件
直接档无力	汽车行驶中，当换到直接档时，踩下加速踏板车速无变化，明显感觉直接档驱动无力	1）发动机功率不足 2）节气门拉索或节气门位置传感器安装、调整不当 3）节气门位置传感器及线路损坏 4）变速器油位不正常或油温传感器及线路故障 5）换档电磁阀或换档阀有故障 6）直接档的控制油路泄漏 7）直接档相关的离合器、制动器打滑 8）液力变矩器内锁止离合器功能失效	1）检查发动机功率并检修发动机 2）检查节气门拉索或节气门位置传感器 3）检查油位 4）检查油温传感器及线路 5）检查换档电磁阀及线路 6）检查锁止离合器、锁止离合器电磁阀及线路 7）检查换档阀 8）拆检各换档执行元件
空档汽车爬行	在平地上，发动机工作正常，释放驻车制动器，N位时不踩加速踏板、也不踩制动，汽车仍会向前或向后行驶	1）变速杆拉索、档位开关安装调整不当 2）换档阀卡滞 3）换档电磁阀及线路故障 4）离合器、制动器间隙过小 5）离合器、制动器活塞上的单向阀球活动不畅	1）检查变速杆拉索、档位开关 2）检查换档电磁阀及线路 3）拆检换档阀、离合器、制动器
换档冲击	1）汽车挂档起步时，振动较严重 2）行驶中，在自动变速器升档或降档的瞬间汽车有较明显的冲击感	1）发动机怠速过高 2）节气门拉索或节气门位置传感器调整不当，使主油路油压过高 3）主油路调压阀有故障，使主油路油压过高 4）升档过迟 5）离合器、制动器间隙过小 6）单向阀球漏装，执行元件接合过快 7）蓄能器活塞卡滞，不起缓冲作用 8）油压电磁阀不工作 9）变速器油温传感器及线路有故障 10）发动机ECU和自动变速器ECU不匹配	1）检查发动机怠速 2）检查节气门拉索或节气门位置传感器 3）检查油压电磁阀及线路 4）检查升档车速 5）检查主油路油压 6）测试起步和换档瞬间冲击情况 7）拆检阀板，检查单向阀是否损坏或漏装 8）检查蓄能器活塞是否卡滞 9）拆检变速器，检查执行元件自由间隙是否过小

第三节　制动系统常见故障的诊断与排除

　　制动系统包括四个组成部分：供能装置（包括供给、调节制动所需能量以及改善传能介质状态的各种部件）、控制装置（踏板机构）、传动装置和制动器。完整的制动系统应具有独立的行车制动系统和驻车制动系统，有的还有紧急制动、安全制动或辅助制动装置。行车制动系统按制动装置的不同，可分为液压制动系统和气压制动系统。驻车制动系统一般采用机械式结构。

一、液压制动系统故障诊断与排除

　　液压制动系统的一般组成如图 3-11 所示。

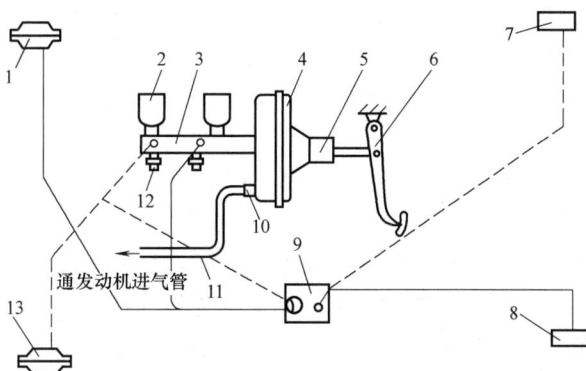

图 3-11　液压制动系统的一般组成

1—右前轮缸　2—储液罐　3—制动主缸　4—真空伺服气室　5—控制阀　6—制动踏板机构　7—右后轮缸
8—左后轮缸　9—感载比例阀　10—真空单向阀　11—真空供能管路
12—制动信号灯液压开关　13—左前轮缸

　　气压制动系统的一般组成如图 3-12 所示。

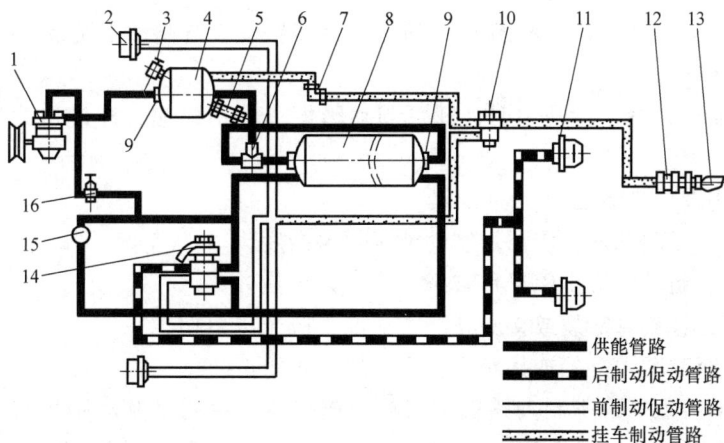

供能管路
后制动促动管路
前制动促动管路
挂车制动管路

图 3-12　气压制动系统的一般组成

1—空气压缩机　2—前制动气室　3—放气阀　4—湿储气筒　5—安全阀　6—三通管　7—管接头　8—储气筒
9—单向阀　10—挂车制动阀　11—后制动气室　12—分离开关　13—连接头
14—串列双腔式制动阀　15—气压表　16—气压调节器

驻车制动系统的一般组成如图 3-13 所示。

液压制动系统常见故障部位主要有：制动主缸（通气孔、皮碗、回位弹簧）、制动器（制动蹄、制动盘、制动轮缸）和管路等。

液压制动系统常见故障主要包括：制动不灵、制动失效、制动拖滞和制动跑偏。

1. 制动不灵

制动不灵又叫作制动力不足。

（1）故障现象　在汽车行驶过程中正常制动时，减速度小；紧急制动时，制动距离长。

（2）故障原因及处理方法

1）制动管路中有空气，或油管凹瘪，软管老化、发胀，内孔不畅通或管路内壁积垢太厚，应予以排气、清洁或更换相应管路。

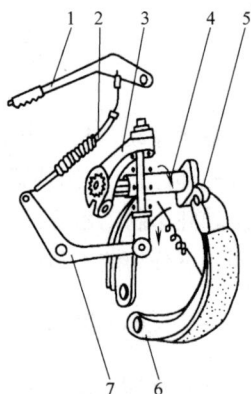

图 3-13　驻车制动系统
的一般组成
1—驻车制动手柄　2—传动杆
3—摆臂　4—凸轮轴　5—滚
轮　6—制动蹄　7—摇臂

2）储液罐制动液不足或变质，应使用规格正确的制动液并调整到规定高度。

3）制动主缸和制动轮缸的皮碗、活塞、缸壁磨损严重，应予以更换。

4）制动主缸、制动轮缸、管路或管接头漏油，应予以检查排除。

5）制动鼓磨损严重，或制动间隙调整不当，应予更换或调整。

6）制动主缸出油阀、回油阀不密封或活塞回位弹簧预紧力太小，或进油孔、补偿孔、储液罐通气孔、活塞前贯通小孔堵塞，应予以调整、清洁或更换。

7）制动主缸或制动轮缸皮碗老化、发黏、发胀，应予以更换。

8）制动摩擦片（制动盘）与制动鼓（制动钳）的接触面积太小，制动摩擦片质量欠佳或使用中表面硬化、烧焦、沾有油污，铆钉头外露，应予以磨削、修理或更换。

9）增压器、助力器效能不佳或失效，应予以修理或更换。

10）制动踏板自由行程太大，应予以调整等。

（3）故障诊断方法　具体参照图 3-14 所示的液压制动系统制动不灵常见故障诊断流程。

2. 制动失效

（1）故障现象　在汽车行驶中时，踩下制动踏板车辆不减速，即使连续踩制动踏板也无明显作用。

（2）故障原因及处理方法

1）制动主缸内无制动液，应添加制动液至规定高度。

2）制动主缸、制动轮缸皮碗严重破裂，应予以更换。

3）制动软管、金属管断裂或接头处严重泄漏，应予以更换。

4）制动踏板至制动主缸的连接脱开，应予以修理等。

（3）故障诊断方法　踩下制动踏板，如果无连接感，说明是制动踏板与制动主缸的连接脱开。检查系统管路有无泄漏或破裂现象（通常根据油迹）。管路的泄漏或破裂会使回路中无法形成高压，使制动性能失效。

如果上述情况正常，则应检查制动主缸和制动轮缸。图 3-15 所示为液压制动系统制动失效常见故障的诊断流程。

```
                                ┌─────────┐
                                │ 制动不灵 │
                                └────┬────┘
                                     │
┌──────────────────┐   是    ◇──────┴──────────────◇
│ 制动踏板自由行程过大 │◄──────│ 制动踏板自由行程是否太大? │
└──────────────────┘        ◇────────┬───────────◇
                                   否 │
┌──────────────────┐   是    ◇──────┴──────────────◇
│ 制动器制动间隙过大 │◄──────│ 制动器制动间隙是否太大? │
└──────────────────┘        ◇────────┬───────────◇
                                   否 │
┌──────────────────┐   是    ◇──────┴──────────────────◇
│ 制动液不足        │◄──────│ 制动主缸储油罐液面位是否太低? │
└──────────────────┘        ◇────────┬───────────────◇
                                   否 │
┌──────────────────┐   是    ◇──────┴──────────────◇
│ 管接头松动;       │◄──────│ 管路中是否有漏油现象? │
│ 油管破损;         │        ◇────────┬───────────◇
│ 制动主缸或制动轮   │               否 │
│ 缸磨损           │
└──────────────────┘
┌──────────────────┐   是    ◇──────┴──────────────────◇
│ 制动系统中有空气;  │◄──────│ 连续踩几脚制动踏板是否升高? │
│ 制动器效能不良;    │        ◇────────┬───────────────◇
│ 管路不畅;         │               否 │
│ 制动液黏度太大    │
└──────────────────┘
                    ╭──────────────────────────────────────╮
                    │ 制动主缸旁通孔或活塞前端贯通孔堵塞;    │
                    │ 制动主缸皮碗发胀;                      │
                    │ 制动主缸阀门不密封;                    │
                    │ 制动主缸通气不畅                       │
                    ╰──────────────────────────────────────╯
```

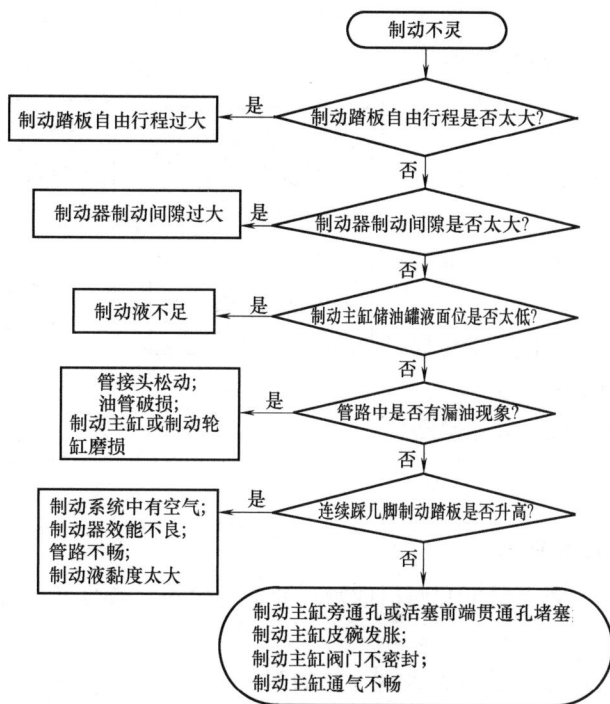

图 3-14　液压制动系统制动不灵常见故障诊断流程

3. 制动拖滞

（1）故障现象　在行车制动过程中，当抬起制动踏板后，全部或个别车轮的制动作用不能完全立即解除，以致影响车辆重新起步、加速行驶或滑行。

（2）故障原因及处理方法

1）制动踏板无自由行程，应予以调整。

2）制动踏板回位弹簧脱落、拉断、拉力不足或制动踏板轴锈蚀、卡住而造成回位困难，应予以连接或更换。

```
                                    ┌─────────┐
                                    │ 制动失效 │
                                    └────┬────┘
                                         │
┌──────────────────────┐   是    ◇─────┴────────◇
│ 制动踏板与制动主缸的连接脱开 │◄──────│ 制动踏板是否松旷? │
└──────────────────────┘        ◇─────┬────────◇
                                    否 │
┌──────────┐   是    ◇─────┴────────◇
│ 管路破裂  │◄──────│ 管路是否泄漏? │
└──────────┘        ◇─────┬────────◇
                        否 │
                ┌──────────────────┐
                │ 制动主缸无制动液;  │
                │ 制动主缸皮碗损坏;  │
                │ 制动轮缸皮碗损坏   │
                └──────────────────┘
```

图 3-15　液压制动系统制动失效常见故障的诊断流程

3）制动主缸皮碗发胀、发黏，或活塞回位弹簧拉断、预紧力太小，造成回位不畅，应予以更换。

4）制动主缸补偿孔被污物堵塞，应予以清洁。

5）制动蹄回位弹簧脱落、拉断、拉力太小而造成回位不畅，应予以连接或更换。

6）制动器制动间隙太小，应予以调整。

7）制动油管凹瘪、堵塞或制动液太脏、太稠而使回油困难，应予以更换等。

（3）故障诊断方法　若个别车轮发热，应检查该车轮制动轮缸是否回位不畅，管路是否不畅，制动器制动间隙是否太小，制动蹄（盘）是否回位不畅。若全部车轮发热，应检查制动踏板自由行程是否太小，制动器制动间隙是否太小，制动主缸是否回油慢（回油孔不畅，

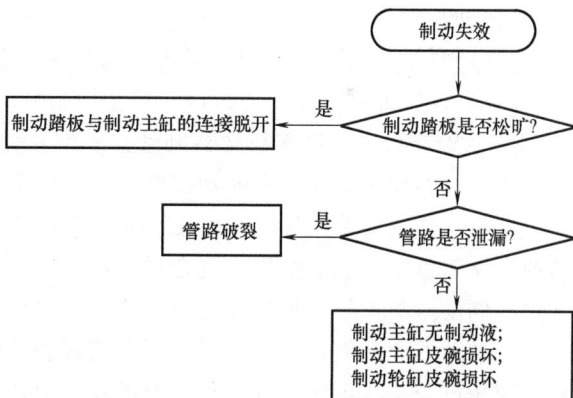

皮碗发胀），真空助力器空气阀是否漏气。图 3-16 所示为液压制动系统制动拖滞故障的诊断流程。

4. 液压制动系统其他故障

（1）制动踏板发软或有弹性　故障原因及处理方法如下：

1）制动系统管路中有空气，应进行放气操作。

2）制动主缸、制动轮缸中活塞与缸筒间隙过大，应更换皮碗或总成。

3）制动液不足，应补充同型号制动液至规定高度等。

（2）制动踏板发硬　对于装有真空助力器的车辆，故障原因主要是助力器

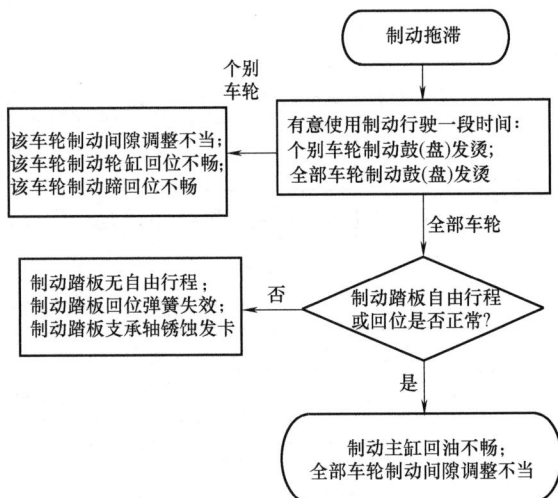

图 3-16　液压制动系统制动拖滞故障的诊断流程

或软管漏气，可对真空助力器真空度和阀门的密封性进行检查，若良好，再对制动系统其他部位进行检修。

（3）制动时车身抖动　故障原因及处理方法如下：

1）润滑油或制动液污染了制动摩擦片，造成摩擦片打滑。污染摩擦片的润滑油可能源于后桥油封漏油，润滑脂可能源于车轮轴承密封件泄漏，应在排除故障后更换制动蹄片。

2）制动盘划伤或翘曲，应予以更换。更换时，同轴左右两侧的制动盘应同时更换。

3）制动钳松动或卡滞，应予以紧固或润滑，必要时更换制动摩擦片。

4）制动轮缸或真空助力器故障，应予以检修等。

（4）制动器噪声　盘式制动器制动盘和制动钳之间的震颤噪声或尖叫声，多因旋转元件抛光不良，修削加工粗糙，表面刮擦受损或钳体部位毛刺造成，应给予逐一检修清洁，必要时更换零部件。修复旋转元件时，可采用不定向涡流式抛光法重新抛光其表面，利用特种型号制动盘或在制动盘背后装上垫块和复合材料也可以消除或降低噪声。制动盘过度磨损会导致金属刮削声。制动盘磨损超过规定限度时，应予以更换。

鼓式制动器内摩擦片过度磨损，制动蹄或制动鼓调整不当或变形，将导致摩擦声或金属刮削声，应予以校正或更换。制动鼓和摩擦片磨损或刮伤，摩擦片油污打滑，回位弹簧轻度失效等，可能导致制动器工作时出现尖叫声，应予以检修或更换零部件。此外，制动器元件松动、脱落或装配不良时，还会出现机械撞击声，这时应停车检修，将相应元件装配回位并固定好。

5. 发动机工作时自发制动

故障原因主要是真空助力器空气阀关闭不严，进入空气。应针对故障原因，找出故障位置后予以排除。

6. 液压制动系统的维修

乘用车行车制动系统采用双回路液压式前盘后鼓制动方式，制动主缸为双腔式，前轮采用盘式制动器，后轮采用鼓式制动器。下面主要介绍这种液压制动系统的维护与修理作业。

（1）液压制动系统的维护　液压制动系统的维护作业主要包括以下内容：

1）检查制动液高度，必要时予以补充。

2）检查并调整制动踏板自由行程（调整时，松开制动踏板与制动主缸连接的拉杆和制动主缸推杆的固定螺母，扳动推杆，使推杆旋入拉杆一定距离，则制动踏板自由行程加大、反之减小。调整完成后紧固固定螺母。具体数值见各车型维修手册，轻型车制动踏板自由行程一般为5～20mm）。

3）检查各管接头，应连接牢靠，无漏油现象；制动软管应无破裂、老化现象。

4）检查并调整制动器制动间隙。盘式制动器的制动间隙一般依靠活塞密封圈的变形和位移自动调节。乘用车后轮鼓式制动器的制动间隙能利用楔形调节块自动调整，对于不能自动调整的汽车，一般用塞尺通过车轮上的检查孔检查。若制动间隙不正确，应调节调整凸轮，改变制动蹄与制动鼓的周向间隙。各种车型的制动间隙由汽车生产厂家规定，一般在0.25～0.50mm之间。

5）制动系统内有空气时应进行排气，方法是：

① 将制动主缸储液罐的制动液添加到"max"位置。

② 起动发动机并使其处于怠速状态。

③ 在制动轮缸放气螺钉上套上软管，软管另一头放入容器内。一人踩住制动踏板，另一人旋松制动轮缸放气螺钉，让带气泡的制动液流入容器内。拧紧放气螺钉，松开制动踏板，再踩下制动踏板，旋松放气螺钉，直到流出的制动液中无气泡。放气顺序是先后轮再前轮，且按对角进行。

④ 将制动液再次添加到"max"位置。

（2）液压制动系统的修理

1）制动主缸的修理。乘用车的双腔制动主缸按厂家规定一般不能检修，需整体更换（储液罐可以单独更换）。双腔制动主缸的更换步骤如下：

① 抽出制动主缸储液罐中的制动液，旋松制动轮缸放气螺钉，反复踩制动踏板，排出制动主缸中的制动液（因制动液具有腐蚀性，应避免人体及车身表面漆层与之接触）。

② 拆下制动主缸各出油管接头，拆下储液罐。

③ 旋松制动主缸与真空助力器的连接螺栓，取下制动主缸。

④ 按拆卸的相反顺序安装制动主缸，制动主缸与真空助力器的连接螺母拧紧力矩为20N·m。

⑤ 制动主缸安装完毕以后，应将制动液加至"max"和"min"标记之间并排除系统内的空气。若日常使用时发现制动主缸液位低于"min"，应立即检查制动系统是否泄漏，修复后加足制动液。

2）制动轮缸的修理

① 前制动轮缸的检修

a. 拆卸：放出制动液，拆下制动钳壳体并吊于车身上；用压缩空气从放气螺钉孔中压出活塞，压出前应在活塞对面垫上木板，以免活塞受损；取下防尘罩，用螺钉旋具小心地从缸筒中取出密封圈，也可用塞尺协助拆卸。

b. 检修：缸筒若有较深的条纹磨损或活塞与缸筒的配合间隙大于0.15mm，应更换制动钳总成；活塞密封圈和防尘罩经拆卸后应更换新件。

c. 安装：将活塞密封圈安装到缸筒内；用螺钉旋具将防尘罩的内密封圈唇边压入钳体槽

口内；将活塞压入钳体缸筒中；按拆卸的相反顺序将制动钳安装到车上。

② 后制动轮缸的检修

a. 拆卸：放出制动液，拆下后车轮制动器；取下轮缸两端的防尘罩，取出后制动轮缸活塞、皮碗及弹簧。

b. 检修：后制动轮缸的缸筒内径磨损量不应大于 0.08mm，缸筒内表面或活塞外表面应无明显划痕，否则应更换轮缸总成；轮缸两端出现漏油痕迹时，应更换皮碗。

c. 安装：将皮碗安装到活塞上，皮碗刃口应朝向压力方向；在轮缸中装入弹簧及两端的活塞、防尘罩；安装好后车轮制动器。

3）前轮盘式制动器的修理

① 拆卸

a. 拆下前轮。

b. 按图 3-17 中箭头所示拆下定位弹簧。

c. 拆下制动钳导向销，取下制动钳，并用绳子吊于车身上。

d. 旋松放气螺钉，并将活塞压回，再旋紧放气螺钉。

e. 取下制动摩擦片，拆下制动盘。

② 检修

a. 制动盘表面应无台阶形磨损和明显的沟槽，端面摆动量不应大于 0.06mm，否则需车削加工，但加工后的制动盘厚度不得小于 19mm（FN2 型制动器为 22mm）。

前轮盘式制动器的结构如图 3-18 所示。

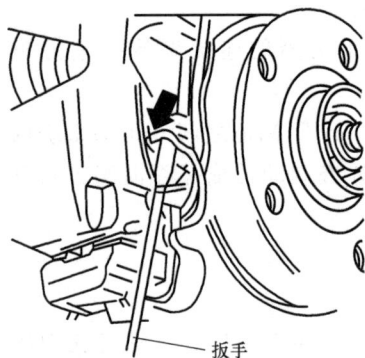

图 3-17　拆下定位弹簧

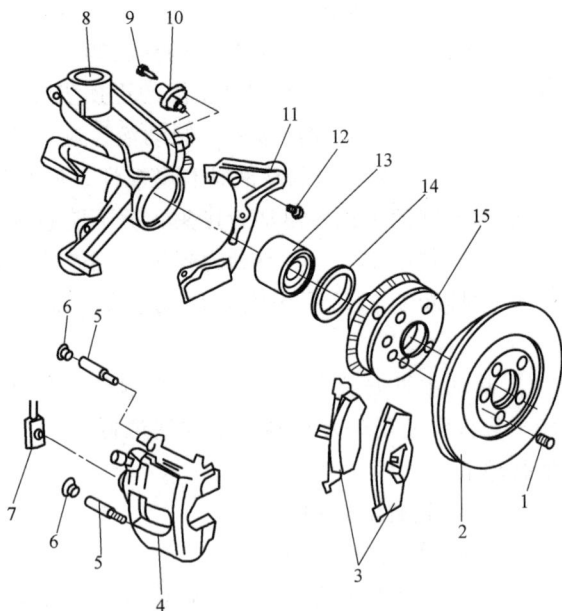

图 3-18　前轮盘式制动器的结构

1、9—紧固螺栓　2—制动盘　3—制动摩擦片　4—制动钳

5—导向销　6—保护帽　7—带环形连接和中空螺栓的制动管

8—车轮轴承座　10—ABS 转速传感器　11—防溅板

12—六角头螺栓　13—车轮轴承　14—卡簧　15—轮毂（带齿圈）

b. 新制动摩擦片厚度为 14mm，磨损极限为 7mm（包括底板），超限后应更换。

c. 清洁制动接触面，应确保无油污。

③ 装配与调整

a. 安装制动盘。

b. 安装制动钳，以 29N·m 的力矩拧紧导向销；装上前轮。

c. 用力踩制动踏板数次，恢复正常制动间隙。

d. 调整制动液液位，同时排除制动管路中的空气。

4）后轮鼓式制动器的修理。图 3-19 所示为后轮鼓式制动器的结构。

① 拆卸

a. 拆下轮毂盖和后轮。

b. 拆下开口销、锁紧螺母、调整螺母、减摩垫圈，拉出制动鼓及轮毂轴承，必要时用螺钉旋具穿过制动鼓上的轮胎螺栓孔向上拨动楔形调节块，使制动蹄复位，增大制动间隙，便于制动鼓的拆卸。

c. 拆下制动鼓定位销及弹簧。

d. 从下端固定板上提起制动蹄，拆下复位弹簧、驻车制动器拉索。

e. 拆下楔形调节块拉簧及上复位弹簧。

f. 将带压力杆的制动蹄夹紧在台虎钳上，拆下定位弹簧，取下制动蹄。

② 检修

a. 制动蹄应无裂纹及明显变形。制动摩擦片应无破裂现象且铆接可靠，磨损后的厚度不应小于 2.50mm（标准为 5mm），否则应更换摩擦片或摩擦片总成（摩擦片磨损情况在解体前可通过制动底板上的观察孔进行检查）。

b. 制动鼓无裂纹、失圆现象，内径磨损量不应超过 1mm，否则应更换新件。圆度误差可用弓形内径规测量，如图 3-20 所示。

c. 各回位弹簧有明显拉长或弹力减弱现象时应更换。

d. 清洁制动接触面，应无油污。

e. 凸轮轴应转动自如，制动底板无变形现象。

f. 支承销与制动蹄承孔衬套配合间隙应符合要求。

③ 装配与调整

a. 将复位弹簧及压力杆装到制动蹄上，装好楔形调节块。

b. 组装制动蹄，挂好上复位弹簧。

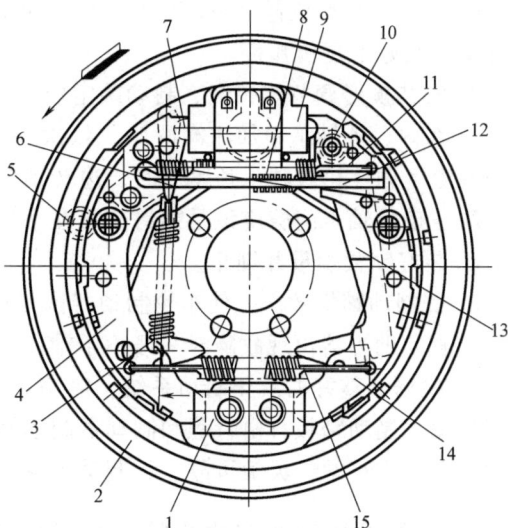

图 3-19 后轮鼓式制动器的结构

1—支承板 2—制动底板 3—制动间隙调节弹簧
4—前制动蹄 5—观察孔 6—楔形调节块
7—带耳槽的支承块 8—驻车制动推杆外弹簧
9—制动轮缸 10—平头销 11—驻车制动推杆内弹簧
12—驻车制动推杆 13—驻车制动杠杆
14—后制动蹄 15—制动蹄回位弹簧

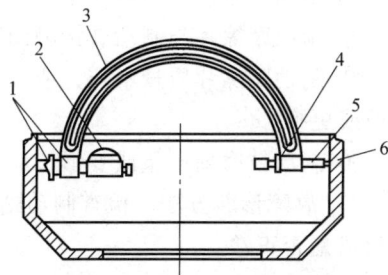

图 3-20 制动鼓圆度误差的检测

1—锁紧装置 2—百分表 3—弓形架
4—锁紧螺母 5—调节杆 6—制动鼓

c. 在驻车制动拉臂上装好拉索，将制动蹄的上端放入制动轮缸活塞的切槽中，下端放入支座中，装好下复位弹簧。

d. 安装楔形调节块拉簧、制动蹄定位销、弹簧及弹簧座。

e. 在内、外轴承中加注润滑脂，依次将内油封、内轴承、轮毂、制动鼓、外轴承和止推垫圈装上。调整轮毂轴承预紧度时，边转动轮毂，边拧紧调整螺母。

f. 正确的轴承间隙应该是螺钉旋具在手指压力下，刚好能拨动止推垫圈。

g. 装好锁紧螺母并锁止。

h. 踩制动踏板数次，使车轮制动器恢复正常制动间隙。

i. 真空助力器出现故障时一般不予维修，可更换部分零件或整体更换。

④ 检修调整好的液压制动系统，应满足：制动液液位正常、系统内无空气、各管接头无泄漏现象、制动踏板自由行程和制动器制动间隙符合规定、制动性能符合有关规定、操纵装置和制动器工作正常，灵敏可靠、无制动不灵、制动失效、制动拖滞和制动跑偏等故障。

二、气压制动系统的故障诊断与排除

1. 气压制动系统常见故障的诊断与排除

气压制动系统常见故障部位主要有：空气压缩机、空气压缩机带、制动控制阀、制动气室和各管接头等。

气压制动系统常见故障主要包括：制动不灵、制动失效、制动拖滞和制动跑偏。

（1）制动不灵

1）故障现象：同液压制动系统。

2）故障原因及处理方法

① 制动踏板自由行程太大，应予以调整。

② 制动控制阀或制动气室膜片破裂，应予以更换。

③ 制动管路凹瘪、内壁积垢严重或软管内孔不畅通，或制动管路漏气，应予以清洁或更换。

④ 储气筒气压不足或空气压缩机至储气筒管路不畅通，应予以清洁或更换。

⑤ 制动控制阀最大气压调整不当或平衡弹簧预紧力过小，应予以调整。

⑥ 制动蹄与支承销或制动凸轮轴与其支承套锈蚀或卡滞，应予以润滑或更换。

⑦ 制动气室推杆行程太小或太大，应予以调整。

⑧ 制动摩擦片与制动鼓接触面积小或制动器制动间隙调整不当，应予以磨削或调整。

⑨ 制动摩擦片质量不佳，或者使用中表面硬化、粘有油污、烧焦或铆钉头外露，应予以修理或更换。

⑩ 制动鼓磨损严重或变形，应予以更换等。

3）故障诊断方法。检查制动踏板自由行程是否过大，气室推杆动作是否良好，制动器制动间隙是否正常。

起动发动机，气压表的读数应能上升至正常气压。若气压不足，应检查空气压缩机传动带是否松动，至储气筒的管路是否泄漏。

若气压正常，但发动机熄火后气压下降，则应检查制动控制阀是否漏气，管路是否漏气。

若气压正常，发动机熄火后也正常，但踩下制动踏板后气压不断下降，则故障为制动控制阀排气阀关闭不严，管路接头漏气，制动气室膜片破裂。

若气压正常，发动机熄火后也正常，但踩下制动踏板后气压下降太小，则故障是制动控制阀进气阀打开太小或平衡弹簧预紧力太小。

若故障仍然存在，应分解检查制动器。

气压制动系统制动不灵常见故障的诊断流程如图 3-21 所示。

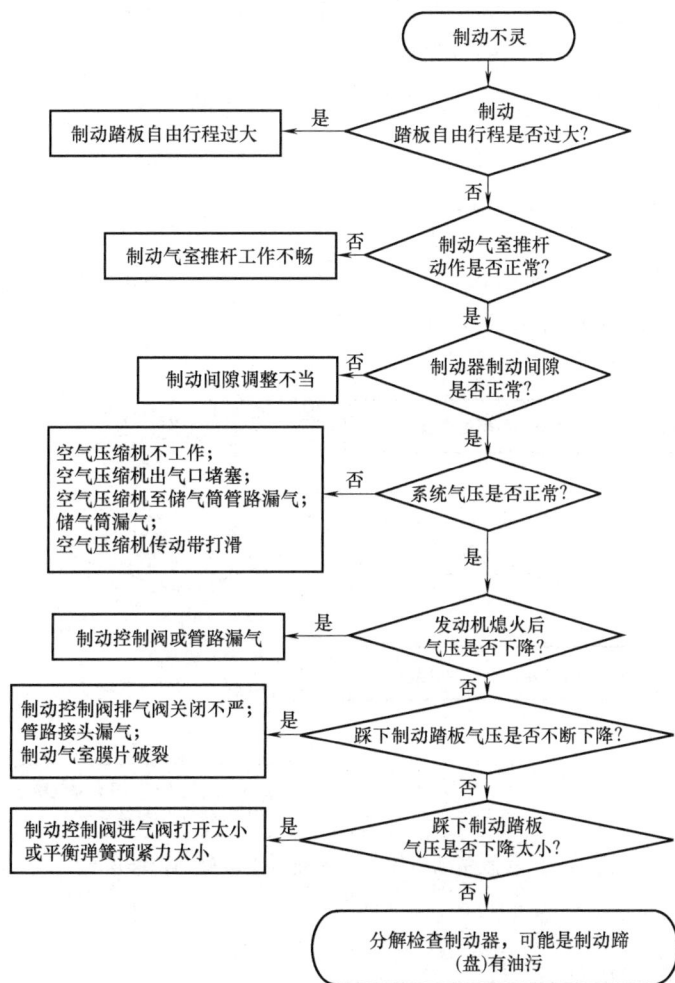

图 3-21　气压制动系统制动不灵常见故障的诊断流程

（2）制动失效

1）故障现象：同液压制动系统。

2）故障原因及处理方法

① 制动踏板至制动控制阀的连接脱开，应予以重新连接。

② 制动控制阀的进气阀无法打开或排气阀关闭不严，应予以更换。

③ 制动控制阀、制动气室膜片严重破裂或制动软管破裂，应予以更换。

④ 空气压缩机出气管堵塞或制动管路内结冰，应予以清洁。

⑤ 制动踏板与制动控制阀的连接脱开，应予以重新连接等。

3）故障诊断方法。检查气压表有无读数，若无，起动发动机运转几分钟，气压表应逐渐有指示；若仍无，拆下空气压缩机出气管，起动发动机。若听到泵气声，则说明空气压缩机到储气筒的管路漏气；若无泵气声，则为空气压缩机故障。

检查制动踏板与制动控制阀拉臂之间的连接是否脱开。

踩下制动踏板，若有严重的漏气声，则说明系统严重漏气。

放松制动踏板，若有排气声，则说明制动控制阀到车轮的管路堵塞；若无排气声，说明进气阀打不开或储气筒到进气阀的管路堵塞。

气压制动系统制动失效常见故障的诊断流程如图3-22所示。

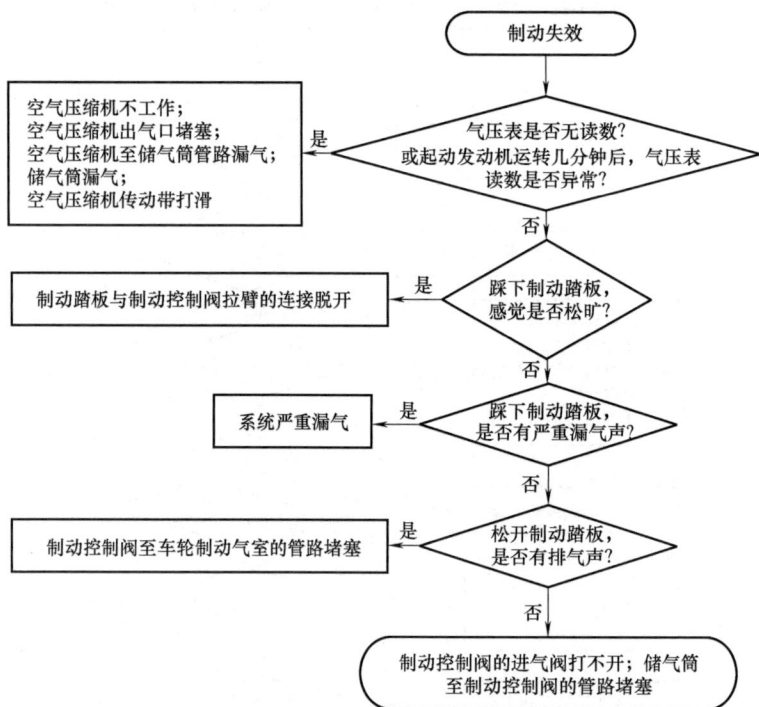

图 3-22　气压制动系统制动失效常见故障的诊断流程

（3）制动拖滞

1）故障现象：同液压制动系统。

2）故障原因及处理方法

① 制动踏板自由行程太短，致使制动控制阀的排气阀开启程度太小，应予以调整。

② 制动控制阀膜片回位弹簧或排气阀弹簧疲劳、折断，应予以更换。

③ 制动踏板卡滞或制动踏板回位弹簧疲劳、拉断、脱落，应予以润滑或更换。

④ 制动控制阀的排气阀橡胶阀面发胀、发黏、损伤，或阀门口上堆积污垢、胶质太多，应予以清洁或更换。

⑤ 制动气室膜片（活塞）回位弹簧疲劳、折断，应予以更换。

⑥ 制动蹄回位弹簧疲劳、拉断或脱落，应予以重新连接或更换。

⑦ 制动间隙过小或调整不当，应予以调整。

⑧ 制动凸轮轴与其支承或制动蹄与其支承产生锈蚀或卡滞，应予以润滑或更换等。

3）故障诊断方法：气压制动系统制动拖滞常见故障的诊断流程如图 3-23 所示。

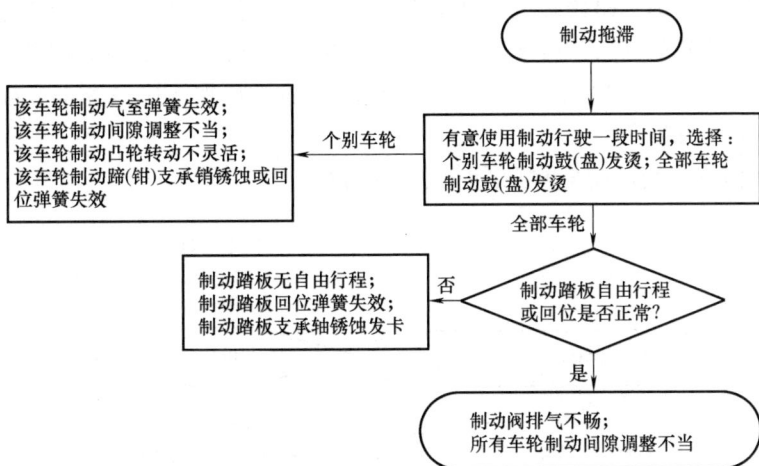

```
                              ┌──────────┐
                              │  制动拖滞  │
                              └──────────┘
                                    │
┌─────────────────────┐            ▼
│ 该车轮制动气室弹簧失效；  │  个别车轮  ┌────────────────────────┐
│ 该车轮制动间隙调整不当；  │ ◄────── │ 有意使用制动行驶一段时间，选择：│
│ 该车轮制动凸轮转动不灵活； │         │ 个别车轮制动鼓(盘)发烫；全部车轮 │
│ 该车轮制动蹄(钳)支承销锈蚀或回│        │ 制动鼓(盘)发烫           │
│ 位弹簧失效           │         └────────────────────────┘
└─────────────────────┘              │ 全部车轮
                                     ▼
┌─────────────────────┐      否   ◇──────────────◇
│ 制动踏板无自由行程；    │ ◄─────  ╱ 制动踏板自由行程 ╲
│ 制动踏板回位弹簧失效；   │        ╲ 或回位是否正常？ ╱
│ 制动踏板支承轴锈蚀发卡   │         ◇──────────────◇
└─────────────────────┘              │ 是
                                     ▼
                          ┌────────────────────────┐
                          │ 制动阀排气不畅；          │
                          │ 所有车轮制动间隙调整不当   │
                          └────────────────────────┘
```

图 3-23　气压制动系统制动拖滞常见故障的诊断流程

（4）制动跑偏

1）故障现象：汽车正常制动时，车辆行驶方向发生偏斜，紧急制动时甚至出现掉头或甩尾现象。

2）故障原因及处理方法。造成制动跑偏的根本原因是汽车左、右两侧车轮受到的制动力不一致。

① 制动压力调节器或比例阀失效，应予以更换。

② 前轮定位不正确，应予以调整或更换部件。

③ 一侧鼓式制动器制动底板松动或盘式制动器制动蹄（钳）固定支架（板）松动，应予以复原紧固。

④ 一侧制动摩擦片有油污，应在排除油污产生原因的前提下予以更换。

⑤ 左、右轮制动蹄（钳）摩擦片材料、新旧程度或质量不同，应予以更换。

⑥ 左、右轮制动蹄（钳）摩擦片与制动鼓（盘）的接触面积或制动间隙不同，应予以调整。

⑦ 左、右轮制动蹄（钳）回位弹簧拉力不同，应予以更换。

⑧ 左、右轮轮胎气压、直径、花纹或花纹深度不同，应按规定充气或更换轮胎。

⑨ 左、右轮制动鼓（盘）的厚度、新旧程度或工作面的表面粗糙度不同，应予以修理或更换。

⑩ 一侧车轮制动管凹瘪、阻塞、漏油或制动系统内有空气，应予以修理、清洁或排气。

⑪ 一侧车轮制动蹄（钳）与支承销配合过紧或锈蚀，应予以调整或润滑。

⑫ 一侧车轮制动轮缸活塞与缸壁磨损严重或皮碗老化、发胀、发黏，应予以更换。

⑬ 车架水平面弯曲变形，前轴与车架不垂直，前后轴不平行或两边钢板弹簧刚度不等，应予以校正或更换。

⑭ 一侧车轮制动蹄（钳）弯曲、变形，应予以校正或更换。

⑮ 悬架装置紧固件松动，应予以紧固等。

3）故障诊断方法。减速制动，若汽车向左（右）跑偏，说明右（左）轮制动迟缓或制动力不足。紧急制动，观察车轮在地面上的印迹，若同一轴两边车轮印迹不能同时产生，则其中印迹短的车轮为制动迟缓，印迹轻的为制动力不足。检查制动迟缓或制动力不足车轮的轮胎气压、轮胎磨损情况及制动管路是否漏油。检查制动系统中有无空气，制动间隙是否正常。若故障仍存在，应分解检查制动器和制动轮缸。如果故障还是存在，应检查车身或悬架、转向系统、行驶系统是否有故障。

图 3-24 所示为汽车制动跑偏常见故障的诊断流程。

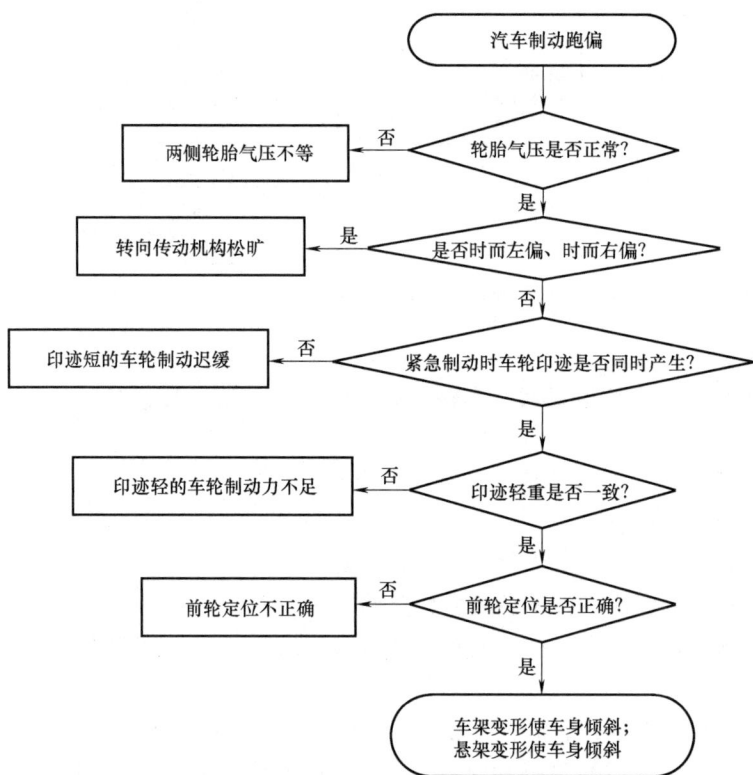

图 3-24　汽车制动跑偏常见故障的诊断流程

2. 气压制动系统其他故障的诊断与排除

（1）制动时车身抖动　故障原因主要是制动摩擦片打滑，制动鼓（盘）划伤或失圆，制动气室故障等。

（2）制动器噪声　故障原因主要是摩擦片过度磨损，制动蹄（钳）或制动鼓（盘）调整不当或变形，制动鼓（盘）磨损（刮伤、粘有油污、回位弹簧失效），部分部件松动等。

针对故障原因，找出故障位置后排除故障。

3. 气压制动系统的维修

（1）气压制动系统的维护　气压制动系统的维护作业主要包括以下内容：

1）检查气压表数值，过低时应检查并排除故障。

2）检查并调整制动踏板自由行程（可以通过调整制动踏板与制动控制阀拉臂间的拉杆长度，改变制动控制阀拉臂的初始位置，实现制动踏板自由行程的调整）。

3）检查各管接头，应连接牢靠，无漏气现象。

4）检查并调整制动器制动间隙（详见下述修理部分的"制动气室的修理"）。

5）检查并调整空气压缩机传动带的张紧度。

（2）气压制动系统的修理　空气压缩机的结构如图 3-25 所示。

1）拆卸与分解

①拆下出气阀接头；②拧下传动带张紧度调整螺栓；③拆下空气压缩机固定螺栓，取下传动带，取下空气压缩机；④拆下空气滤清器并分解；⑤拆下缸盖螺栓，取下缸盖总成并分解；⑥拆下底盖，取下活塞连杆组。

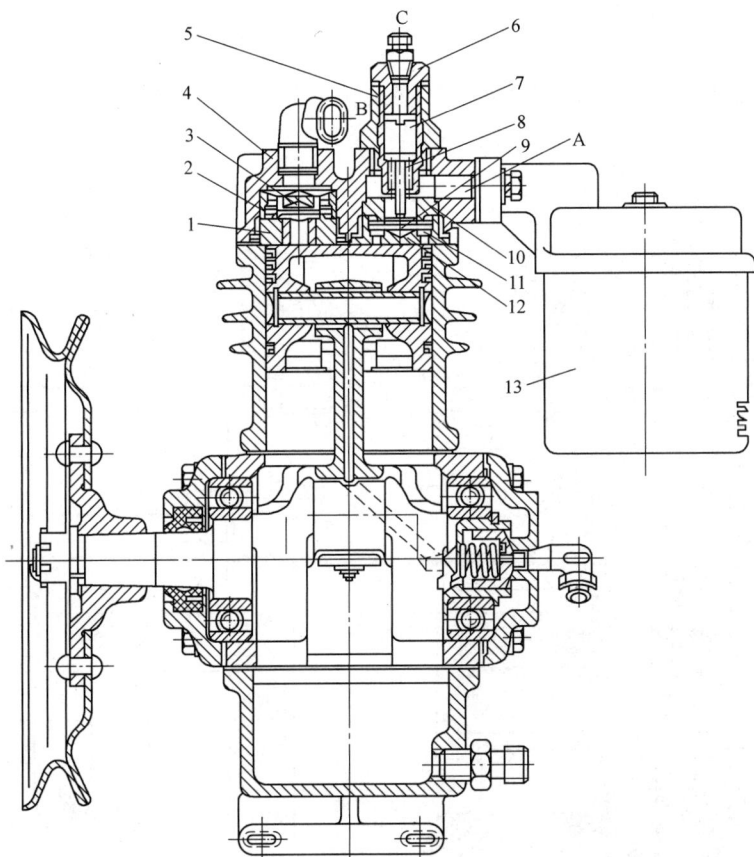

图 3-25　空气压缩机的结构

1—出气阀座　2—出气阀导向座　3—出气阀　4—气缸盖　5—卸荷装置壳体　6—定位塞　7—卸荷柱塞
8—柱塞弹簧　9—进气阀　10—进气阀座　11—进气阀弹簧　12—进气阀导向座　13—进气滤清器
A—进气口　B—排气口　C—调压阀控制压力输入口

2）检修

① 缸盖与缸体等接合面的平面度误差应不超过 0.05mm。

② 连杆衬套与活塞销配合间隙超过 0.10mm 时，应更换衬套。连杆有弯曲、扭曲变形及裂纹，活塞环磨损严重或折断时，应更换新件。

③ 进、排气阀门损坏，复位弹簧弹力减弱或折断，阀板出现磨痕时，应更换新件。

④ 各密封垫、油封经拆检后应更换。

⑤ 空气滤清器芯应清洗或更换。

3）装配。装配前，将各零件清洗干净，各摩擦表面涂抹润滑油。

① 装配缸盖总成。

② 装入活塞连杆组。安装时，注意活塞环开口应错开180°，并以15~20N·m的力矩拧紧缸盖螺栓。

③ 组装空气滤清器，并安装到空气压缩机上。

④ 安装空气压缩机，装上传动带，调整其张紧度（以40N压力垂直下压传动带中部，带应下降10~15 mm），锁止调整螺栓。

⑤ 装上出气管接头。

（3）制动控制阀的修理　以串联双腔活塞式制动阀为例，其结构如图3-26所示。

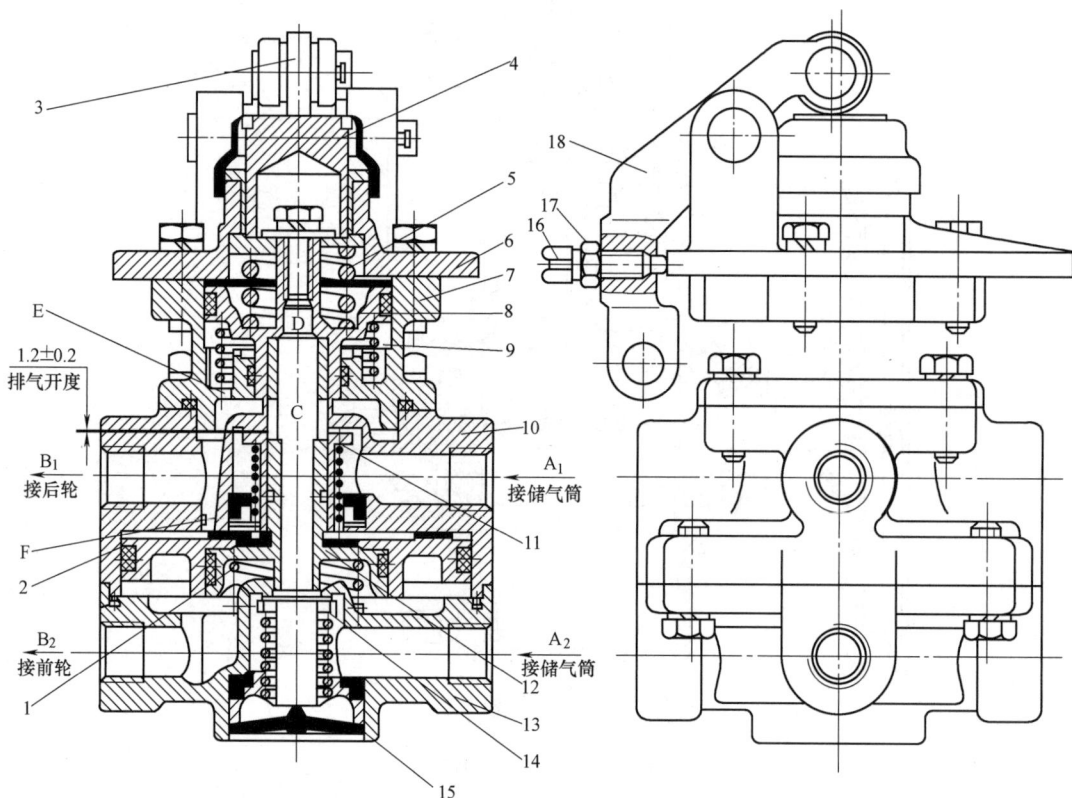

图 3-26　串联双腔活塞式制动阀的结构

1—下腔小活塞回位弹簧　2—下腔大活塞　3—滚轮　4—推杆　5—平衡弹簧　6—上盖　7—阀体
8—上腔活塞　9—上腔活塞回位弹簧　10—中阀体　11—上腔阀　12—下腔小活塞　13—下阀体
14—下腔阀　15—防尘片　16—调整螺钉　17—锁紧螺母　18—操纵摇臂
A_1、A_2—进气口　B_1、B_2—出气口　C—排气口　D—上腔排气孔　E、F—通气孔

1）主要零件的检修

① 所有弹簧的技术状况应符合技术标准，否则必须更换。

② 橡胶膜片应平整；阀门橡胶若出现裂纹、脱胶或老化等现象，必须更换。

③ 各阀座若有刮伤、凹痕或磨损过度，应予以研磨或更换。

④ 制动信号灯外壳出现裂纹或螺纹损坏，应予以更换。

2）装配注意事项

① 进气阀装配后，阀座与阀杆头部之间的距离应为 16～16.4mm。进气管接头从制动臂方向看时，应指向左方。

② 排气阀装配后，检查气门杆头部至气门壳端间的距离，在未装排气门弹簧时应为 4.5mm±0.5mm。安装制动阀后，实际工作行程应为 1.2～1.7mm。

3）检验

① 密封性检查：在上、下进气口与储气筒之间接一容积为 1L 的容器和一个阀门，通入 784kPa 的压缩空气。关闭阀门，检查进气口的密封性，要求在 5min 内气压降不大于 24.5kPa；将操纵摇臂拉到极限位置，检查出气口的密封性，要求 1min 内气压降不大于 49kPa。

② 调节调整螺钉，使操纵摇臂自由行程为 1～3mm。同时将最大工作气压调整为 490～539kPa。

（4）制动气室的修理

1）拆卸与解体。拆下进气管接头及连接制动调整臂的连接销，从支架上拆下制动气室并夹在台虎钳上进行分解。

2）检修

①调整臂应工作正常；②壳体与盖产生变形而漏气时，应更换制动气室总成；③推杆弯曲应进行校正；④橡胶膜片老化、破裂，回位弹簧折断、锈蚀时，均应更换新件。

3）装配与调整

①将推杆、弹簧、连接叉装到制动气室壳体上，放好橡胶膜片，扣上制动气室盖，装好卡箍；②在进气管输入 784kPa 的压缩空气，检查有无漏气现象；③将制动气室安装到支架上，连接推杆连接叉与制动调整臂；④调整制动器的制动间隙。

图 3-27 所示为气压制动器的结构，其中蜗杆轴与制动调整臂的相对位置靠锁止套和锁止螺钉固定。调整时，将锁止套按入制动调整臂体的孔中，转动调整蜗杆，带动调整蜗轮转动，使制动凸轮轴旋转一定角度。通过改变制动凸轮轴的初始位置，改变制动蹄（钳）与制动鼓（盘）的周向间隙，实现制动器制动间隙的调整。具体数值见各车型维修手册。

检修调整好后的气压制动系统，应满足：气压正常，各管接头不漏气；储气筒内无积水；制动踏板自由行程和制动器制动间隙符合规定；制动性能符合

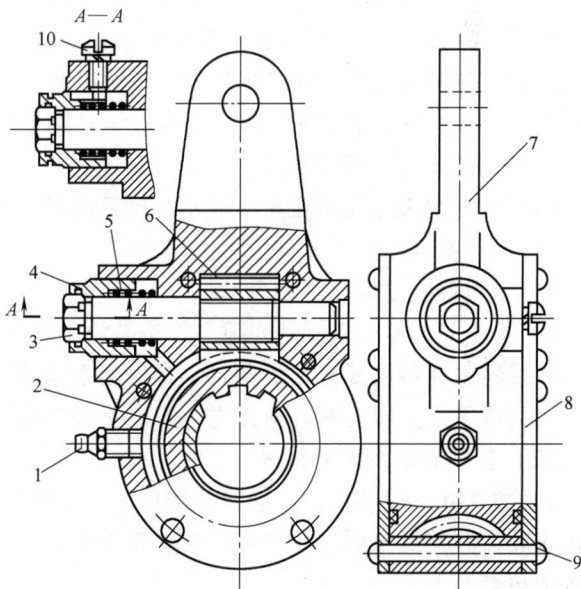

图 3-27 气压制动器的结构

1—油嘴 2—调整蜗轮 3—蜗杆轴 4—锁止套 5—弹簧
6—调整蜗杆 7—制动调整臂体 8—盖 9—铆钉 10—锁止螺钉

有关规定；控制装置和制动器工作正常，灵敏可靠；无制动不灵、制动失效、制动拖滞和制动跑偏等故障。

三、驻车制动系统的故障诊断与排除

以作用于后轮的机械拉索式驻车制动系统为例。

1. 驻车制动系统常见故障的诊断与排除

驻车制动系统常见故障部位主要有：拉杆的扇形齿板和棘爪、拉索外套等。驻车制动系统常见故障主要包括驻车制动效能不良和驻车制动拉杆不能定位。

（1）驻车制动效能不良

1）故障现象：完全拉起驻车制动拉杆，汽车仍能溜动。

2）故障原因及处理方法

①驻车制动拉杆的工作行程过大，应予以调整；②后制动摩擦片或制动鼓（盘）粘有油污，应予以清洁；③拉索连接部分松旷或因阻滞而运动不畅，应予以调整或清洁等。

3）故障诊断方法。检查驻车制动拉杆的工作行程，如果正常，故障一般由后制动摩擦片或制动鼓（盘）粘有油污，后制动摩擦片烧蚀引起；如果不正常，故障一般由驻车制动工作行程过大，驻车制动拉索连接部分松旷或因阻滞而运动不畅引起。

（2）驻车制动拉杆不能定位

1）故障现象：拉起驻车制动拉杆至某一位置，放手后驻车制动拉杆又回到初始位置；驻车制动拉杆无法拉起。

2）故障原因及处理方法

①棘爪弹簧失效或折断，应予以更换；②棘爪与齿板轮齿磨损严重而滑牙，应予以更换；③棘爪或拉杆变形卡滞，应予以校正或更换；④棘爪或齿板等处铆钉脱落，应予以修理等。

3）故障诊断方法。反复按放驻车制动拉杆，观察驻车制动拉杆能否复位，如果能，故障一般由棘爪弹簧失效或折断，棘爪与齿板轮齿磨损严重而滑牙引起；如果不能，故障一般由棘爪或驻车制动拉杆变形卡滞，棘爪或齿板等处铆钉脱落引起。

2. 驻车制动系统的维修

（1）驻车制动系统的维护　驻车制动系统的维护作业主要包括以下内容：

1）润滑棘爪和齿板。

2）紧固各固定螺栓（螺母）。

3）检查并调整驻车制动间隙。方法是放松驻车制动拉杆，解除制动；用力踩几次制动踏板，使后轮制动器恢复正常的制动间隙；将驻车制动拉杆拉紧2齿，拧紧拉杆后端的调整螺母，直到用手不能转动两后轮为止，放松驻车制动拉杆，两后轮应能自由转动。

（2）驻车制动系统的修理

1）检查驻车制动拉杆，应能操作自如，定位准确可靠。出现棘爪弹簧失效或折断，棘爪与齿板轮齿磨损严重而滑牙，棘爪或拉杆变形卡滞，棘爪或齿板等处铆钉脱落等情况，应予以修理或更换新件。

2）拉索出现卡滞、外套损坏、接头损坏等现象，应予以润滑或更换；系统中各回位弹簧出现弹力降低或失效现象，应予以更换。

3）后轮制动器内的连接部位应可靠，工作正常。

检修调整好的驻车制动系统，应操纵自如，制动可靠。

第四节　转向系统的故障诊断与排除

转向系统通常由转向操纵机构、转向器和转向传动机构组成，可以分为机械转向系统和动力转向系统，它们的一般组成如图 3-28 和图 3-29 所示。机械转向系统需要人工操纵，动力转向系统则由人工和发动机动力共同操纵。

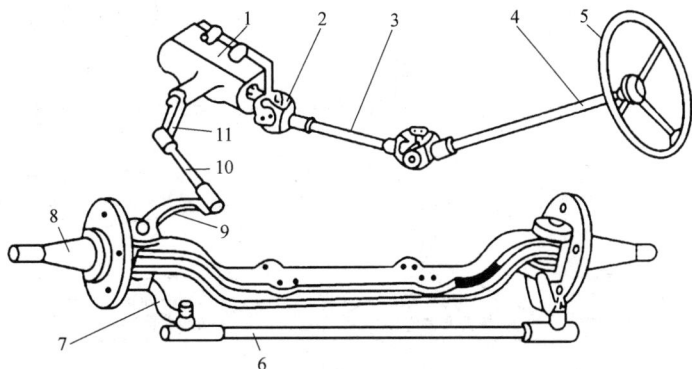

图 3-28　机械转向系统的组成

1—转向器　2—转向传动轴万向节　3—转向传动轴　4—转向管柱　5—转向盘　6—转向横拉杆
7—转向纵拉杆　8—转向节　9—转向节臂　10—转向直拉杆　11—转向摇臂

目前常用的转向器有循环球式和齿轮齿条式。循环球式转向器一般用于货车等大型车辆；齿轮齿条式转向器由于结构紧凑，传动机构简单，在乘用车上得到广泛使用，有的乘用车上还加装了动力转向机构。

一、机械转向系统的故障诊断与排除

机械转向系统的常见故障部位主要有：转向盘自由行程、转向传动机构连接处、转向器等。

机械转向系统的常见故障主要包括：转向沉重、转向盘自由行程过大和转向轮抖动。

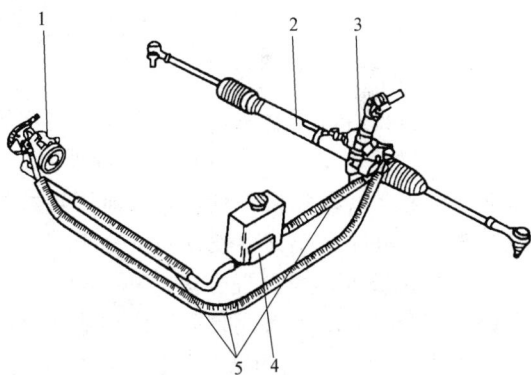

图 3-29　动力转向系统的组成

1—转向助力泵　2—转向器　3—控制阀
4—转向油罐　5—油管

1. 转向沉重

（1）故障现象　在汽车正常行驶过程中，驾驶人向左、右转动转向盘时，感到沉重费力，无回正感；汽车低速转弯行驶和掉头时，转动转向盘感到非常沉重，甚至无法转动。

（2）故障原因及处理方法　转向沉重的根本原因是转向轮轮胎气压不足或转向轮定位不准，转向系统传动链配合过紧或卡滞而引起摩擦阻力增大。

①转向轮轮胎气压不足，应按规定充气；②转向轮本身定位不准或车轴、车架变形造成转向轮定位失准，应校正车轴和车架，并重新调整转向轮定位；③转向器主动部分轴承调整过紧或从动部分与衬套配合太紧，应予以调整；④转向器主、从动部分的啮合间隙调整过小，应予

以调整；⑤转向器缺油或无油，应按规定添加润滑油；⑥转向器壳体变形，应予以校正；⑦转向管柱转向轴弯曲或套管凹瘪造成互相碰擦，应予以修理；⑧转向纵、横拉杆球头连接处过紧或缺油，应予以调整或添加润滑脂；⑨转向节主销与转向节衬套配合过紧或缺油，或转向节推力轴承缺油，应予以调整或添加润滑脂等；

（3）故障诊断方法　先检查轮胎气压，排除故障是由轮胎气压过低引起的。机械转向系统转向沉重常见故障的诊断流程如图3-30所示。

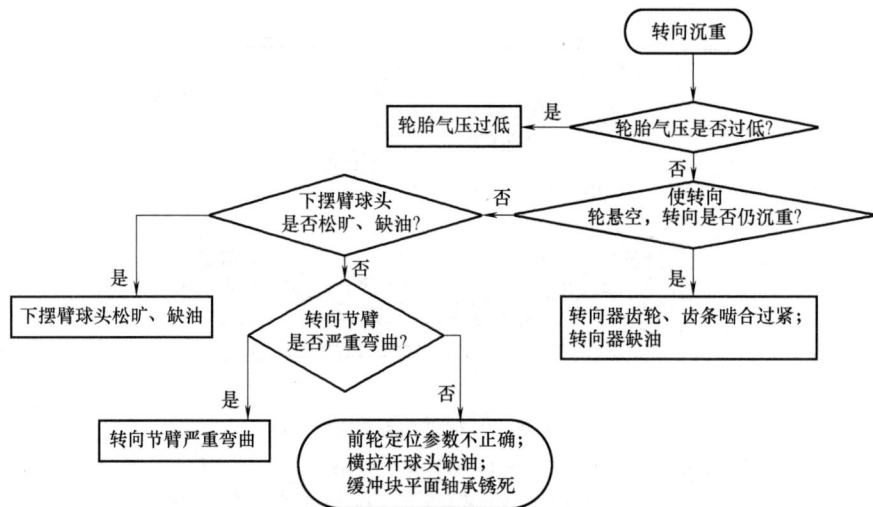

图 3-30　机械转向系统转向沉重常见故障的诊断流程

2. 转向盘自由行程过大

转向盘自由行程过大又可以称为转向不灵敏。

（1）故障现象　汽车保持直线行驶时，转向盘左右转动的游动角度太大。具体表现为汽车转向时感觉转向盘松旷量很大，需用较大的幅度转动转向盘方能改变汽车的行驶方向，而在汽车直线行驶时又感到行驶方向不稳定。

（2）故障原因及处理方法　转向盘自由行程过大的根本原因是转向系统传动链中一处或多处的配合因装配不当、磨损等原因造成松旷。

① 转向器主、从动啮合部位间隙过大或主、从动部位轴承松旷，应予以调整或更换。

② 转向盘与转向轴连接部位松旷，应予以调整。

③ 转向垂臂与转向垂臂轴连接松旷，应予以调整。

④ 纵、横拉杆球头连接部位松旷，应予以调整或更换。

⑤ 纵、横拉杆臂与转向节连接松旷，应予以调整或更换。

⑥ 转向节主销与衬套磨损后松旷，应予以更换。

⑦ 车轮轮毂轴承间隙过大，应予以更换。

（3）故障诊断方法　诊断时，可以从转向盘开始检查转向系统各部件的连接情况，看是否有磨损、松动、调整不当等情况，找出故障部位。

3. 转向轮抖动

（1）故障现象　汽车在某低速或高速范围内行驶时，出现转向轮各自围绕自身主销进行角振动的现象。尤其是高速时，转向轮摆振严重，转向盘随之振动，甚至在驾驶室内可以看到汽车车头晃动。

（2）故障原因及处理方法 转向轮抖动的根本原因是转向轮定位不准，转向系统连接部件之间出现松旷，旋转部件动不平衡。

① 转向轮旋转质量不平衡或转向轮轮毂轴承松旷，应予以校正动平衡或更换轴承。

② 转向轮使用翻新轮胎，应予以更换。

③ 两转向轮的定位不正确，应予以调整或更换部件。

④ 转向系统与悬架的运动发生干涉，应予以更换部件。

⑤ 转向器主、从动部分啮合间隙或轴承间隙太大，应予以调整或更换轴承。

⑥ 转向器垂臂与其轴配合松旷或纵、横拉杆球头连接松旷，应予以调整或更换。

⑦ 转向器在车架上的连接松动，应予以紧固。

⑧ 转向轮所在车轴的悬架减振器失效或左右两边减振器效能不一，应予以更换。

⑨ 转向轮所在车轴的钢板弹簧 U 形螺栓松动或钢板销与衬套配合松旷，应予以紧固或调整。

⑩ 转向轮所在车轴的左右两悬架的高度或刚度不一，应予以更换等。

（3）故障诊断方法 根据转向轮抖动特征，按照图 3-31 所示机械转向系统转向轮抖动常见故障的诊断流程找出故障部位。

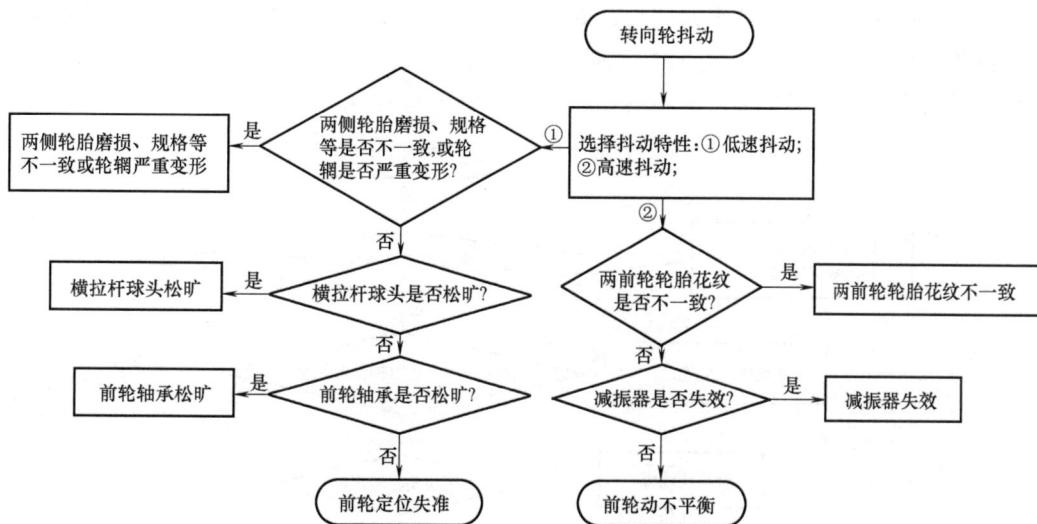

图 3-31　机械转向系统转向轮抖动常见故障的诊断流程

二、动力转向系统的故障诊断与排除

为了操纵轻便、转向灵敏和提高行车安全性，目前高级乘用车、豪华客车和重型货车广泛采用了动力转向系统。动力转向系统一般是在机械转向系统的基础上加装液压转向助力装置，常用的助力装置是液压式，主要由转向泵、动力液压缸、控制阀、转向油罐和油管等组成。

动力转向系统的常见故障部位主要有：转向盘自由行程、转向传动机构连接处、转向器、转向泵、控制阀和油管接头等。

动力转向系统的常见故障主要是转向沉重和转向噪声。

下面以齿轮齿条式液压动力转向系统为例介绍动力转向系统的故障诊断与排除方法。以下内容侧重于液压助力系统，机械部分的故障参见本节"机械转向系统的故障诊断与排除"的内容。

1. 转向沉重

（1）故障现象　同机械转向系统。

（2）故障原因及处理方法　转向沉重故障一般由液压转向助力系统失效或助力不足，机械传动机构损坏或调整不当引起。

① 转向油罐油量不足或规格不对，应使用正确的油液并调整到规定高度。

② 油路堵塞或不畅，应予以检修。

③ 油路中有泄漏现象，应予以检修。

④ 油路中有空气，应予以排气。

⑤ 转向泵传动带损坏或打滑，应予以调整或更换。

⑥ 调节阀失效，使输出压力过低，应予以调整或更换。

⑦ 转向机构调整不当，应予以调整等。

（3）故障诊断方法　检查转向油罐中油液是否不足，规格是否不对和有无气泡，检查管接头有无松动，转向泵传动带张紧力是否正常。

将转向盘向左右极限位置来回转动，如果左右转向都沉重，则故障在转向泵、液压缸或转向传动机构；如果左右转向助力不同，则故障在控制阀。

动力转向系统转向沉重常见故障的诊断流程如图 3-32 所示。

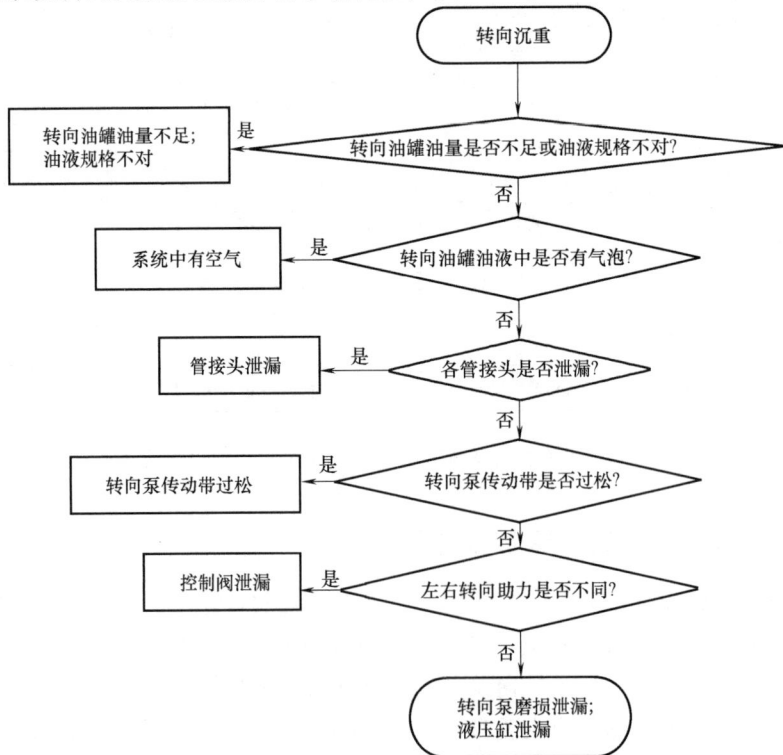

图 3-32　动力转向系统转向沉重常见故障的诊断流程

2. 转向噪声

（1）故障现象　汽车转向时，转向系统出现过大的噪声。

（2）故障原因及处理方法　装有动力转向系统的汽车，在发动机起动后，转向助力泵的溢流阀中出现液流噪声是正常的，但噪声过大甚至影响转向性能时，应视为故障。

① 转向泵损坏或磨损严重，应予以修理或更换。

② 转向泵传动带打滑，应予以调整或更换。

③ 控制阀性能不良，应予以检修。

④ 系统中渗入空气，应予以排气。

⑤ 管道不畅，应予以检修等。

（3）故障诊断方法　若转向时发出"咔嗒"声，在已排除转向泵叶片噪声的情况下，则噪声由转向泵带轮出现松动引起。若转向时发出"嘎嘎"声，则噪声由转向泵传动带打滑引起。若转向时转向泵发出"咯咯"声，则原因是系统中有空气；若转向时转向泵发出"嘶嘶"声，而且系统无泄漏现象，转向泵传动带张紧度也合适，则噪声由油路不畅或控制阀性能不良引起。

3. 其他故障

（1）转向助力瞬间消失　故障原因主要是转向泵传动带打滑，控制阀密封圈泄漏造成油位过低，发动机怠速过低，系统内有空气等。

（2）转向盘回位不良　故障原因主要是系统内有空气，压力限制阀工作不良，控制阀弹簧失效等。

（3）转向盘自由行程过大　故障原因主要是系统内有空气或压力限制阀失效。

三、转向系统的检测

转向系统的常用诊断参数有：转向盘最大自由转动量〔即转向盘自由行程单位是（°）〕、转向盘外缘最大转向切向力（即转向盘最大转向力，单位是 N）、转向轮最大转向角（°）、汽车最小转弯半径（m）和转向轮定位参数等。

对于前轮转向的汽车，转向轮定位参数包括主销后倾角、主销内倾角、前轮外倾角和前轮前束（即前轮定位）。转向轮定位属于行驶系统的内容，但该参数的改变，既可能造成行驶系统故障（如轮胎异常磨损），也可能造成转向系统故障（如转向沉重），因此转向轮定位参数通常也作为转向系统的诊断参数。

依靠人工经验很难判断转向盘的转向力和自由转动量是否正确，需要使用专门仪器来检测。

1. 转向盘转向力的检测

操纵稳定性良好的汽车，必须有适度的转向轻便性。如果转向沉重，不仅增加驾驶人的劳动强度，而且可能会因无法及时正确转向而影响行车安全。如果转向太轻，又可能导致驾驶人路感太弱或汽车"发飘"，同样不利于行车安全。

转向轻便性可以用一定行驶条件下作用在转向盘上的转向力（即作用在转向盘外缘的最大切向力）来表示，采用转向参数测量仪可以测得。下面以国产 Z-2 型转向参数测量仪为例，介绍其使用方法。

（1）安装　将转向参数测量仪对准被测转向盘中心，调整好三只活动卡爪长度，与转向盘牢固连接。

（2）检测　转动操纵盘，转向力通过底板、力矩传感器、连接叉传递到被测转向盘上，使其转动。此时，力矩传感器将转向力矩变成电信号，定位杆内端连接的光电装置将转角的变化转变为电信号。对这两种电信号的采集、转角的编码、运算、分析、存储、显示和打印由微型计算机自动完成，因而该仪器既可测得转向力，又可测得转向盘转角。

对转向力的检测可以按转向轻便性检测方法进行，一般有原地转向力检测、低速大转角（"8"字行驶）转向力检测、弯道转向力检测等。

2. 转向盘自由转动量的检测

转向盘自由转动量又可以称为转向盘自由行程，是指汽车保持直线行驶时，左右晃动转向盘时的自由转动量（游动角度）。GB/T 18565—2016《道路运输车辆综合性能要求和检验方法》中规定：最大设计车速不小于 100km/h 的道路运输车辆，其转向盘自由转动量最大为 15°；其他道路运输车辆最大为 25°。转向盘自由转动量是一个综合诊断参数，当其超过规定值时，说明从转向盘至转向轮的传动链中有一处或几处配合出现松旷。当转向盘自由转动量过大时，将造成驾驶人工作紧张，并影响行车安全。

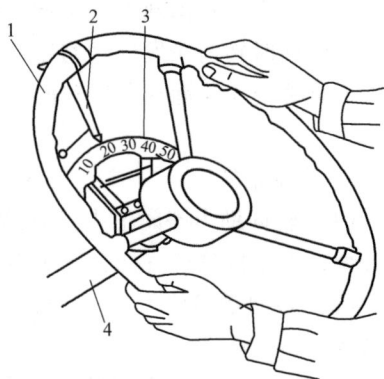

图 3-33　转向盘自由转动量的检测
1—转向盘　2—指针
3—刻度盘　4—转向管柱

可以采用专用检测仪对转向盘自由转动量进行检测（转向参数测量仪也能检测）。简易转向盘自由转动量检测仪由刻度盘和指针两部分组成，如图 3-33 所示。刻度盘通过磁力座吸附在仪表盘或转向管柱上，指针则固定在转向盘的周缘上。也可将指针通过磁力座固定在仪表盘或转向管柱上，而刻度盘固定在转向盘周缘上。使用该种检测仪时，应使汽车保持直线行驶，转动转向盘至一侧极限位置，将刻度盘归零，再轻轻转动转向盘至行程另一侧极限位置，指针所示刻度即为转向盘自由转动量。

四、转向系统的维修

1. 机械转向系统的维修

（1）转向操纵机构的维修　转向操纵机构的维护和修理作业主要包括：

1）清洁部件外部。

2）检查转向管柱与转向盘、转向器的花键连接是否松动或磨损，视情况予以更换。

3）检查转向传动轴万向节有无松动、磨损，视情况予以更换。

4）润滑转向传动轴万向节。

（2）转向器的维修

1）转向器的维护

① 检查转向器固定是否可靠，有无漏油现象，若有，应将转向器可靠固定，找出漏油原因并排除。

② 检查转向器外壳是否破裂，视情况焊补或更换。

③ 检查并调整齿轮、齿条配合间隙。

④ 检查并调整转向盘自由行程。以循环球式转向器为例（见图 3-34）：旋松摇臂轴上调整螺栓的锁紧螺母 1，拧动调整螺栓 2，使自由行程满足 GB/T 18565—2016 的要求，然后将调整螺栓锁止。

⑤ 紧固。按规定力矩紧固转向器螺钉、转向器与车架固定螺钉、转向管柱固定螺钉等。

⑥ 润滑。转向器润滑油一般每隔 8000km 检查添加一次，48000km 更换一次；每隔 2000km 润滑一次转向传动轴。

2）齿轮齿条式转向器的修理。齿轮齿条式转向器由于结构紧凑，传动机构简单，在乘用车上得到广泛使用。齿轮齿条式转向器的结构如图 3-35 所示。

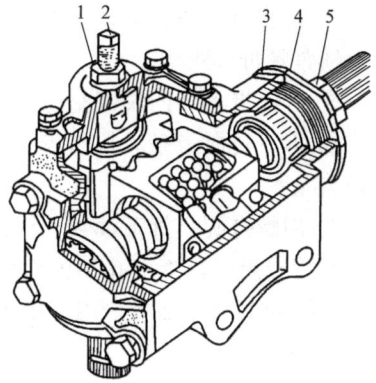

图 3-34　转向盘自由行程的调整
1、4—锁紧螺母　2—调整螺栓
3—锁片　5—调整螺母

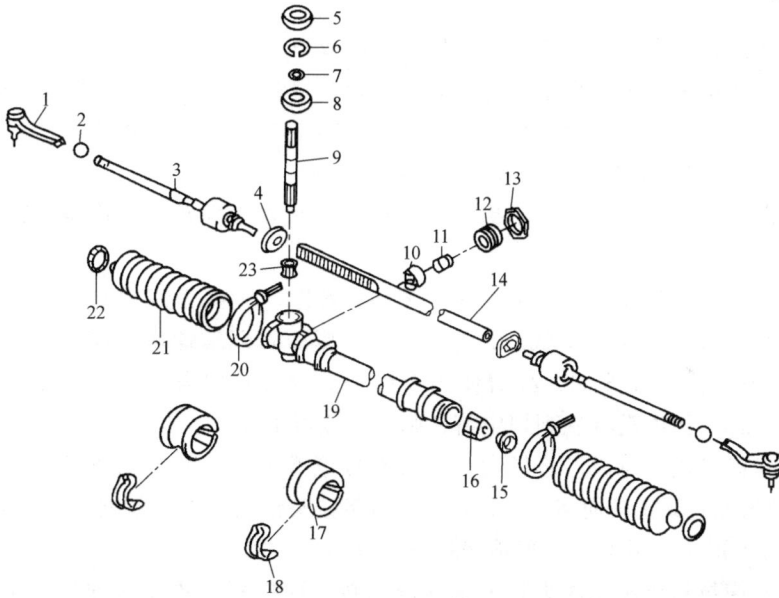

图 3-35　齿轮齿条式转向器的结构

1—转向横拉杆接头总成　2—锁紧螺母　3—转向横拉杆及齿条接头　4—转向齿条接头锁紧螺母　5—油封　6—孔用弹性挡圈　7—轴用弹性挡圈　8—深沟球轴承　9—轴向齿轮　10—齿条导向块　11—压紧弹簧　12—调整螺塞　13—锁紧螺母　14—转向齿条　15—齿条衬套锁止环　16—转向齿条衬套　17—转向器壳体橡胶垫圈　18—转向器壳体固定夹　19—转向器壳体总成　20—防尘罩箍带　21—转向齿条防尘罩　22—防尘罩锁簧　23—滚针轴承

拆卸：

① 用千斤顶顶起汽车的前部，拆卸前轮、转向传动轴万向节、转向横拉杆接头总成，然后用专用工具从转向臂上拆下转向横拉杆接头，拆下齿条壳夹子的 4 个固定螺栓，取下转向器总成。

② 将转向器壳体总成的安装部位夹持在台虎钳上（钳口垫上铜片或铝片），在转向齿条接头总成上做好装配标记，拆下转向横拉杆接头总成。

③ 拆卸防尘罩锁簧和防尘罩管箍，拆下转向齿条防尘罩。

④ 将转向齿条接头锁紧螺母松开，从转向齿条壳体上拆下转向接头螺母，再用专用工具拆卸锁紧螺母。

⑤ 拆卸齿条导向块调整螺塞，从转向齿条壳体上拆下压簧和导向块分总成。

⑥ 拆下转向齿条。拉出齿条时，应使齿条朝向壳体侧面再拔出，以防划伤衬套。不允许旋转齿条。

⑦ 用螺钉旋具拆下油封，注意不要划伤壳体。

⑧用专用工具拆下孔用弹性挡圈，从转向齿条壳体中将转向小齿轮和轴承一起拆下。

⑨拆卸深沟球轴承。用专用工具拆下轴用弹性挡圈，再用专用工具拆卸深沟球轴承。

检修：

① 检查齿条的摆差、齿的磨损情况，其最大摆差为 0.15mm。检查齿条背面是否磨损或损坏，如果有，则应更换齿条和衬套。

② 检查轴承是否松旷，若磨损严重，应更换新轴承。

装配与调整：

① 装配前注意在各密封处、相互运动处涂敷润滑脂。

② 装配深沟球轴承。用专用工具将深沟球轴承装到转向小齿轮上，并装上轴用弹性挡圈。

③ 装配转向小齿轮。用专用工具将转向小齿轮装入转向齿条壳体内，然后装上孔用弹性挡圈，再用专用工具将油封压入转向齿条壳体内。

④ 装配转向齿条。将 2 号二硫化钼锂基润滑脂涂敷在齿面和整个齿条表面上，再装入转向齿条。注意不要划伤衬套。

⑤ 调整转向齿条预紧度。用扳手拧紧压簧调整螺塞，紧固力矩为 6.9N·m。前后移动转向齿条约 15 次，使齿条处于稳定状态，然后继续拧紧压簧调整螺塞，拧紧力矩为 12.3N·m。再用扳手将压簧螺塞退回 1/8 圈，接着使用专用工具测量转向齿条的预紧度是否符合规定值（29.4~58.8N·m）。如果没有达到规定值，则应重复以上操作。

⑥ 装配转向齿条接头总成。将转向齿条接头锁紧螺母拧入转向齿条接头；将转向齿条接头总成拧入转向齿条。固定转向齿条，拧紧转向齿条接头锁紧螺母，紧固力矩为 49~63.7N·m。装上转向齿条防尘罩，再装上防尘罩锁簧和防尘罩箍带。

⑦ 装上转向横拉杆接头总成。将锁紧螺母和转向横拉杆接头总成拧到齿条接头上，直到标记对准。初步拧紧锁紧螺母，在检查调整好前轮前束后，最后拧紧锁紧螺母。

循环球式转向器正传动效率可达 90%~95%，操纵轻便，使用寿命长，在货车上得到广泛应用。

3）循环球式转向器的修理

拆卸：

① 拆下转向摇臂和转向传动轴万向节叉的锁紧螺母，拆下转向器固定螺母，取下转向器。

② 卸下通气塞，放掉润滑油。

③ 将转向螺杆拧到底，再回拧 3 圈半，拆下侧盖和转向摇臂轴。

④ 拆下下盖，取出转向螺杆及转向螺母总成（无特殊情况，尽量不要解体该总成）。

检修：

① 检查转向器壳体，应无裂纹等损伤。

② 对转向螺杆、螺母进行探伤检查，若发现裂纹或滚道严重磨损，应予以更换。

③ 钢球出现表面严重剥落等情况时应成组更换。

④ 齿条、齿扇应无金属剥落和严重损伤，必要时应予以更换。

⑤ 转向摇臂轴应无裂纹，花键应无扭曲或损坏。

⑥ 轴承应无严重损伤，必要时应予以更换。

⑦ 油封应无损坏，否则应予以更换。

装配与调整：按拆卸的相反次序进行，并调整好传动间隙。

（3）转向传动机构的维修

1）转向传动机构的维护

① 检查并调整转向拉杆球头销的松紧度。

② 检查并调整最大转向角。

③ 紧固和润滑。

2）转向传动机构的修理。拆卸与分解：

① 分开转向摇臂与直拉杆。

② 在转向摇臂与摇臂轴之间做好装配记号，拆下转向摇臂。

③ 拆下转向直拉杆总成并分解。

④ 拆下转向横拉杆总成并分解。

检修：

① 检查转向摇臂或上端花键有无裂纹或损坏，若有，应予以更换。

② 检查转向摇臂锁紧螺母有无损伤，若有，应予以更换。

③ 各球头销、销座及球碗应无裂纹，球头销颈部磨损量不超过 1mm，球面磨损失圆不超过 0.50mm，否则应予以更换。

④ 球头销螺纹应无损伤，否则应予以更换；球头销弹簧不应有弹力减弱或折断现象，否则应予以更换。

⑤ 转向节应无裂纹，轴颈与轴承的配合间隙符合要求。

⑥ 防尘装置应齐全、有效。

装配：

① 安装转向直拉杆总成：将弹簧座、弹簧和上球头座依次装入转向直拉杆端头的支承孔。将球头销的球头涂以润滑脂，从转向直拉杆侧面的大孔中装入。放入球头座，拧入螺塞。拧紧时先将螺塞拧到底，再退回 1/5～1/2 圈，然后用开口销锁住调整螺塞。装上油封和护套。装配转向直拉杆的另一端。将转向直拉杆的两个球头销分别装到转向摇臂和转向节上臂锥孔内，按规定力矩拧紧球头销螺母，装好开口销。

② 安装转向横拉杆总成：将转向横拉杆接头夹在台虎钳上，装入上球头座。将球头销涂以润滑脂，使球头销穿过上球头座中心孔后落入球头座，再依次装入球头座、弹簧座和弹簧，拧上螺塞；拧紧时先将螺塞拧到底，再退回 1/5～1/2 圈，然后用开口销锁住调整螺塞。在球头销端装入油封、密封罩和油封盖，并装配另一端转向横拉杆接头总成。分别将左、右横拉杆接头总成装到横拉杆的两端，并拧紧左右横拉杆接头的 4 个螺栓。把转向横拉杆总成装到左、右梯形臂的锥孔内，按规定力矩拧紧球头销螺母，装好开口销。

③ 将转向摇臂上端套入转向摇臂轴，对正装配记号，将轴端螺母拧紧。

2. 动力转向系统的维修

（1）动力转向系统的维护

1）检查转向油罐油位和油液质量

① 热车时让发动机怠速，转动转向盘，使油温达到 40~80℃，检查转向油罐液位。

② 检查油液是否有起泡或乳化现象。

2）检查油压

① 系统压力的检查（见图3-36）。打开压力表阀门，起动发动机并以怠速运转，满方向转动转向盘数次，压力表读数应为 6.80~8.20MPa。

② 转向泵压力的检查（见图3-37）。起动发动机并以怠速运转，满方向转动转向盘数次，将压力表阀门关闭（不超过5s），压力表读数应为 6.80~8.20MPa。

3）清洁转向器及转向油泵外部

清洁并检查是否有漏油痕迹。

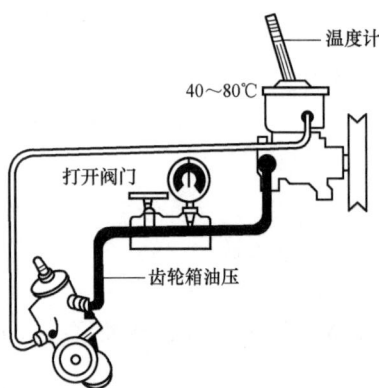

图3-36　系统压力的检查

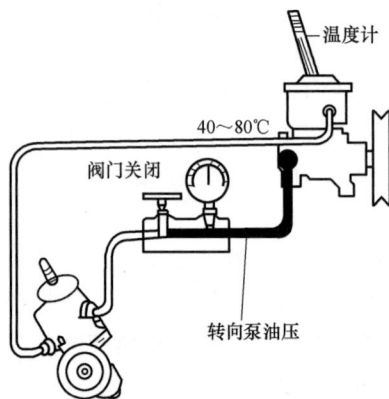

图3-37　转向泵压力的检查

4）检查各连接油管、接头。检查油管是否漏油，接头连接是否牢固可靠。

5）检查转向泵传动带张紧度，如图3-38所示。松开转向泵装配支架上的2个螺母，转动调整螺栓，当带中部的挠度为 9~10mm 时，再将2个螺母锁止。

6）测量转向盘上的转向力，超过40N时应予以检查维修，同时，转向盘自由行程应在规定范围内。

7）转向器齿轮齿条间隙的调整。通过图3-39所示的调节螺钉进行调整。

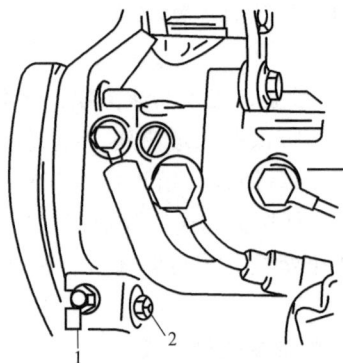

图3-38　转向泵传动带张力的调整

1—调整螺栓　2—锁紧螺母

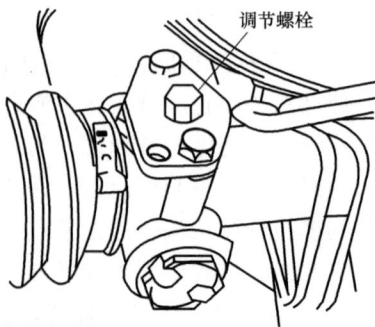

图3-39　齿轮齿条间隙的调整

8）转向油的更换

① 支起汽车前部，使两前轮离开地面，拧下转向油罐盖，拆下回油管放油。同时，起动发动机以怠速运转，左右转动转向盘。

② 关闭发动机，在转向油罐中添加转向油至规定高度，满打转向盘2次或3次，若液位下降，则需补充转向油。降下汽车前部，起动发动机以怠速运转，满打转向盘2次或3次，重复以上操作，直到转向油罐液位无明显下降，转向油无气泡和乳化现象为止。

（2）动力转向系统的修理　以大众宝来轿车为例：

1）拆卸

① 拆下转向传动轴万向节，将其从转向器中拉出。

② 分别用软管夹夹住通向储液罐和叶片泵的软管。

③ 拆下隔音板，将放液盘置于车下。

④ 用拉力器 V/176 按图 3-40 所示的方法将调整杆端头从转向臂上压下。

⑤ 密封好从转向器上取下的软管，并对转向器上露出的螺纹进行保护。

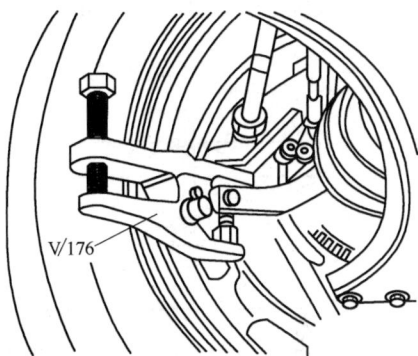

图 3-40　压下调整杆端头

⑥ 拆下转向器固定螺栓，取下动力转向器总成。

2）检修。注意以下事项：

① 重点检查限压阀、流量限制阀和叶轮的磨损情况，对于严重磨损或损坏的零件，必须更换。

② 密封衬垫等经过拆卸后应更换新件。

③ 橡胶防护套应无损坏。

④ 供油压力应为 8.5~9.5MPa。

3）安装调整。按拆卸的相反顺序进行，软管连接处换用新的密封环；管接头螺栓、支架固定螺栓、限压阀螺塞等处的拧紧力矩严格按照制造商的要求；参照上述"转向油的更换"中的方法添加新的转向油。

带动力转向装置的整体式转向器，可靠性较高，一般不需要分解检修，只有确认转向器存在故障需要检修时，才予以分解。

此种转向器的常见损坏是漏油和齿轮齿条间隙过大。漏油一般发生在管接头、密封圈、油封等处，齿轮齿条的间隙可通过调节螺钉予以调整。

维修完成后的动力转向系统应满足：

1）不与其他部件发生干涉。

2）转向盘转动灵活，操纵轻便，无阻滞、摆振现象。

3）转向轮具有自动回正能力。

4）转向盘的转向力和自由行程在规定范围内。

5）汽车不得有摆振、路感不灵、跑偏或其他异常现象。

6）转向节及转向臂、转向横（直）拉杆及球头销应无裂纹和损伤，并且球头销不得松旷。

7）横、直拉杆不得拼焊。

8）转向轮定位正确。

9）侧滑符合要求。

第五节 行驶系统的故障诊断与排除

行驶系统主要由车架、车桥、车轮（包括轮胎）和悬架组成，如图3-41所示。

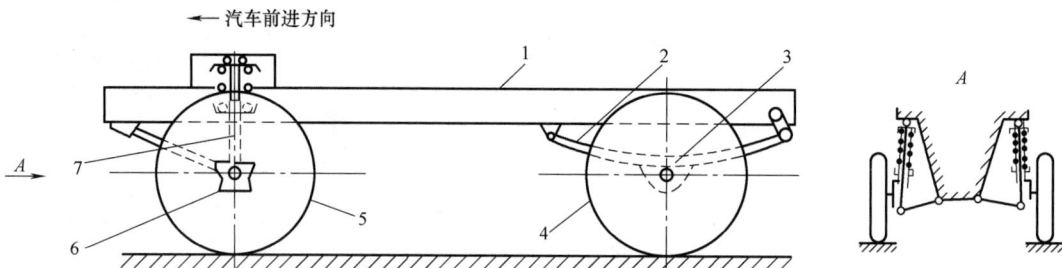

图 3-41 行驶系统的一般组成
1—车架 2—后悬架（钢板弹簧非独立悬架） 3—后桥 4—后轮
5—前轮 6—前桥 7—前悬架（麦弗逊式独立悬架）

悬架分为独立悬架和非独立悬架。常见的独立悬架为麦弗逊式，乘用车前悬架普遍采用此结构。麦弗逊式独立悬架的杆件活动部位很多，球头销等处磨损松旷后会带来车轮定位角的变化。非独立悬架因结构简单，工作可靠，被广泛应用于货车的前、后悬架。在少数乘用车中，非独立悬架仅用作后悬架。货车上非独立悬架普遍采用钢板弹簧式，由于货车行驶路面较差，悬架受到的冲击载荷大，加上超载情况严重，钢板弹簧很容易永久变形甚至断裂，从而引起车轮定位角的变化。

一、行驶系统常见故障的诊断与排除

行驶系统的常见故障部位主要有：减振器、前轮定位、轮胎动平衡、杆系连接处，以及驱动桥的齿轮、轴承等。

行驶系统的常见故障主要包括：行驶平顺性不良、车身横向倾斜、轮胎异常磨损、行驶无力和行驶跑偏。

（1）行驶平顺性不良

1）故障现象：汽车行驶时出现振动，加速时出现蹿动，驾乘人员感觉很不舒服。

2）故障原因及处理方法

① 前稳定杆卡座松旷或橡胶支承损坏，应予以更换。

② 车轮动平衡超标，应予以校正。

③ 减振器或缓冲块失效，应予以修理或更换。

④ 传动轴动不平衡，应予以校正。

⑤ 钢板弹簧支架衬套磨损松旷，应予以更换。

⑥ 车轮轴承松旷或转向横拉杆球头松旷，应予以更换。

⑦ 钢板弹簧 U 形螺栓滑牙或松动，应予以更换或紧固。

⑧ 发动机横梁和下摆臂的固定螺栓或衬套松旷，应予以修理或更换。

⑨ 半轴内、外万向节磨损松旷，应予以更换。

⑩ 轮胎气压过高，磨损不均，应予以调整或更换等。

3）故障诊断方法。行驶平顺性不良常见故障的诊断流程如图 3-42 所示。应针对不同的行驶平顺性特征，找出故障部位。

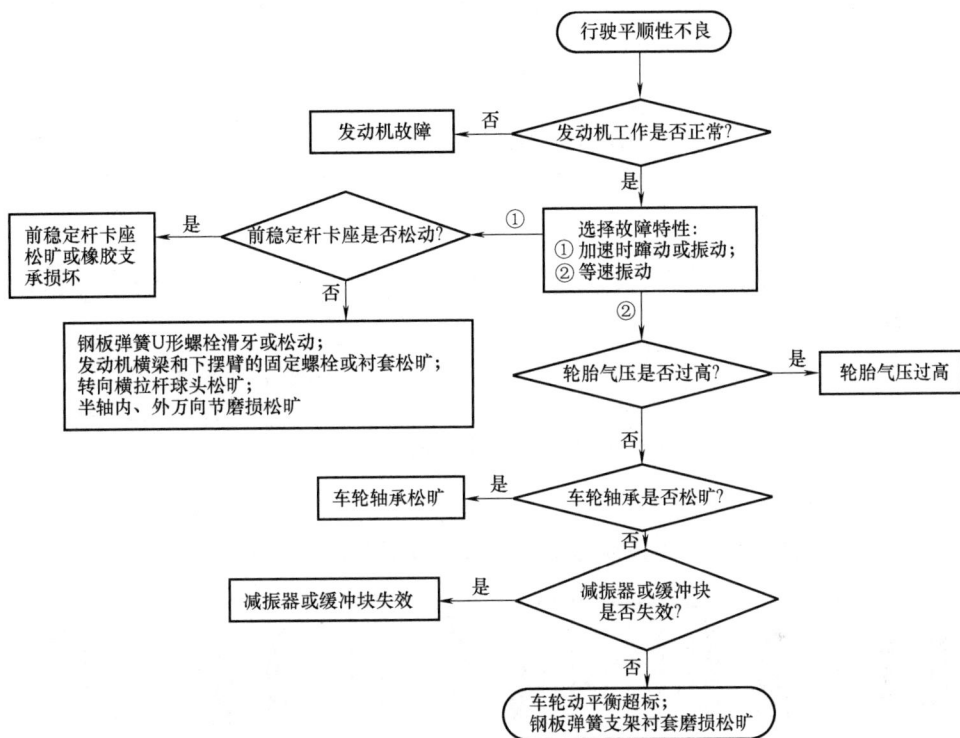

图 3-42　行驶平顺性不良常见故障的诊断流程

（2）车身横向倾斜

1）故障现象。汽车车身左高右低或左低右高，出现倾斜。

2）故障原因及处理方法

① 左右轮胎气压不一致，应按规定充气。

② 左右轮胎规格不一致，应予以更换。

③ 悬架弹簧自由长度或刚度不一致，应予以更换。

④ 下摆臂变形，应予以校正或更换。

⑤ 发动机横梁和下摆臂的固定螺栓或衬套松旷，应予以修理或更换。

⑥ 减振器或缓冲块失效，应予以更换。

⑦ 发动机横梁变形，应予以校正或更换。

⑧ 车身变形，应予以整形修理等。

3）故障诊断方法。先检查左右轮的气压、规格是否一致，再检查悬架、车身等部位，确定故障位置。车身横向倾斜常见故障的诊断流程如图 3-43 所示。

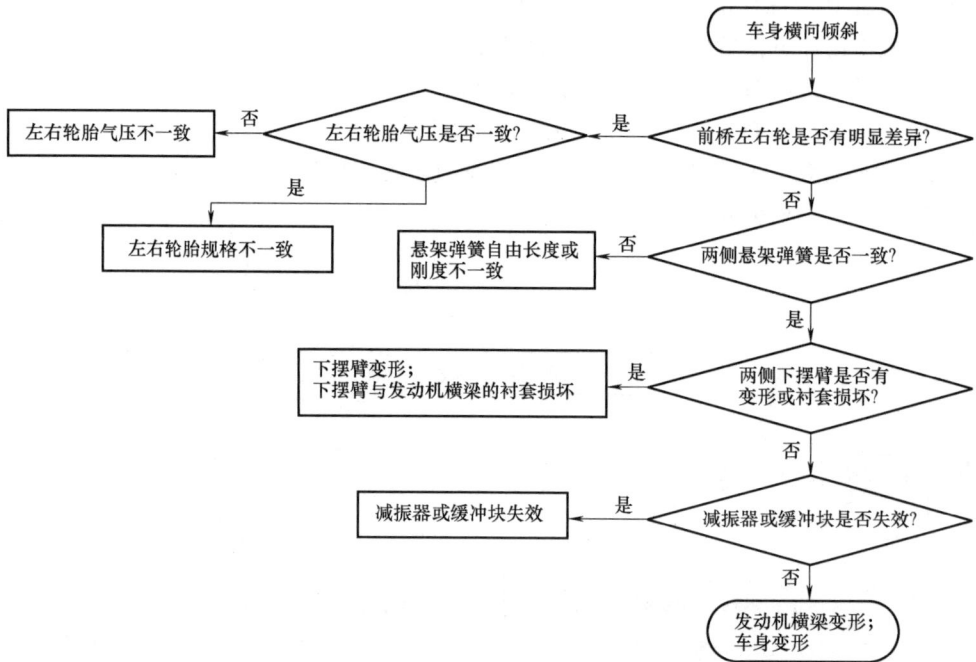

图 3-43　车身横向倾斜常见故障的诊断流程

（3）轮胎异常磨损

1）故障现象。前轮轮胎磨损速度加快，胎面出现图 3-44 所示的不正常磨损形状。

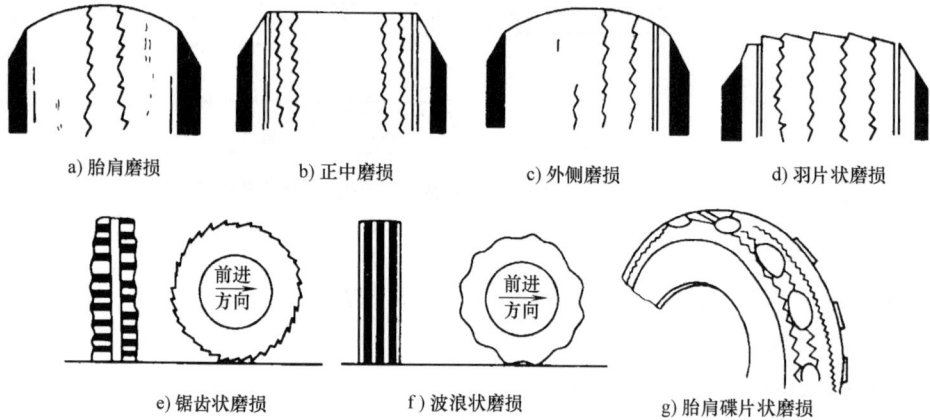

图 3-44　前轮轮胎不正常磨损

2）故障原因及处理方法

① 前轮轮胎气压不符合要求，质量不佳或车轮螺栓松动，应按规定充气，更换轮胎或紧固车轮螺栓。

② 轮胎长期未换位或汽车经常行驶在拱度较大的路面上，应及时进行轮胎换位（一般行驶 10000km 应换位，并进行动平衡校正）。

③ 前轮定位不正确或前轮旋转质量不平衡，应校正前轮定位和车轮平衡。

④ 纵横拉杆、轮毂轴承松旷或转向节与主销松旷，应予以紧固或更换。

⑤ 钢板弹簧 U 形螺栓松旷或钢板弹簧衬套与销松旷，应予以紧固或更换。

⑥ 经常超载、偏载、起步过急、高速转弯或制动过猛，应注意正确驾驶。

⑦ 转向梯形机构不能保证各车轮纯滚动，出现过度转向，应予以调整。

⑧ 前轴与车架纵向中心线不垂直或车架两边的轴距不等，应予以调整。

⑨ 前梁或车架变形，应予以整形。

⑩ 前轮放松制动回位慢或制动拖滞，应予以排除等。

3）故障诊断方法。以桑塔纳轿车为例，根据轮胎磨损的情况确定故障原因：

① 胎冠两肩磨损与胎壁擦伤，是由于轮胎气压不足或汽车长期超载引起的。

② 胎冠中部磨损，是由于轮胎气压过高引起的。

③ 胎冠内（外）侧偏磨损，是由于车轮外倾角过大（小）引起的。

④ 胎冠两侧呈锯齿状磨损，是由于轮胎换位不及时、汽车经常紧急制动或长期超载引起的。

⑤ 胎冠由外（里）侧向里（外）侧呈锯齿状磨损，是由于前束过大（小）引起的。

⑥ 胎冠呈波浪状或碟片状磨损，是由于轮毂轴承松旷或车轮动不平衡引起的。

（4）行驶无力

1）故障现象。即使将加速踏板踩到底，汽车驱动力也不足，出现加速不良、爬坡无力等现象。

2）故障原因及处理方法。造成汽车行驶无力的根本原因是发动机无力，传动系统传动效率低，车轮受到的阻力过大。

① 发动机无力，排除方法见第二章。

② 离合器打滑，排除方法见本章第一节。

③ 变速器缺油或润滑油变质，应予以添加或更换。

④ 变速器齿轮啮合间隙过小，应重新选配。

⑤ 万向传动装置中间支承轴承缺油、锈蚀甚至失效，应予以润滑或更换。

⑥ 主减速器、差速器或半轴的传动齿轮（花键）啮合间隙过小，应予以调整。

⑦ 驱动桥缺油或润滑油变质，应予以添加或更换。

⑧ 轮胎气压严重不足，应予以充气或修补后充气，必要时更换轮胎。

⑨ 车轮制动拖滞，排除方法见本章第三节。

⑩ 驻车制动拉索回位不畅，造成后轮制动未完全释放，应予以润滑或更换。

⑪ 轮毂轴承过紧，应予以调整。

⑫ 前轮定位不正确，应予以调整或更换部件等。

3）故障诊断方法。按照故障原因的可能性从大到小，检查的难易性从易到难的顺序，首先应检查轮胎气压是否严重不足。在排除发动机无力的情况下，检查影响传动系统效率降低的因素是否存在。最后检查排除车轮受到的阻力过大的因素。

汽车行驶无力常见故障的诊断流程如图 3-45 所示。

（5）行驶跑偏

1）故障现象。汽车正常行驶，不踩制动踏板时，必须紧握转向盘才能保持直线行驶，稍有放松便自动跑向一边。

2）故障原因及处理方法。造成汽车行驶跑偏的根本原因是汽车车轮的相对位置不正确，

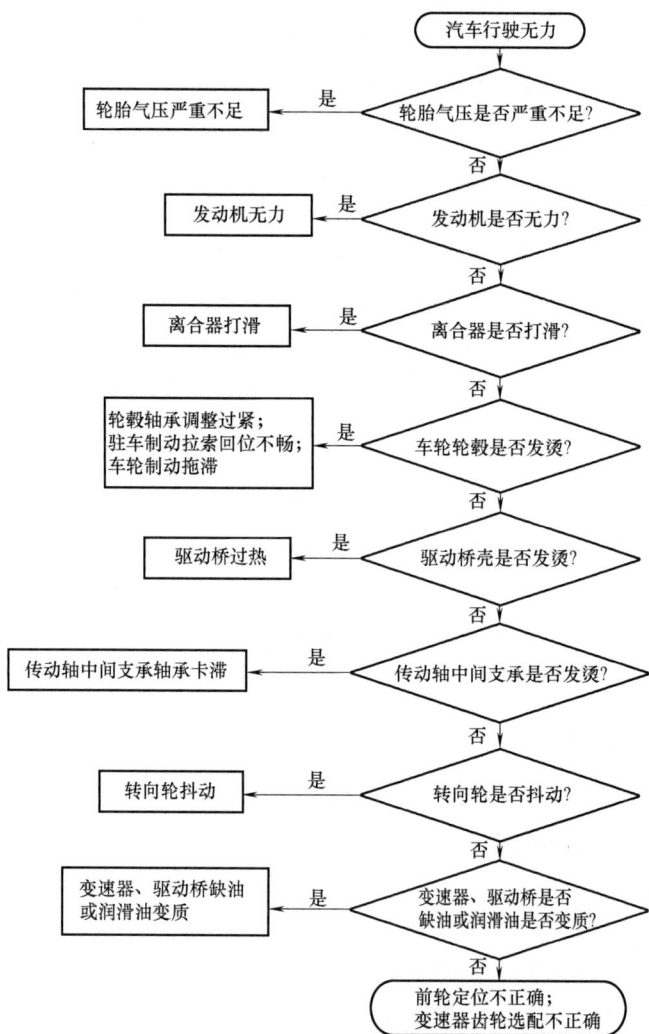

图 3-45　汽车行驶无力常见故障的诊断流程

两侧车轮受到的阻力不一致。

①　两前轮轮胎气压不等、直径不一，或汽车装载质量左、右分布不均匀，应予以调整或更换。

②　左、右两前钢板弹簧翘度不等、弹力不一，或单边松动、断裂，应予以更换。

③　前梁、车架发生水平面内的弯曲，应予以校正。

④　汽车两边的轴距不等，应予以调整。

⑤　两前轮轮毂轴承的松紧度不一，应予以调整。

⑥　前轮定位不正确，应予以调整或更换部件。

⑦　车轮有单边制动或拖滞现象，应予以检修。

⑧　转向杆系变形，应予以校正或更换。

⑨　动力转向系统控制阀损坏或密封环弹性减弱，阀芯运动不畅或偏离中间位置，应予以调整或更换等。

3）故障诊断方法。汽车行驶跑偏常见故障原因的诊断流程如图 3-46 所示。

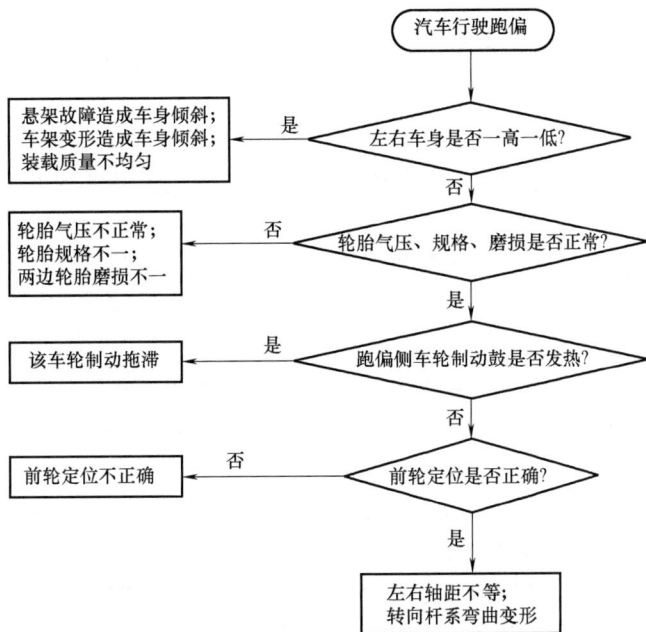

图 3-46　汽车行驶跑偏常见故障原因的诊断流程

二、行驶系统的检测

　　行驶系统的常用诊断参数有：车轮静不平衡量（单位为 g）、车轮动不平衡量（单位为 g）、车轮前束［单位为 mm 或（°）］、车轮外倾角［单位为（°）］、主销后倾角［单位为（°）］、主销内倾角［单位为（°）］车轮侧滑量（单位为 m/km）等。

　　以上参数的数值正确与否，凭人工经验很难判断，必须通过专用仪器进行检测。

　　1. 车轮平衡的检测

　　如果车轮的质量分布不均匀，旋转起来是不平衡的，而车轮不平衡对转向轮摆振的影响比路面不平带来的影响要大得多。车轮本身不平衡是汽车产生摆振的一个重要原因。

　　随着道路质量的提高和高速公路的普及，汽车行驶速度越来越快，因此对汽车车轮平衡度的要求也越来越高。车轮高速旋转时，不平衡质量会引起车轮上下跳动和横向摆振，不仅影响汽车的行驶平顺性、乘坐舒适性和操纵稳定性，而且也会影响行车安全。车轮的上下跳动和横向摆振还会加剧轮胎的磨损，缩短其使用寿命，增加汽车运输成本。

　　车轮不平衡的原因主要是：①轮辋、轮胎在生产和修理过程中的精度误差、轮胎材料不均匀；②轮胎装配不正确，轮胎螺栓质量不一；③平衡块脱落；④汽车行驶过程中的偏磨损；⑤使用翻新胎或补胎等。

　　（1）车轮静平衡的检测　对于非驱动桥上的车轮，支起车轴，调整好轮毂轴承松紧度，用手轻转车轮，使其自然停转。在停转的车轮离地面最近处做一个标记，然后重复上述步骤数次。如果每次试验标记都停在离地最近处，则车轮静不平衡；如果多次转动自然停止后的标记位置各不相同，说明车轮静平衡。

　　对于驱动桥上的车轮，由于受到差速器等的制约无法使用该法，只能在装车前检测。

即使静平衡的车轮，在装车使用时也可能动不平衡。因此，还应对车轮动平衡进行检测校正。

（2）使用离车式动平衡机检测校正车轮动平衡

1）清除车轮上的泥块、石子和旧平衡块。

2）将轮胎气压充至规定值。

3）根据轮辋中心孔的大小选择锥体或多孔式连接盘，将车轮装上动平衡机，拧紧固定螺母。

4）测量轮辋宽度 b、轮辋直径 d 和轮辋边缘至机箱的距离 a，将这三个值输入动平衡机。

5）放下车轮防护罩，打开电源开关，按动起动按钮，车轮开始旋转，动平衡机开始采集数据。

6）检测结束后，从指示装置读取车轮不平衡量和不平衡位置。

7）抬起车轮防护罩，用手慢慢转动车轮，当指示装置发出声音或灯光等信号时停止转动，根据显示的平衡块质量，在轮辋内侧或外侧牢固安装平衡块。

8）重新检测动平衡，直到指示装置显示不平衡质量小于 5g，或显示 "00" "OK" 为止。

9）关闭电源开关，取下被测车轮。

（3）使用就车式动平衡机检测校正车轮动平衡 对于车轮动平衡的检测，可将其安装到离车式车轮动平衡机上检测与校对，但需要把车轮拆下。就车式车轮动平衡机可以直接在在用车上使用，非常方便，而且既可以进行动平衡检测，又可以进行静平衡检测，校正的部件包括车轮、制动鼓（盘）、轮毂轴承等高速旋转体。

1）检测前的准备工作。图 3-47 所示为就车式车轮动平衡机的组成及检测连接示意图。

① 检测前，将汽车前部用千斤顶支起。注意保持前轴水平，使两边车轮离地间隙相等。

② 清除被测车轮上的泥土、石子和旧平衡块等。

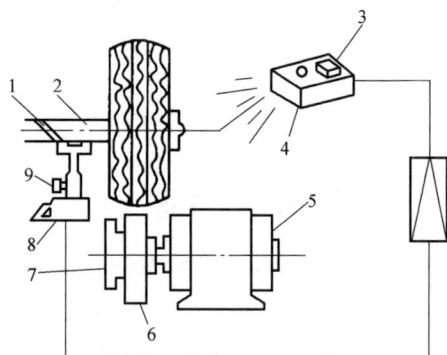

图 3-47 就车式车轮动平衡机的组成及检测连接
1—传感磁头 2—转向节 3—不平衡度表
4—频闪灯 5—电动机 6—转轮
7—制动器 8—底座 9—可调支架

③ 检查轮胎气压，必要时调整至规定值。

④ 用手转动车轮，检查轮毂轴承是否松旷，必要时调整至规定值。

⑤ 在轮胎外侧任意位置用白粉笔或白胶布做上记号。

2）车轮静平衡的检测校对

① 使用三角垫木或其他方法固定另一个前轮和两后轮，将传感磁头吸附到悬架或转向节下，调节可调支架高度并锁紧。

② 推动车轮动平衡机至车轮侧面或前面（视车轮平衡机形式不同而异），检查频闪灯工作是否正常，检查转轮的旋转方向能否使车轮的转动方向与汽车前进行驶的方向一致。

③ 操纵车轮动平衡机转轮与轮胎接触，起动电动机带动车轮旋转至规定转速。

④ 观察频闪灯照射下的轮胎标记位置，并从指示装置上读取不平衡量（用第一档显示）。

⑤ 操纵车轮动平衡机上的制动装置，使车轮停止转动。

⑥ 用手转动车轮，使其上的标记仍处在上述观察位置，此时轮辋的最上部即为加装平衡块的位置。

⑦ 按指示装置显示的静不平衡量选择平衡块，牢固地装卡到轮辋边缘上。

⑧ 重新驱动车轮进行复试，这时指示装置用二档显示。调整平衡块质量和位置，直至符合平衡要求。

（4）车轮动平衡的检测校对

① 将传感磁头吸附在经过擦拭的制动底板边缘平整处，使磁头与车轮旋转中心处在同一水平位置。

② 驱动车轮旋转至规定转速，按照上述的检测方法观察轮胎标记位置，读取动不平衡量数值。

③ 停转车轮，按动不平衡量选择平衡块和在车轮上的加装位置，加装平衡块。

④ 按照上述的检测方法进行复查，直至符合平衡要求。

2. 四轮定位的检测

现代汽车，尤其是乘用车，除对转向轮进行定位外，后轮也要进行定位。四轮定位是为了适应汽车高速行驶状态下的稳定性和舒适性要求。四轮定位的检测可以使用计算机式四轮定位仪来进行。

1）对被检汽车的要求

① 轮胎气压正常。

② 前后轮胎磨损情况基本一致。

③ 悬架完好，无松旷等现象。

④ 转向系统调整适当。

⑤ 汽车前后高度与标准值的差不大于5mm。

⑥ 制动系统工作正常。

2）检测前的准备

① 将汽车开上举升平台，托起四个车轮，把汽车举升0.50m。

② 托起车身适当部位，把汽车举升至车轮能自由转动。

③ 按上述"对被检汽车的要求"中的步骤进行检查调整。

3）检测

① 将传感器支架安装到轮毂上，将传感器（定位校正头）安装到支架上，按说明书的规定调整好。

② 开机进入测试程序，输入被检汽车的车型和生产年份。

③ 使转向盘处于直线行驶位置，并使每个车轮旋转一周，即将轮辋变形的误差输入了计算机，完成了轮辋变形的补偿。

④ 降下汽车，使车轮落到平台上，把汽车前部和后部向下压动4~5次，进行压力弹跳试验。

⑤ 用制动锁压下制动踏板，使汽车处于制动状态。

⑥ 把转向盘左转至计算机发出"OK"声，输入左转角度，然后把转向盘右转至计算机发出"OK"声，输入右转角度。

⑦ 回正转向盘，计算机屏幕上显示出前轮的前束和外倾角数值。

⑧ 使转向盘处于直线行驶位置，用转向盘锁锁住转向盘，使之不能转动。

⑨ 把安装在四个车轮上的定位校正头调到水平线上，计算机屏幕上显示出转向轮的主销后倾角、主销内倾角、前轮外倾角和前束。

⑩ 如果数值不正确，可按计算机屏幕的显示进行调整，并在调整后按上述方法重新检测。

3. 前轮侧滑量的检测

前轮侧滑量的检测一般在侧滑试验台上进行，其值不得超过 5m/km。前轮侧滑是前轮定位失准的一种表现形式。

1）影响侧滑量检测结果的因素

① 转向轮外倾角与前束匹配不当。

② 轮毂轴承间隙过大或左右松紧度不一致。

③ 转向节主销和衬套磨损严重。

④ 横、直拉杆球头松旷或左右悬架性能有差异。

⑤ 前后轴不平行。

⑥ 左右轮胎气压不等或花纹不一致。

⑦ 轮胎磨损量过大或严重偏磨。

⑧ 轮胎表面有水、油或石子等。

⑨ 汽车通过侧滑试验台时的速度过快。

⑩ 汽车通过侧滑试验台时转向轮与侧滑板不垂直。

2）检测前的准备

① 调整轮胎气压至规定值。

② 清除轮胎表面的水、油或石子等。

③ 检查试验台导线连接情况，仪表复零。

④ 打开试验台锁止装置，检查侧滑板能否滑动自如和回位（侧滑板回位后，指示装置应指示零点）。

3）检测

① 汽车以 3~5km/h 的速度垂直平稳地通过侧滑板。

② 从显示装置上读取侧滑值。

③ 锁止侧滑板，切断试验台电源。

4）注意事项

① 避免试验台超载。

② 汽车通过试验台时，不允许转向、制动或将汽车停放在试验台上。

③ 保持试验台及周围环境的清洁，尤其是侧滑板的清洁。

④ 对于后轮有定位的乘用车，也要检测后轮的侧滑量是否合格。

三、行驶系统的维修

1. 车架的维修

（1）车架的常见损坏现象　车架弯曲或扭曲变形、断裂，铆钉松动或被剪断，部件脱焊或被撕裂；表面涂层损坏等。

（2）引起上述现象的主要原因　汽车超载或动载荷过大，交通事故中造成损坏，剧烈颠簧等。

（3）车架检修作业的主要内容　表面涂层修复、尺寸校正、焊补或更换铆钉等。

由于车架尺寸的失准，会造成底盘各主要部件的相对位置发生变化，从而影响到传动效率，导致非正常磨损进而危及汽车寿命和行车安全。

（4）检修完成后的车架应满足的要求

①安装在车架上的各零部件不发生运动干涉；②车架具有足够的强度和适当的刚度；③车架质量应尽可能小，不要焊接或铆接过多的钢件；④车架的重心应尽量降低；⑤涂层完好。

2．车桥的维修

车桥通过悬架与车架或承载式车身相连，两端安装车轮。按车轮的作用，车桥可分为驱动桥、转向桥、转向驱动桥和支持桥。

检修完成的车桥应满足无变形、裂纹、泄漏、异响、松动和过热等现象。

3．车轮和轮胎的维修

车轮由轮毂、轮辋和连接两者的轮辐组成，车轮装上轮胎就成为车轮总成，如图3-48所示。

车轮和轮胎的种类很多。目前，乘用车大都采用铝合金车轮，而低压轮胎由于弹性好、断面宽，与路面接触面大，壁薄且散热良好，也在乘用车上得到了广泛应用。

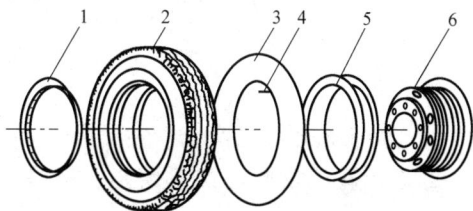

图3-48　车轮总成
1—挡圈　2—外胎　3—内胎
4—气门嘴　5—垫带　6—轮辋

（1）车轮和轮胎维护作业的主要内容

①检查轮辋及挡圈，应无裂损、变形；②检查车轮螺栓连接是否可靠；③检查气门嘴帽是否齐全；④检查轮毂轴承间隙有无明显松旷；⑤检查并调整轮胎气压等。

（2）车轮和轮胎在使用中应注意的事项

1）规格或品牌不同的轮胎不得同轴使用。

2）选定的轮胎与轮辋应相配。

3）使用中避免超载、紧急制动，应合理分配各车轮的负荷。

4）定期检查轮胎气压和外胎表面，清除铁钉、石块等异物。

5）为使轮胎磨损均匀，延长使用寿命，一般每行驶10000km左右应进行一次轮胎换位，方法如图3-49所示。图3-49a、b所示为交叉换位，适用于经常在拱形路面上行驶的汽车；图3-49c、d所示为循环换位，适用于经常在平坦路面上行驶的汽车。注意，换位方法确定后，下次仍然要使用该种换位方法；翻新胎、有损伤或磨损严重的轮胎，不得用于转向桥。

（3）轮胎的检修

1）内胎的检修。内胎使用中常见的损伤形式有穿孔、破裂，气门嘴损坏、漏气等。这些损伤形式的共同特点都是泄漏。检查和确定损伤部位的方法一般是把具有一定气压的内胎放到水中，观察气泡的出处，确定损伤部位并加以修补。气门嘴如果歪斜变形，丝扣损坏、折断等，应更换新件。

2）外胎的检修

①外胎内壁应光滑，不得粘有沙土，外胎嵌入石子后应及时清除。如果因气压过高等造

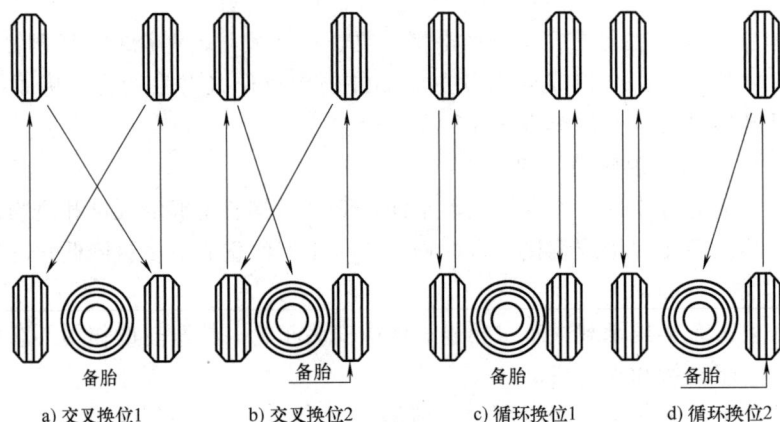

图 3-49　轮胎换位方法

成损坏，应予修理或更换。

② 轮胎花纹及胎面严重磨损，已暴露出帘布层或胎面，局部损伤超过规定标准时，应报废。

③ 胎圈钢丝应无松散、折断。若胎圈钢丝露出不超过周长的 1/6，可送厂翻修，否则应更换。

3）轮胎的装配

① 将外胎内壁和内胎外表面擦净，在其相互接触的表面上薄而均匀地涂一层细滑石粉。将内胎及衬带装入外胎，并将气门嘴对准气门槽孔，将轮胎装到轮辋上。如果有挡圈和锁圈，则一并装入。

② 将轮胎按规定气压充足气，检查有无漏气现象。

③ 将车轮总成装上车，注意不要遮挡制动毂检视孔。对称地按规定力矩拧紧车轮螺母。

④ 对于后轮为双车轮的情况，一定要先拧紧内侧车轮的内螺母，然后安装外侧车轮，且相邻的两轮气门嘴应互相错开 180° 对称排列。双轮间隙适当，高低搭配合适。一般较低的轮胎装于里侧，较高的轮胎装于外侧。

现代乘用车轮胎多采用无内胎结构的真空胎，所以对于内胎也就无须检测。

（4）车轮总成的平衡检查　参见本节中使用离车式动平衡机检测校对车轮动平衡的相关内容。

（5）前轮定位的调整　以独立悬架应用最多的双横臂式独立悬架前桥和滑柱连杆式（麦弗逊式）独立悬架为例。

1）双横臂式独立悬架前桥前轮定位的调整方法。采用这种结构的前桥，其前轮定位参数均可以调整。只要改变上横臂与上臂固定轴间的两种调整垫片的数量，就可以实现主销内倾角、主销后倾角和车轮外倾角的调整。

调整时，如果两种垫片的数量同时增加，则上横臂连同上球头销同时向内移动，因而减小了车轮外倾角，主销内倾角相应加大；反之，车轮外倾角加大，主销内倾角相应减小。

当增加一种垫片的同时减少另一种垫片时，球头销将相对横向中心线后移一段距离，因而加大了主销后倾角；反之，则减小主销后倾角。

对前束的调整则通过改变横拉杆的长度来实现。

2）滑柱连杆式（麦弗逊式）独立悬架前桥前轮定位的调整方法。一汽奥迪、上汽大众和一汽大众等很多乘用车皆采用这种结构形式。各种车型的具体结构不同，但一般而言，前轮定位的四个参数中并不是都能够进行调整。

一些乘用车车轮外倾角由设计保证，不能调整，而其主销后倾和内倾角可以通过弹簧支柱座上的三个腰形螺栓孔调整。

而桑塔纳轿车则只能调整车轮外倾角，方法如下：

松开下悬臂球形接头的固定螺母，将外倾调整杆插图 3-50 中箭头所指的孔中，横向移动球形接头，直至达到外倾值。一般右侧从前面插入调整杆，左侧从后面插入调整杆。调整后，紧固螺母并再次检查外倾值及前束。

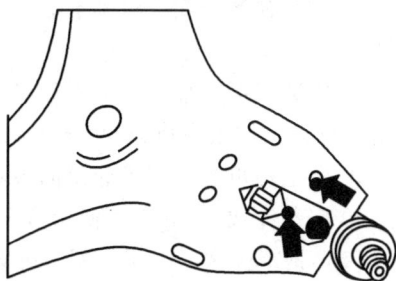

图 3-50　调整车轮外倾角

（6）检修完成的车轮和轮胎应满足的要求

①规格选择恰当；②静平衡和动平衡满足要求；③充气压力正确，无泄漏现象；④轮辋无变形，气门嘴帽齐全；⑤胎面花纹满足要求。

4. 悬架的维修

悬架是车架或承载式车身与车桥或车轮之间的一切传力装置的总称。

悬架分为独立悬架和非独立悬架，其一般组成包括弹性元件、减振器和导向机构，如图 3-51 所示。

悬架的损坏会造成汽车车身倾斜、异响和振动、行驶不稳等故障。造成故障的主要原因是悬架左、右不对称，各传动、连接处因磨损或装配不当形成过大间隙、润滑不良等。

（1）前轮毂的维修　大多数乘用车采用发动机前置、前轮驱动的布置形式，前桥由两个柱式独立悬架组成，承担驱动和转向任务。下面介绍前轮毂的维修。

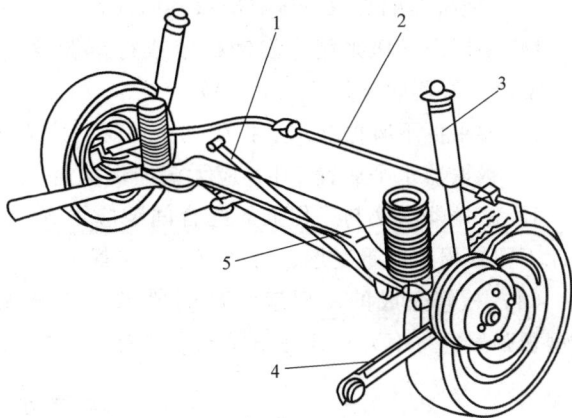

图 3-51　悬架的一般组成
1—横向推力杆　2—横向稳定器　3—减振器
4—纵向推力杆　5—弹性元件

1）前轮毂的拆卸

①拆下轮毂与传动轴紧固螺母，顶起车轮，拆下轮毂螺母，卸下车轮。拆下制动蹄（钳）紧固螺栓，取下制动蹄（钳），拆下制动软管支架并用铁丝把制动蹄（钳）固定在车身上。

②拆下悬架臂上车轮轴承壳的紧固螺栓。使用专用工具压下横拉杆接头，拧下悬架臂螺杆上的螺母，从车轮轴承壳中压出万向节销。用压力装置压下传动轴。

③取下前悬架支撑柱盖，拆下活塞杆的螺母。

④拆下弹簧护圈、波纹管盖、限位缓冲器、减振器等。

⑤取下车轮轴承盖，用专用工具压出轮毂。

⑥拆下弹簧挡圈，用压力装置压出车轮轴承。

2）前轮毂的检修。前轮毂承受静载荷及冲击载荷，车轮轴承、轴承壳及传动轴是容易受损伤的部位。检查时，轴承应转动灵活，轴向及径向没有明显的间隙感觉，否则应予以更换。轴承壳应无裂纹，轴承壳变形较小时可以敲击校正，变形较大时应予以更换。

3）前轮毂的装配

① 安装弹簧挡圈，将轴承涂上润滑脂，将轴承压到位，装上内弹簧挡圈。用专用工具将轮毂压入轮轴。

② 安装减振支柱。装上螺旋弹簧、减振器护套、限位缓冲器。用专用工具压紧弹簧，再拧紧螺母盖。拧紧力矩为597N·m，拧紧时，用内六角扳手阻止活塞杆转动。

③ 装上螺母盖。在等速万向节花键上涂上一圈防护剂，然后进行传动轴装配。

④ 安装完成1h后方可使用汽车。

（2）钢板弹簧的维修　钢板弹簧的维修作业主要包括以下内容：①清除表面积灰、污物和铁锈等；②检查是否有断裂或错位；③检查弹簧夹箍铆钉是否松动，若是，应修复；④检查U形螺栓是否有裂纹、断裂或螺纹损伤；⑤检查钢板长度和弧高，以及同轴左、右钢板的弧高差是否满足要求；⑥检查各连接螺栓、螺母是否紧固可靠；⑦每行驶5000km左右用石墨钙基润滑脂或二硫化钼润滑脂润滑钢板弹簧。

（3）减振器的维修　维修减振器时应注意：

1）手用力下压乘用车发动机罩或行李舱盖，车身应出现多于一次的连续上下跳动，否则，说明减振器效能降低或已失效。

2）如果拆下减振器用手拉压，拉伸阻力应大于推压阻力。

3）减振器水平放置24h，应无漏油现象。

4）减振器活塞与工作缸的配合间隙应不大于0.15mm，活塞杆圆度误差不超过0.10mm，阀片不得缺损或严重变形，否则应予以更换。

（4）检修完成的悬架应满足的要求　①减振器工作正常；②轴承无严重磨损或损坏；③钢板弹簧完好有效；④左右悬架尺寸对称，性能相似；⑤各连接部位可靠。

本 章 小 结

1）汽车传动系统由离合器、变速器、万向传动装置、驱动桥等部分组成，其作用是将发动机的动力传递到驱动车轮使汽车产生运动。离合器的故障有分离不彻底、打滑和异响等；普通齿轮式多级手动变速器的常见故障有跳档、乱档、挂档困难、异响及漏油；自动变速器的常见故障有无前进档和倒档，无前进档，无倒档，不能自动升档，升、降档时滞过长，直接档无力，空档汽车爬行，换档冲击等，其故障可以通过基础检验、手动换档试验、液压试验、失速试验、时滞试验、道路试验、锁止离合器试验等性能试验分析诊断；万向传动装置的故障主要是发抖和异响；驱动桥的常见故障有驱动桥漏油、过热和异响。

2）汽车行驶系统一般由车架、车桥、悬架、车轮及轮胎四个部分组成；转向系统由转向操纵机构、转向器和转向传动机构三大部分组成，通过转向轮（一般是前轮）在路面上偏转一定的角度来实现转向，并能自动恢复直线行驶方向。行驶系统的常见故障有减振器失效、钢板弹簧折断、钢板弹簧移位和轮胎异常磨损等；转向系统的常见故障有转向沉重、转向轮抖动、行驶跑偏和动力转向系统故障。

3）气压制动系统、液压制动系统、驻车制动装置的常见故障有制动不良、制动跑偏、制动失灵和制动拖滞。

4）离合器分离不彻底的故障现象是起步时离合器踏板踩到底仍感到挂档困难，或虽能勉强挂上档，但未放松离合器踏板汽车就向前移动或熄火；行驶过程中变速器挂档困难，有时离合器踏板踩到底也无法实现挂档，同时变速器内伴有齿轮撞击声。通过测量离合器踏板行程，检查离合器操纵系统的性能状况，以及拆检离合器总成等检测工作对故障进行诊断分析。

思考与练习

一、填空题

1. 普通齿轮式多级手动变速器常见故障有_____、_____、_____、_____和_____。

2. 前轮定位包括：_____、_____、_____及_____四个参数。

二、判断题

1. 汽车底盘由传动系统、行驶系统、转向系统和制动系统组成，其作用就是接受发动机的动力，使汽车产生运动，并保证其正常行驶。（　　）

2. 自动变速器必须使用特定品牌的液力传动油。（　　）

3. 正常使用的汽车，一般只调整前轮定位中的前束。（　　）

三、简答题

1. 底盘常见的故障有哪些？

2. 离合器常见的故障有哪些？

3. 如何排除离合器打滑的故障？

4. 如何处理变速器乱档故障？

5. 简述变速器跳档的原因。

6. 汽车行驶系统的主要作用有哪些？

第四章

电气设备的故障诊断与排除

学习目标：

1. 了解蓄电池的作用、组成、故障诊断与排除方法。
2. 了解起动系统、点火系统的作用、组成、故障诊断与排除方法。
3. 掌握照明系统与信号系统的故障诊断与排除方法。
4. 了解中控及防盗系统的作用、故障诊断与排除方法。
5. 了解空调系统的作用、组成、故障诊断与排除方法。

第一节　蓄电池的故障诊断与排除

一、蓄电池的作用

1）起动发动机时，供给起动机强大的起动电流。
2）当发电机不工作或转速低时，向汽车用电设备供电。
3）当发电机过载时，与发电机共同向汽车用电设备供电。
4）蓄电池存电不足，而发电机负载较大时，可以将发电机的电能转化为化学能储存起来。

二、蓄电池的组成

蓄电池主要由接线柱、加液塞、极板组、电解液及外壳等部分组成，如图4-1所示。蓄电池的正极接线柱与起动机相连，负极接线柱与车身、发动机和车架相连，加液塞用于添加电解液，极板组和电解液用来产生电化学反应。

三、蓄电池的种类

（1）普通铅酸蓄电池　普通铅酸蓄电池加工工艺简单，但启用时需加电解液，然后经预充电后才能使用。

（2）干荷蓄电池　干式荷电铅酸蓄电池（干荷蓄电池）在存放期内启用，注入符合规定的电解液之后，静置 20～30min 即可使用。

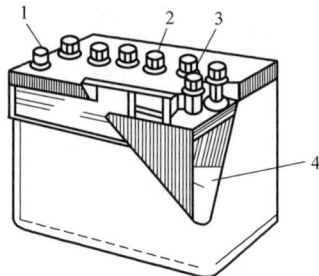

图 4-1　蓄电池的组成

1—负极接线柱　2—加液塞
3—正极接线柱　4—极板组

（3）免维护蓄电池　免维护蓄电池目前在汽车上使用比较广泛，这种蓄电池在使用过程中无须添加蒸馏水，内阻小，起动性能好，使用寿命长。

（4）胶体电解质铅酸蓄电池　这种蓄电池的电解质由硅酸钠溶液和硫酸水溶液混合凝结成的胶状物质构成，电解质不流动，不易溅出，使用中只需加蒸馏水，不需要测量和调整密度。但其内阻大，起动性能较差。

四、常见故障的诊断与排除

1. 极板硫化

（1）故障现象　起动机运转无力，甚至不能起动发动机；用高率放电计测量时，蓄电池电压急剧下降；充电时蓄电池电压上升快，温度升高也快，电解液过早地出现气泡；分解蓄电池时，可以看到极板上有白色或浅黄色的结晶体。

（2）故障原因及处理方法　蓄电池长期处于亏电状态，需更换新的蓄电池；蓄电池电解液液位过低或密度过高，应加注电解液。

2. 活性物质脱落

（1）故障现象　放电时蓄电池电压下降过快，容量明显不足；拧下加液塞可以看到电解液中有大量褐色物质；充电时电解液过早出现沸腾的充电终了现象，但蓄电池的端电压和电解液密度不能恢复到最大值。

（2）故障原因及处理方法　汽车上的发电机调节器失控，使蓄电池长时间处于大电流的过充电状态，由此产生的大量气泡致使极板上的活性物质脱落，大电流充电还会使电解液温度过高，引起极板变形，致使活物质脱落，应检修发电机调节器并清除脱落的活物质；长时间大电流放电，尤其是使用起动机过于频繁，急剧地放电使极板变形，极板上大量的 $PbSO_4$ 体积膨胀互相挤压，使活性物质脱落，应避免过充电和大电流长时间充、放电；蓄电池极板组存在质量问题，应予以更换；蓄电池在汽车上固定不牢，应重新将蓄电池安装牢固。

3. 自行放电

（1）故障现象　电量充足的蓄电池放置几天或几小时后就呈现存电不足；充电时蓄电池端电压或电解液密度上升缓慢。

（2）故障原因及处理方法　蓄电池表面有大量的电解液或污垢，应保持蓄电池外表清洁干燥；加注的电解液中含有金属杂质，应加注清洁的电解液；由于极板上的活性物质沉积于蓄电池壳体底部，使极板之间短路，应清理沉积的活性物质；隔板破损，使极板之间短路，应更换隔板。

五、蓄电池的使用与维护

（1）调整电解液液位　电解液液位应在液位上限与液位下限之间（见图4-2），同时正常液位应高出极板组上限 10~15mm（见图4-3），极板不允许露出液面，以防硫化。

（2）测量电解液密度　可以用吸管式密度计测量电解液密度，判断蓄电池的容量，如图4-4所示。

（3）检查放电程度　可以用高率放电计检查蓄电池的放电程度，如图4-5所示。如果没有高率放电计，在车辆起动系统正常的情况下，可以用起动机作为试验负荷，步骤如下：将万用表表笔接于蓄电池正、负极接线柱上，在起动过程中，电压表读数不应低于9.6V。

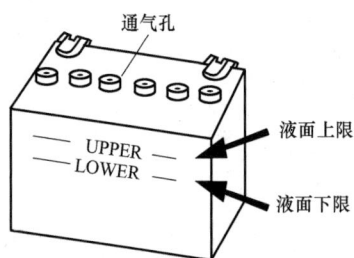

图 4-2　液位刻线

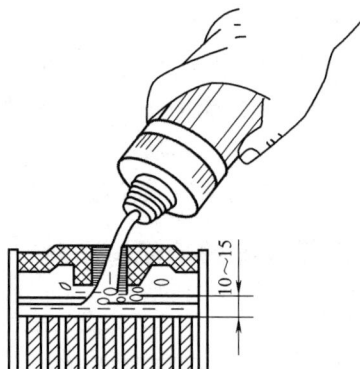

图 4-3　添加电解液

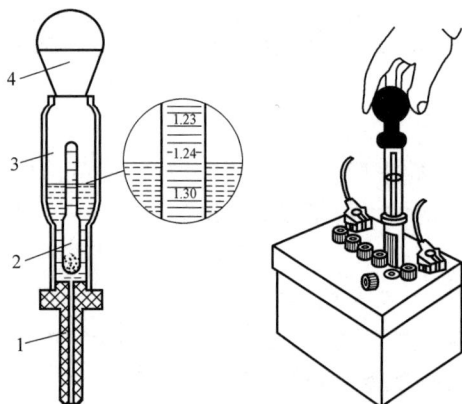

图 4-4　电解液密度的检测

1—吸嘴　2—浮子　3—玻璃管　4—橡胶球

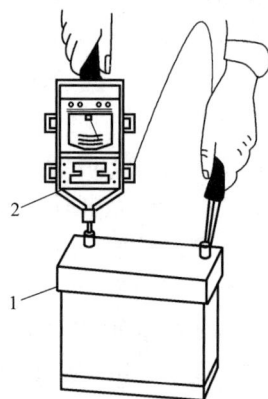

图 4-5　检查放电程度

1—蓄电池　2—高率放电计

（4）经常清除蓄电池盖上的污物　清除蓄电池盖上的电解液，如图 4-6 所示；疏通加液盖上的通气孔，如图 4-7 所示。

（5）检查外壳和连接情况　检查蓄电池外壳有无渗漏现象；检查蓄电池在车上安装得是否牢固，导线与接线柱连接是否紧固，如图 4-8 所示。

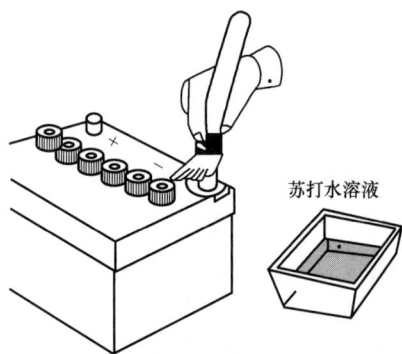

图 4-6　清洁蓄电池

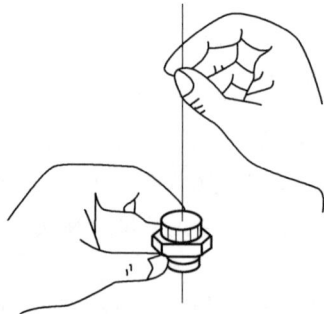

图 4-7　疏通通气孔

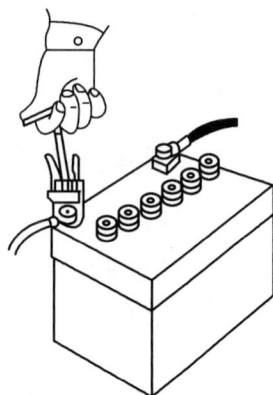

图 4-8　检查导线与接线柱
连接是否紧固

第二节　起动系统和点火系统的故障诊断与排除

一、起动系统

1. 起动系统的作用及组成

起动系统的作用是迅速、可靠地起动发动机，发动机起动后自动退出工作。其主要由点火开关、起动继电器（有些车型无起动继电器）、起动机等部分组成。起动系统电路如图4-9所示。

2. 起动系统常见故障及诊断

（1）起动机不运转

1）故障现象。将点火开关旋至起动位置时，起动机不运转。

2）故障原因

① 蓄电池亏电，或连接导线断路、接头松脱。

② 起动继电器触点严重烧蚀或其线圈断路。

③ 起动机电磁开关的触点严重烧蚀或其吸引线圈的回路断路。

④ 起动机直流电动机内部绕组断路或短路。

⑤ 起动机电枢轴弯曲，轴与轴承间隙过紧。

⑥ 换向器严重烧蚀，电刷磨损过多，电刷在刷架内卡住或压刷弹簧过软。

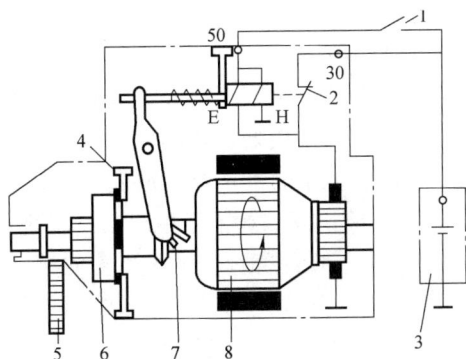

图4-9　起动系统电路

1—点火开关　2—电磁开关　3—蓄电池
4—啮合拨杆　5—飞轮齿圈
6—单向离合器及小齿轮　7—螺旋花键　8—起动机

3）故障诊断。按下起动机开关起动机不转时，开前照灯或按喇叭，检查电路是否有电。若前照灯不亮，喇叭不响，则应检查蓄电池及导线是否无电或断路。若前照灯亮、喇叭响，说明蓄电池有电。这时可以用螺钉旋具将起动机开关两接线柱搭接，起动机空转，说明起动机开关有问题；若起动机不转，并伴有强烈火花，说明起动机内部有短路或搭铁处；若起动机既不转动，也无火花，则说明起动机内部有断路处。

对于电磁操纵式起动机，若点火开关旋至起动位置，起动机不转并且未听到活动铁心移动的声音，此时应首先检查起动继电器接线柱上的导线是否完好和牢固，然后用"试灯"或"划火"方法检查继电器与蓄电池接线柱是否有电。若无电，说明接至该接线柱上的常通导线断路。若有电，用螺钉旋具把蓄电池接线柱与起动机接线柱短接，但不能接通起动机电磁开关线圈的电路，如果起动机或电磁开关立即工作，说明继电器的电路有故障。因此，应进一步检查：把点火开关旋至起动位置，检查继电器的点火接线柱是否有电。若无电，说明该接线柱至点火开关的导线断路、接触不良或点火开关的起动档不通。若有电，用螺钉旋具将继电器的线圈接线柱与机壳搭铁。如果继电器仍无反应，说明内部线圈断路、短路或接触不良；如果继电器"嗒"地一声微响，触点闭合，起动机接线柱通电，说明继电器线圈搭铁不良，回路不通（如继电器的线圈接线柱至直流发电机绕组的导线断路、接触不良或换向器太脏等）。

短接蓄电池接线柱和起动机接线柱后，如果起动机仍不工作，应对电磁开关连接线进行检查。

如果在点火开关旋至起动位置时，起动继电器"嗒"地一声微响，触点闭合并接通起动机电路，说明继电器电路正常。检查电磁开关时，用一根导线的一端接起动机开关的接线柱，另一端接电磁开关的线圈接柱。如果这时起动机工作，说明电磁开关和起动机电路良好，继电器至电磁开关的电路不通。如果仍无反应，可以用螺钉旋具接通起动机主电路。若起动机工作，说明起动机内部电路正常，故障是电磁开关线圈断路、接触不良或活动铁心卡滞不能移动，应进一步检修或更换开关。若起动机仍不动，说明起动机内部断路（起动机内部断路后，吸引线圈的回路不通，不产生磁力，吸不动活动铁心，故电磁开关不工作），应对起动机进行解体修理。

（2）起动机运转无力

1）故障现象。将点火开关旋至起动位置时，起动机能起动，但转动缓慢无力，带不动发动机。

2）故障原因

① 蓄电池存电不足或起动电路导线接头松动而接触不良。

② 电刷与换向器接触不良，电动机绕组局部短路。

③ 电动机轴转动不灵活或发动机装配过紧而使转动阻力过大。

3）故障诊断。在使用中起动机出现无力时，首先检查蓄电池是否充足电，其次检查线路中有无接触不良的部位。如果均无问题，说明起动机本身存在问题。

在起动前开前照灯，当起动时前照灯灯光骤然变暗，可能是蓄电池亏电。检验时，用试灯直接搭在蓄电池正、负两极柱上，再次起动，如果此时试灯亮度骤然变暗，说明是蓄电池亏电。

电路接触不良，一般是由于接触点与连接点松动或锈蚀造成的，使电路之间产生较大的接触电阻。起动时起动电流通过接触电阻产生较大的压降，使实际加在起动机上的电压远远低于额定电压，导致起动机转速低，运转无力。可以用测量电压的方法进行判断。在起动时测量一下起动机主开关电源接线柱与发动机壳体间的电压，再测一下蓄电池正、负两极的端电压，正常时二者应相等。如果第二次测量时前者比后者低很多，说明电路中存在较大的接触电阻。如果无电压表，也可以用试灯按上述方法进行两次检查，正常时试灯亮度应无变化。一般此故障发生在搭铁支路上，为使电路工作可靠，最好将蓄电池搭铁线直接接在发动机壳体上。其次，在蓄电池极柱上形成的结晶物也会使极柱与导线间产生较大的接触电阻。

起动时测量起动机主开关电源接线柱与发动机壳体间的电压，如果在10V左右，起动机转速低，运转无力，则表明起动机内部有故障。

（3）起动机空转

1）故障现象。接通点火开关后，起动机只是高速空转，而不能带动发动机运转。

2）故障原因

① 单向离合器打滑或损坏。

② 拨叉变形或拨叉联动机构松脱。

③ 起动机驱动齿轮与发动机齿环行程调整不当，或驱动轮不能自由滑动。

3）故障诊断。起动机空转时转速很高，可以听到"嗡嗡"的高速旋转声，一般是因为单向离合器打滑或损坏。可以先用手正反向转动驱动齿轮，若均能转动，则证明是离合器失效。为了进一步确认，可以检查单向离合器的锁止力矩。滚柱式单向离合器打滑，多因楔形槽和滚柱磨损过多而引起。弹簧式单向离合器打滑，多因弹簧折断或弹簧首末圈的紧缩量消除而引起。摩擦片式单向离合器打滑，常由下述原因引起：①外接合鼓定位卡簧脱落，使摩擦片与接合鼓脱开；②花键套前端的特殊螺母松动；③弹簧圈破裂；④从动片表面磨损，导致与主动片接合的摩擦力减小；⑤飞轮将变速器或曲轴箱窜入的机油甩入摩擦片间等。

若起动时伴有撞击声，应检查拨叉的联动机构是否松脱，起动机固定螺钉是否松动，驱动齿轮的行程是否合适。

（4）起动机运转不停

1）故障现象。当发动机起动后，将点火开关关断，起动机无法停止运转，并发出尖叫声。

2）故障原因

① 单向离合器卡死。

② 起动机驱动齿轮缓冲弹簧复位力过小或折断。

③ 起动继电器触点或电磁开关触点烧结焊死。

3）故障诊断。出现这种故障时应立即切断电源，否则会损坏起动机。在断电熄火后，先检查起动继电器触点和电磁开关触点是否烧结焊死，以排除电路不能断开的故障，再检查是否存在单向离合器卡死、缓冲弹簧折断或过软等机械故障，使驱动齿轮不能退出啮合位置而被飞轮反拖。

（5）起动机异响

1）故障现象。起动机在起动瞬间出现异常的撞击声。

2）故障原因

① 齿顶缺损不能正常啮合。

② 起动机安装不当，齿侧间隙太小。

③ 缓冲弹簧过软或折断。

3）故障诊断。按下起动机开关有撞击声，则说明起动机驱动小齿轮啮入困难。这时用手摇把将曲轴转一个角度，再按下起动机开关试验。若此时撞击声消失并能起动发动机工作，说明飞轮齿圈部分齿轮啮入端打坏。若曲轴转过任何角度撞击声都出现，驱动小齿轮始终不能啮入，则有可能是起动机拨叉行程或电磁开关行程过短，导致驱动小齿轮尚未啮入即高速旋转。此外，起动机固定螺栓或离合器固定螺栓松动，也可能出现撞击声。鉴别该故障时可以在接通起动机开关时观察起动机壳体是否振抖，即可查明。

起动机在起动时经常发生金属摩擦声和撞击声，容易被认为是起动机驱动齿轮与飞轮发出的，将两种声音误判断为打齿。起动机打滑时发出的金属摩擦声与打齿撞击声很相似，如果没有实际诊断经验，很难准确地分辨。起动机打滑声和打齿声判别方法如下：

① 冷车时（特别是冬季）起动机驱动小齿轮打滑发生的次数较多，而热车时很少发生或没有。而打齿无论是热车和冷车均会发生，但有时稍转发动机的曲轴，此现象会暂时消失。

② 起动机起动的一瞬间，若存在打滑，则水泵风扇叶片会出现微动现象，而打齿则无此现象。

③ 起动机打滑时，只有起动机旋转发出驱动齿轮离合器的金属摩擦声，虽然较响但是不强烈，而打齿时发出的金属摩擦声既响又强烈。

④ 从车上拆下起动机检查时，会发现打滑的齿轮齿牙前端边缘没有金属磨损痕迹，而打齿的齿牙和飞轮牙的前端边缘都有明显的金属磨损痕迹。

二、点火系统

1. 点火系统的作用及组成

点火系统的作用是将蓄电池或发电机输出的低电压转变为高电压，并按发动机的工作顺序轮流分配给各缸火花塞跳火，适时地点燃气缸内的可燃混合气。点火系统按照产生高压电的方式不同，分为传统点火系统、电子点火系统、微型计算机控制的点火系统等。传统点火系统主要由电源、点火线圈、分电器、高压线和火花塞等组成，如图4-10所示。

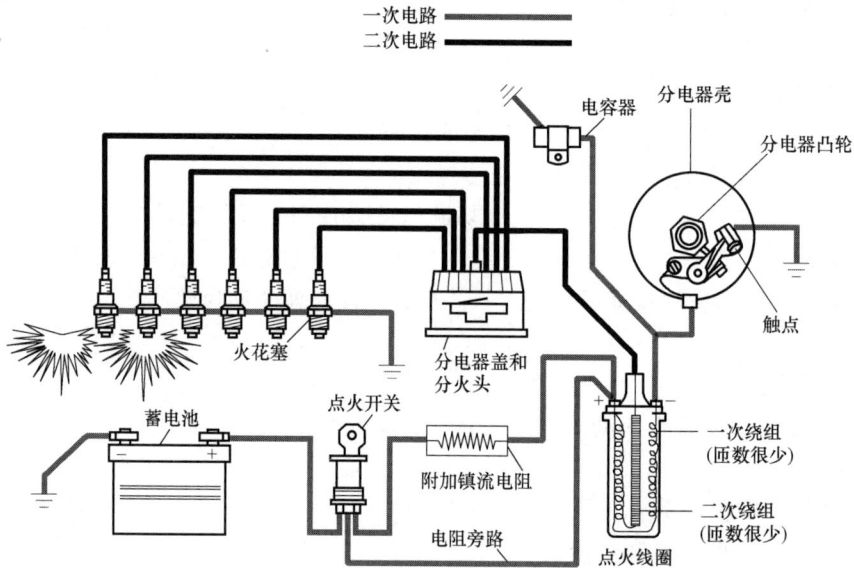

图4-10　传统点火系统的组成

2. 传统点火系统的主要元件

（1）点火线圈　点火线圈是将蓄电池或发电机输出的低电压转变为高电压的元件。根据铁心的磁路不同，可以将点火线圈分为开磁路点火线圈和闭磁路点火线圈两种类型，如图4-11所示。

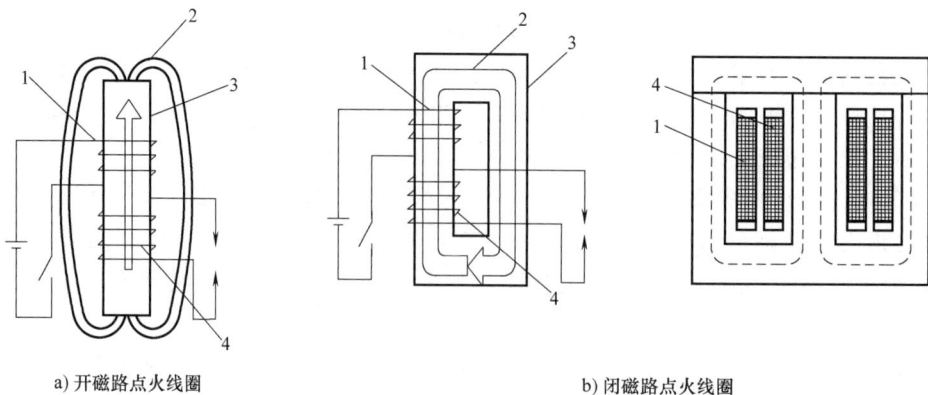

a）开磁路点火线圈　　　　　　　　b）闭磁路点火线圈

图4-11　点火线圈磁路

1—一次绕组　2—磁通　3—铁心　4—二次绕组

（2）分电器　分电器如图4-12所示，其作用是按发动机的做功顺序将高压电分配给各缸火花塞。

（3）火花塞　火花塞如图4-13所示，其作用是把高压电引入燃烧室，并产生电火花。

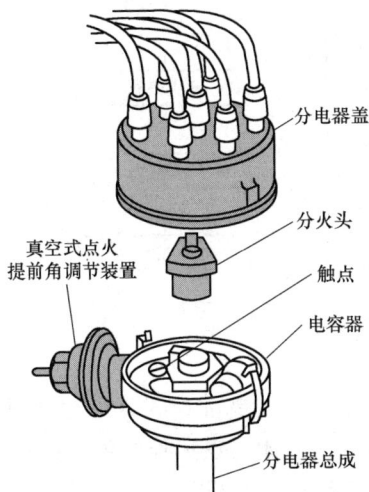

图4-12　分电器

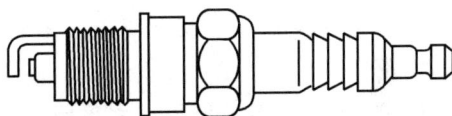

图4-13　火花塞

3. 电子点火系统和微型计算机控制的点火系统

（1）电子点火系统　电子点火系统用点火信号发生器取代了传统点火系统的断电器触点。其主要由点火信号发生器、点火控制器、点火线圈、分电器和火花塞等组成，如图4-14所示。

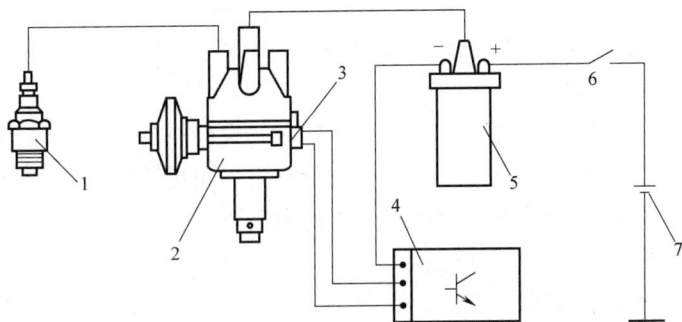

图4-14　电子点火系统

1—火花塞　2—分电器　3—点火信号发生器　4—点火控制器
5—点火线圈　6—点火开关　7—电源

1）点火信号发生器。它可以分为磁脉冲式、霍尔效应式及光电感应式。

2）点火控制器。点火控制器可以将点火信号发生器传来的电压信号放大，以控制点火线圈一次绕组中电流的通断，使点火线圈二次绕组产生高压电，供火花塞点火。

（2）微型计算机控制的点火系统　微型计算机控制的点火系统取消了机械的点火提前装置，可以使发动机在任何工况下均获得最佳点火时刻，同时还具有故障自诊断功能。该点火系统通常由传感器、微型计算机控制器、点火执行器等组成，如图4-15所示。

4. 传统点火系统常见故障的诊断与排除方法

点火系统故障按其在点火系统发生的位置可以分为两种：低压电路故障和高压电路故障。

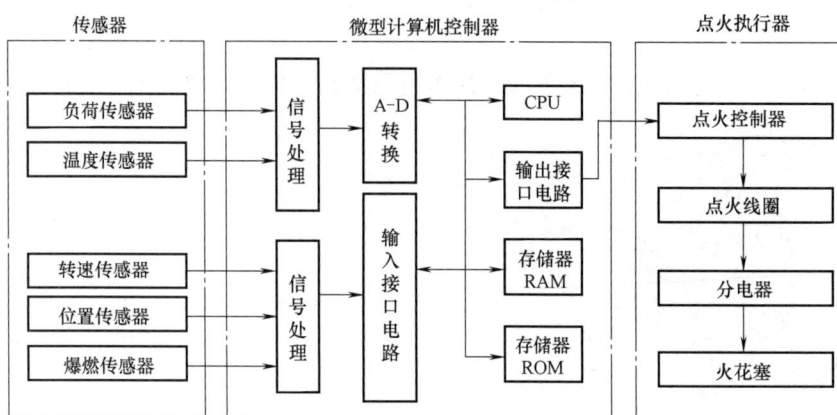

图 4-15　微型计算机控制的点火系统

（1）低压电路故障　①蓄电池存电不足；②电路连接不良或错乱；③蓄电池搭铁不良；④分电器或霍尔传感器损坏；⑤点火开关损坏或接线不良；⑥晶体管点火控制单元损坏或接线不良。对低压电路故障的诊断，大多采用电流表或电压表逐线检查来排除故障点。

（2）高压电路故障　①高压线脱落或漏电；②分电器盖破裂击穿；③分电器分火头烧蚀破裂击穿；④火花塞电极间隙过大或过小；⑤火花塞积炭过多；⑥火花塞绝缘体损坏；⑦点火线圈损坏或接线脱落。对高压电路故障的诊断大多采用高压试火法，即将分电器中心高压线或某缸高压线拔下，将线头放置于距离缸体 3~6mm 处，起动发动机试火，有火花且火花强烈，说明点火系统工作正常。

下面对一些典型的故障现象进行分析。

1）发动机点火时间过早

① 故障现象：急速运转不平稳，易熄火；加速时，发动机有严重的爆燃声。

② 故障诊断：该故障主要由点火正时调整失准或点火角度装配失准所致。

③ 排除方法：连好点火测试仪，调整点火提前角到规定值。

2）发动机点火过迟

① 故障现象：消声器声响沉重、急加速化油器回火、发动机冷却液温度较高及汽车行驶无力。

② 故障诊断：点火角度不正确。

③ 排除方法：调整点火角度至规定值。

3）发动机火花塞故障

① 故障现象：火花塞积炭、油污和过热等。

② 故障诊断：火花塞积炭，即绝缘体端部、电极及火花塞壳常覆盖着一层相当厚的黑灰色粉状柔软的积垢；火花塞油污，即绝缘体端部、电极及火花塞壳覆盖一层机油；火花塞过热，即中心电极熔化，绝缘体顶部疏松、松软，绝缘体端大部分呈灰白色硬皮。

4）发动机回火和放炮。如果发动机既有回火又有放炮响声，且十分严重，则多由分缸高压线插错而引起。如果现象不严重，却断续发生，似有规律，则多由分电器盖有裂纹，使缸间窜火造成。点火提前角偏离正确位置过多时，也会引起回火或排气管放炮。

5）发动机爆燃和过热。发动机处于大负荷中等转速工况时最容易出现爆燃现象。在使用燃油牌号正确的情况下，爆燃现象多数是由点火提前角过大造成的。在爆燃情况下，发动机会迅速升温。此外，点火提前角过于落后，点火太迟，发动机温度也会偏高。在不出现爆燃的情况下，冷却液温度过高多数不是由点火系统引起的，但若伴有发动机无力，加速不灵敏现象，则应检查点火提前角是否过小。

第三节　照明及信号系统的故障诊断与排除

为了在提高车速的情况下保证汽车行驶安全，在现代汽车上装有各种照明及信号装置。汽车的照明灯一般由前照灯、雾灯、内部照明灯等组成，主要用于夜间道路照明、车内照明、仪表照明等。汽车上除了照明灯外，还有一些信号灯，作为汽车使用中指示其他车辆或行人的灯光信号。汽车上常用的信号灯主要有转向信号灯、危险报警闪光灯、停车灯和制动灯等。不同车型所配置的照明设备不完全相同。

一、汽车照明系统的常见故障

1. 汽车照明系统常见故障

汽车照明系统常见故障　一般有灯光不亮、灯光亮度低、灯泡频繁烧坏等。

（1）灯光不亮　引起灯光不亮的原因主要有灯泡损坏、熔丝熔断、灯光开关或继电器损坏及线路短路或断路等。如果只有一只灯泡不亮，一般为该灯的灯丝熔断，可将灯泡拆下后检查。如果是几只灯泡都不亮，再按喇叭，喇叭也不响，则是熔断器熔断。若同属一个支路的灯泡都不亮，则可能是该支路的熔丝被熔断。处理熔断器熔断故障时，在将总熔断器复位或更换新的熔丝之前，应查找出超负荷的原因。其方法是将熔丝所接各灯的接线从灯座拔掉，用万用表电阻档测量灯端与搭铁之间的电阻，若电阻较小或为零，则可以断定线路中有搭铁故障，应逐处查找。

排除故障后，再把熔断器复位或更换新的熔丝。

（2）灯光亮度低　若灯光亮度不够，多为蓄电池电量不足或发电机和调节器故障所致。另外，导线接头松动或接触不良、导线过细或搭铁不良、散光镜坏或反射镜有尘垢、灯泡玻璃表面发黑或功率过低、灯丝没有位于反射镜的焦点上，均可能导致灯光暗淡，需要逐一检查排除。检查时，首先要检查蓄电池和发电机的工作状态，若不符合要求，应恢复电源系统的正常工作电压。在电源正常状态下，再检查电路的连接情况及灯具是否良好。

（3）灯泡频繁烧坏　灯泡频繁烧坏的原因一般是电压调节器不当或失调，使发电机输出电压过高，应重新将输出电压调整到正常工作范围。此外，灯具的接触不良也是造成灯泡频繁烧坏的原因。

2. 其他故障

（1）继电器的检查　将继电器线圈直接供电，可以检查出继电器是否能正常工作，如果不能正常工作，应更换继电器。

（2）灯光开关的检查　可以用万用表检查开关各档位的通断情况，若与要求不符，应更换灯光开关。

（3）线路的检查　　在检查线路时，可以用万用表或试灯逐段检查线路，以便找出短路或断路故障的部位。

二、转向信号灯电路的常见故障

1）转向信号灯打到左侧或右侧时，转向指示灯闪烁得比正常情况时快，说明这一侧的转向信号灯灯泡烧坏，或转向信号灯的接线、搭铁不良。

排除方法：更换灯泡；接线搭铁不良时，视情况处理。

2）左、右转向信号灯均不亮。这种故障的原因可能是熔丝烧断、闪光器损坏、转向开关出现故障或电路有断路的地方。

排除方法：检查熔丝和闪光器，若损坏，需更换；若正常，检查转向信号灯开关或其接线，视情况修理或更换。

除以上检查方法外，还可以先打开危险报警闪光灯开关，若左、右转向信号灯均不亮，说明闪光器有故障。

三、喇叭的常见故障

（1）喇叭不响　　首先检查熔丝是否熔断，然后拔下喇叭线束插头，用万用表测量再按喇叭开关时此处是否有电。如果没有电，应检查喇叭线束和喇叭继电器；如果有电，则是喇叭本身的问题。

（2）喇叭有时不响　　按下喇叭开关，如果喇叭有时响有时不响，多是喇叭开关内部触点接触不良。

（3）喇叭声音沙哑　　多是由于插头接触不良，特别是转向盘周围的各触点由于使用频繁，容易使触点出现磨损、膜片破裂、触点烧蚀和螺母松动等情况。

（4）喇叭触点经常烧坏　　电源电压过高、灭弧电容器断路或灭弧电阻器烧坏等。

四、汽车电子电路与仪表

汽车仪表是监测汽车发动机、汽车辅助装置是否正常工作的设备，其中的转速表、里程表等由机械驱动，其他仪表多数由电驱动。因此，仪表大部分故障都集中在电路接头、连线，以及一些传感器件上，这里主要介绍传感器有关故障的诊断与排除。

汽车仪表中用到了各种传感器件。例如，温度传感器为热敏电阻器，在高温、剧烈振动条件下长期使用，自身易发生断裂；液位传感器是一种线绕可变电阻器，靠浮球带动滑动触件工作，若浮球破裂进油，常引起滑壁接触不良，电阻丝断路等故障。这些传感器属于二端器件，工作时一端接地，另一端连接插件，若在车损情况下，连接线本身不易发生折断，但插件常因接触不良引起故障。

对传感器进行静态检查时，用万用表 $R \times 10$ 或 $R \times 100$ 档检查温度和液位传感器，表的一端搭铁。机壳底盘一端测传感器输出头，应有几欧姆或几百欧姆的随值显示。若随值过大，则表示接触不良或器件已损坏。注意，用万用表欧姆档检测时，应切断车辆电流。动态检查：用万用表 Z-5A 电流档，把万用表串入温度或液位传感器的回路中，电流表应有指示值。若电流表无指示，说明传感器已损坏。根据以上方法查出故障并及时更换相关零件，即可使汽车正常运行。

第四节　空调系统的故障诊断与排除

一、汽车空调基础知识

1. 汽车空调的功能

空调是空气调节器的简称。汽车空调系统都采用冷暖统一设计、集中控制模式，都具有以下功能：①能够控制车内温度，使之达到舒适的水平，保障驾乘人员身体健康；②能够排除车内湿气；③能够吸入新鲜空气；④具有通风功能，且能过滤空气中的灰尘和杂质；⑤预防或去除风窗玻璃上的雾、霜或冰雪，保障行车安全。

2. 汽车空调系统的组成

由于暖气系统较为简单，故空调系统一般指制冷系统。汽车空调系统由压缩机、冷凝器、蒸发器、膨胀阀、贮液干燥器、高低压管路和控制电路等部分组成，如图 4-16 所示。

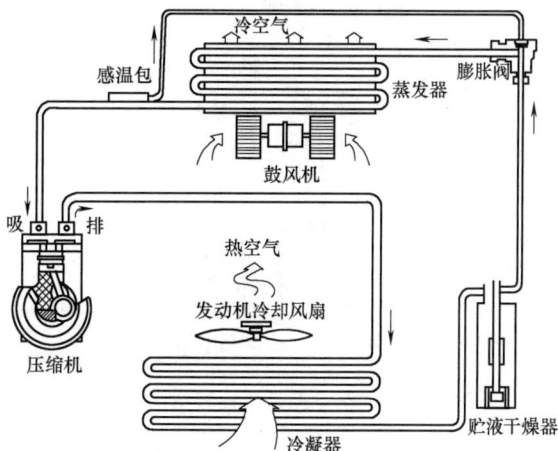

图 4-16　汽车空调的组成

二、汽车空调系统的检测

1. 系统检漏

系统检漏的目的是检查系统的气体密封性，防止制冷剂泄漏。

（1）抽真空　抽真空是为了排除制冷系统内的空气和湿气，它是空调系统修理中一项十分重要的工序。因为对空调系统进行检修或更换零部件时，必然有空气进入系统中，而空气又是含有水分的，从而给制冷系统带来了水分。

抽真空的方法如图 4-17 所示，连接好压力表和真空泵，打开压力表的高、低压侧手动阀，起动真空泵，对制冷系统抽真空，直至低压表指针指示在 99.98kPa，关闭高、低压侧手动阀，并观察低压表。如果低压表指针在 10min 或更长时间内没有回升，则表明制冷系统无泄漏处。如果低压表指针回升，说明制冷系统有泄漏处。

（2）加压试漏法　加压试漏法如图 4-18 所示，把压力表的高压表接在压缩机的排气管道上，低压表接在吸气管道上，打开高压侧手控阀，向空调系统中充入氮气（如果没有氮气，也可以用干燥的空气代替），当压力达到规定值时，停止充气。将肥皂水涂在空调系统的连接处和焊缝上，如果发现有排气声或出现气泡，则说明该处是泄漏部位。

2. 充注制冷剂

制冷剂的充注方法分为高压端充注法和低压端充注法。高压端充注法适用于空调大修和抽真空后的充注，速度较快；低压端充注法适用于少量补充充注，充注速度慢，但安全性好。

（1）高压端充注法　高压端充注法如图 4-19 所示，连接压力表、制冷剂罐和空调系统，将压力表的中间软管接头螺母稍松一点，直至能听到"咝咝"的制冷剂泄漏声，排除软管内的空气，然后拧紧螺母，打开压力表高压端阀，将制冷剂罐倒立，使制冷剂流入管路直至达到规定数量为止，拆下压力表和制冷剂罐，完成制冷剂的充注工作。

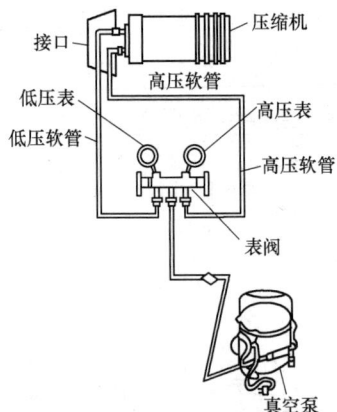

图 4-17　汽车空调系统抽真空

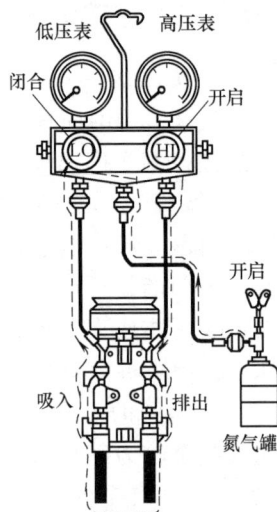

图 4-18　加压试漏法

（2）低压端充注法　低压端充注法如图4-20所示，连接压力表、制冷剂罐和空调系统，将制冷剂罐处于直立状态，打开制冷剂罐手阀，将压力表的中间软管接头螺母稍松一点，直至能听到"咝咝"的制冷剂泄漏声，排除软管内的空气，然后拧紧螺母，打开压力表低压端阀，充入气体制冷剂，同时起动发动机，保持转速在 1000~1500r/min，起动空调系统，温控开关置于最冷位置，风扇处于高速档，将制冷剂加注至规定数量为止（低压表读数不超过0.55MPa），关闭制冷剂罐手阀和低压端阀，完成制冷剂的充注工作。

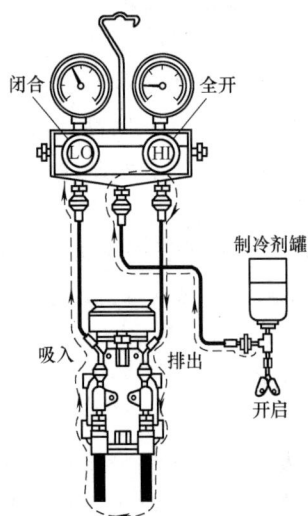

图 4-19　高压端充注法

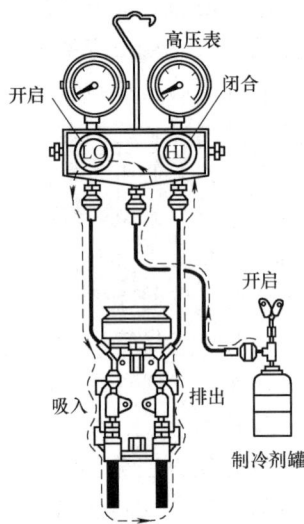

图 4-20　低压端充注法

3. 充注冷冻机油

充注冷冻机油如图 4-21 所示。通常情况下，汽车空调制冷系统的冷冻机油消耗量很少，可以每两年更换一次。如果制冷系统某一部件损坏而损失一定的冷冻机油，那么更换新的冷凝器、蒸发器、贮液干燥器以及制冷管道时，应补充更换零部件所损失的那部分冷冻机油。在给空调系统添加冷冻机油时，一定要注意油的牌号，因为不同牌号的冷冻机油混合使用后会形成沉淀物，使压缩机的润滑油受到影响。

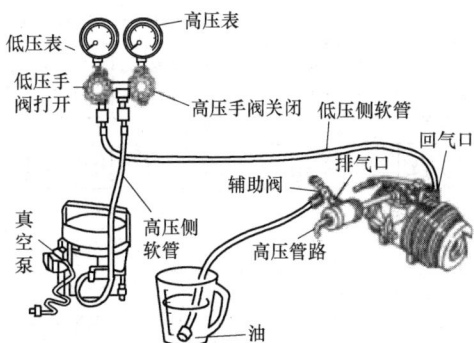

图 4-21　充注冷冻机油

在汽车空调制冷系统的检修中，常使用抽真空法补充制冷系统的冷冻机油，即把压力表与制冷系统连接起来，对制冷系统抽真空；把连接在压缩机上的低压充注软管从压力表上拧下，另一端插入装有冷冻机油的量杯中；起动真空泵，打开压力表高压端阀，冷冻机油通过压缩机的低压侧进入压缩机中，直至达到规定量为止，停止真空泵运转并关闭高压阀。补充冷冻机油后，还应继续对制冷系统抽真空。

三、汽车空调系统的检查和故障诊断与排除

1. 空调系统的检查方法

判定汽车空调系统是否正常工作的方法很多，在实际工作中可以通过目视、耳听、手摸的经验方法实现。

（1）目视　当空调运行后，从玻璃观察窗查看制冷剂的情况，正常时为均匀透明的液体；查看低压管路的结霜情况，正常时为表面结霜；查看制冷系统各个接头处的渗油情况，正常时为干燥无油渍；查看空调压缩机电磁线圈的工作情况，正常时为压缩机能吸合，且无异常现象；查看蒸发器淌水情况，一般空调运行后从蒸发器接水盘有水淌出为正常。

（2）耳听　在空调运行后，听压缩机运转时有无杂音、撞击声；听冷凝器风扇、蒸发器风机电动机等运转有无杂音。

（3）手摸　在空调运行后，摸空调系统的高压管应烫手，低压管应冰手或很凉；冷凝器发热且从上至下应有温差；贮液干燥器进出口应无明显温差。

2. 常见故障

汽车空调系统常见故障大致可以分为制冷系统不制冷、制冷不足、间断工作和噪声大等。

3. 故障诊断与排除

空调系统的故障诊断与排除流程如图 4-22 所示。

```
关闭发动机，将怠速开关置于手动位置
```

```
检查电磁离合器是否动作          检查蒸发器风机是否动作
```

```
电磁离合器      电磁离合器动作频繁        不动作
不动作
```

```
电磁离合器    电磁离合器线圈    风机转速选择    风机本身    风机继电器故障
打滑          接头接触不良      开关故障        故障
```

```
                                                        检修或更换
                                                        风机继电器
清洁电磁离合器    修复接头    检修或更换风速开关    更换风机
```

```
检查总熔断器                                            不熔断
```

```
熔断
```

```
检查导线绝缘层有无破损    检查电磁离合器线圈有无短路    检查其他电器元件有无短路
```

```
排除短路故障后更换同规格的熔丝
```

```
分路供电直流      怠速控制电路故障      温控器故障      高压压力继电器故障
继电器故障
```

```
                  检修或更换怠速控制电路    检修或更换温控器    找出原因后修复或更换
```

```
触点接触不良                  线圈烧毁或断路
```

```
检修或更换继电器
```

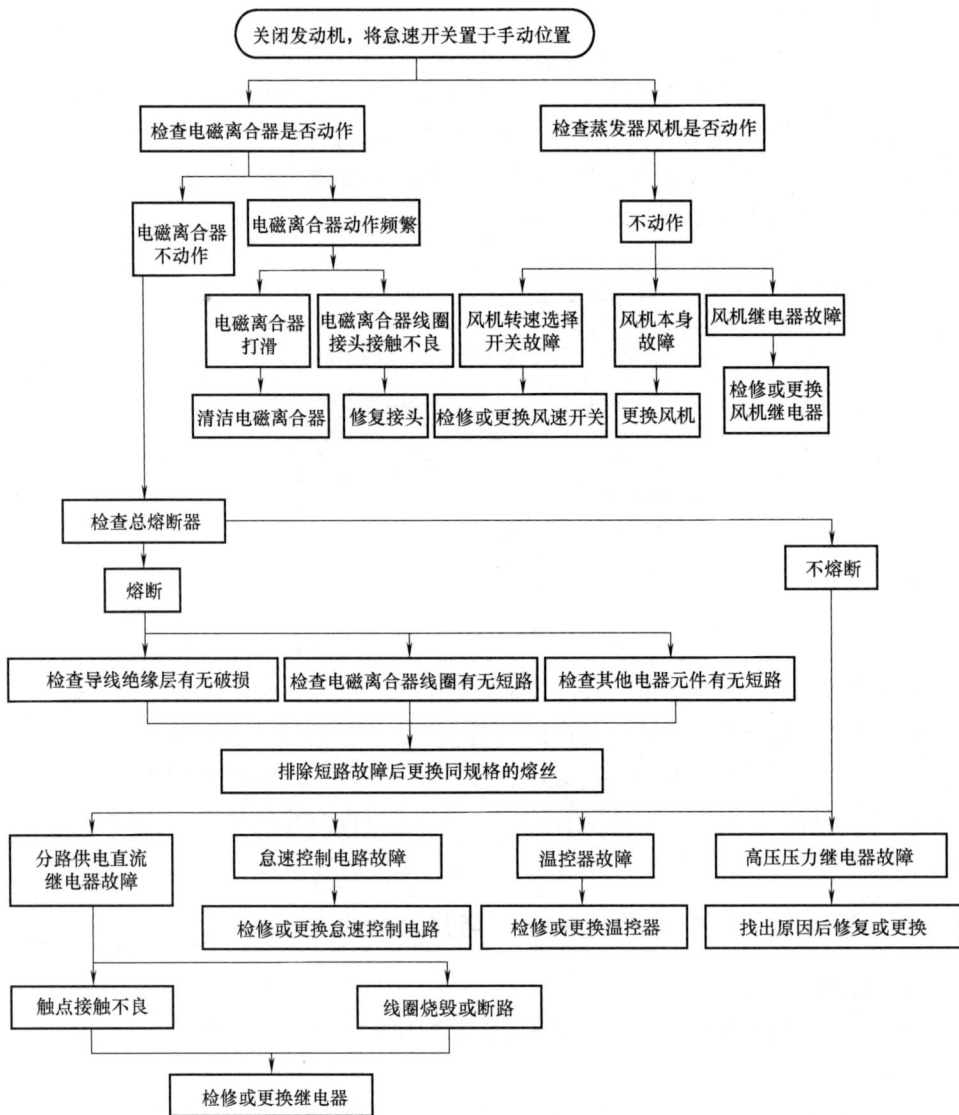

图 4-22 空调系统的故障诊断与排除流程

本 章 小 结

1）蓄电池主要由接线柱、加液塞、极板组、电解液及外壳等部分组成。其种类有普通铅酸蓄电池、干荷蓄电池、免维护蓄电池、胶体电解质铅酸蓄电池，常见故障有极板硫化、活性物质脱落、自行放电等。

2）起动系统的作用是迅速、可靠地起动发动机，发动机起动后自动退出工作。起动系统主要由点火开关、起动继电器（有些车型无起动继电器）、起动机等部分组成，常见故障有起动机不运转、起动机运转无力、起动机空转。

3）点火系统的作用是将蓄电池或发电机输出的低电压转变为高电压，并按发动机的工作顺序轮流分配给各缸火花塞跳火，适时地点燃气缸内的可燃混合气。传统点火系统主要由电源、点火线圈、分电器、高压线和火花塞等组成。点火系统的故障可归纳为断路、短路、点火能量不足、点火错乱或点火不正时等。点火系统故障将导致发动机不能起动、动力不足、燃料消耗增加和行驶中熄火等不良后果，根据其发生的位置可以分为低压电路故障和高压电路故障。

4）汽车上常用的信号灯主要有转向信号灯、危险报警闪光灯、停车灯和制动灯等。不同车型所配置的照明设备不完全相同。

5）空调系统一般指制冷系统，由压缩机、冷凝器、蒸发器、膨胀阀、贮液干燥器、高低压管路和控制电路等部分组成。空调系统的检测主要是检漏项目，其故障常表现为制冷不足、不制冷、间断工作和噪声大等。

思考与练习

一、填空题

1. 蓄电池的种类有_____、_____、_____、_____。

2. 起动发动机时，对于 12V 的蓄电池，电压表读数不应低于_____ V。

3. 蓄电池的作用是_____。

4. 起动系统的作用是_____。

5. 传统点火系统主要由_____、_____、_____、_____、_____等组成。

6. 电子点火系统信号发生器可分为_____、_____和_____。

7. 转向信号灯及转向指示灯的作用是_____。

8. 汽车空调制冷系统主要由_____、_____、_____、_____、_____、_____组成。

9. 蓄电池的主要故障有_____、_____、_____等。

10. 空调系统的主要故障有_____、_____、_____和_____。

11. 汽车危险报警闪光灯的作用是_____。

12. 火花塞的作用是_____。

二、简答题

1. 点火系统的作用是什么？

2. 点火控制器的作用是什么？

3. 如何对空调系统抽真空？抽真空的目的是什么？

4. 如何加注制冷剂？

5. 如何加注冷冻机油？

6. 如何对空调系统进行检漏？

7. 检修空调系统时应注意哪些事项？

8. 简述空调系统不制冷故障的诊断流程。

第五章

安全气囊系统的故障诊断与排除

学习目标：

1. 了解安全气囊系统的作用、组成。
2. 会分析汽车安全气囊警告灯常亮故障的原因。
3. 会进行汽车安全气囊警告灯常亮故障的诊断。
4. 能排除汽车安全气囊警告灯常亮故障，并验证排除效果。

第一节 概 述

一、安全气囊的作用

当汽车遭受冲撞导致车速急剧变化时，安全气囊迅速膨胀，承受并缓冲驾驶人或乘员头部与身体上部产生的惯性力，从而减轻人体遭受伤害的程度，如图5-1所示。

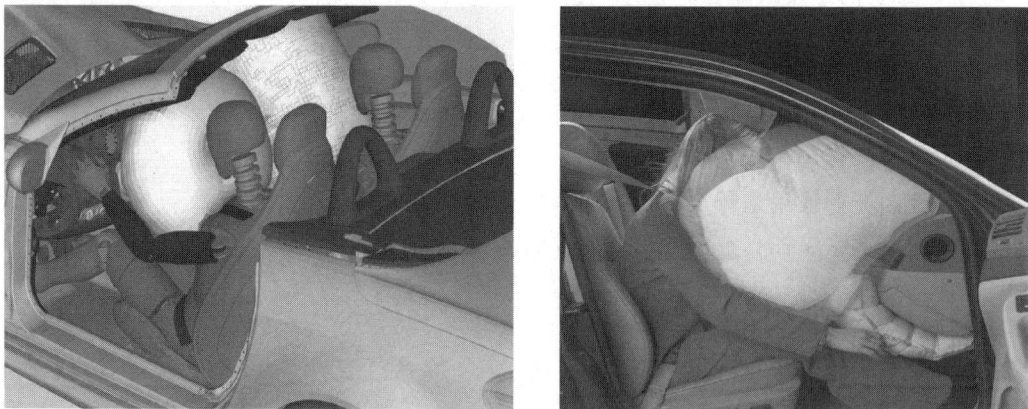

图 5-1 安全气囊的作用

二、安全气囊系统的组成

安全气囊系统的分类较多，但其基本结构与原理大同小异，主要由安全气囊传感器、安全气囊警告灯、安全气囊组件及电控单元（ECU）等部分组成。每一部分的部件安装在汽车上的位置不同。具体部件有：

（1）安全气囊警告灯　安全气囊警告灯位于仪表板上（见图5-2），有的用图形显示，有的用字母显示。安全气囊警告灯可以反映安全系统的工作情况，一般把点火开关置于 ON 位置后安全气囊警告灯先点亮（或不断闪亮）6~8s 后熄灭，说明安全气囊系统正常，如果安全气囊警告灯不亮、不停闪烁或常亮，则说明安全气囊系统有故障。

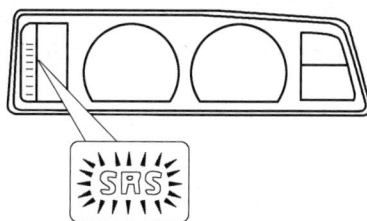

图 5-2　安全气囊警告灯

（2）安全气囊传感器　安全气囊系统能否可靠工作，传感器起关键作用。安全气囊传感器根据所承担的任务不同可以分为碰撞传感器、中央传感器和安全传感器；按结构原理不同，一般有机电式、电子式和水银式。

1）碰撞传感器。碰撞传感器是碰撞信号的输入元件（见图5-3），它的数量因车而异，一般为 2~4 个，大多安装在左前、右前翼子板内侧，有的汽车在前保险杠中央也安装一个，还有的与安全气囊系统 ECU 集成安装，主要用来感知汽车低速行驶时正面所受到的冲击信号，负责检测碰撞强度。如果汽车以 40km/h 的车速撞到一辆停放的同样大小的汽车上，或以不低于 22km/h 的车速撞到一个不可变形的固定障碍物上，碰撞传感器就会接通电路。

图 5-3　碰撞传感器

2）中央传感器。中央传感器通常安装在安全气囊系统 ECU 中，主要用来感知汽车高速碰撞信号，并将信号输送到 ECU，引爆气囊传爆管，使安全气囊打开。中央传感器大多采用电子式，主要有电阻应变式和压电效应式两种。压电效应式中央传感器（见图5-4）由集成电路、测量悬臂、半导体应变片和悬臂架组成，其中半导体应变片被固定在传感器测量悬臂端部。当汽车发生碰撞时，半导体应变片在测量悬臂的惯性力作用下发

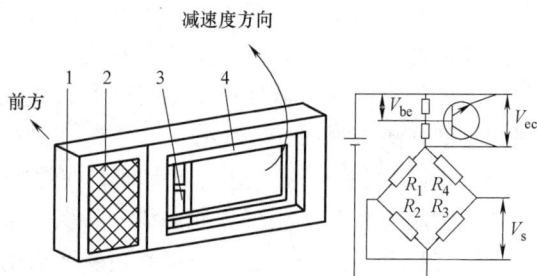

图 5-4　压电效应式中央传感器的结构
1—传感器架　2—动压应变仪　3—半导体应变片　4—悬臂架

生弯曲应变，电阻发生变化，从而引起集成电路输出电压 V_s 的变化。汽车的速度越快，碰撞后产生的惯性力越大，则输出电压也越大。

3）安全传感器。安全气囊系统通常设有 2 个安全传感器，它安装在安全气囊系统 ECU 内，实际是一个水银开关，如图5-5所示。安全传感器起安全保险作用，防止因碰撞传感器短路而造成安全气囊误打开。当汽车减速度超过预定值时，在惯性力作用下将水银 4 上抛接通触点 1，安全传感器闭合，它只有在车辆前方发生碰撞时才对汽车减速度做出反应。当碰撞以外

的其他原因，即使中央传感器和碰撞传感器有信号输出，如果安全传感器无信号输出，则安全气囊系统 ECU 仍然会判定汽车无碰撞，以防止安全气囊误动作。

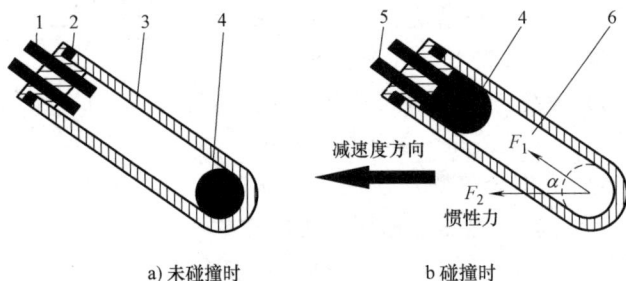

a) 未碰撞时　　　　　　b 碰撞时

图 5-5　安全传感器

1—触点（接引爆管点火电极）　2—密封圈　3—壳体
4—水银　5—接电源电极　6—水银运动方向

三、安全气囊系统 ECU

安全气囊系统 ECU 是整个系统的核心部件（见图 5-6），通常安装在驾驶室内变速杆前、后的装饰板下面。其主要作用是根据各个传感器传来的信号检测汽车的减速度或产生的惯性力是否达到设定值，从而控制安全气囊组件中的点火器，此外还对系统进行自诊断。

四、安全气囊组件

安全气囊组件由气囊、点火器和气体发生器等组成。驾驶席安全气囊组件安装在转向盘的中

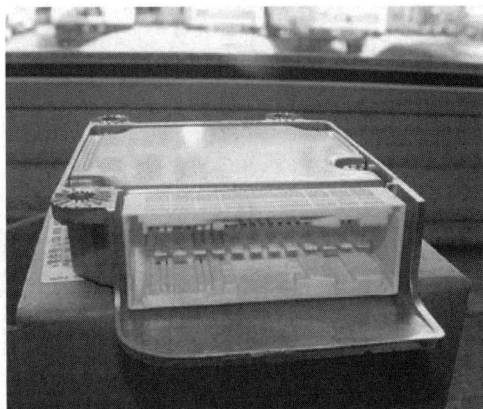

图 5-6　安全气囊系统 ECU

央，前排乘客席安全气囊组件安装在座椅正前方的仪表台上。其按位置分为驾驶人席前气囊、前乘客席前气囊、后座前气囊、侧面气囊；按大小可分为保护整个上身的大型气囊和主要保护头部的小型气囊，如图 5-7 所示。

1）气囊。气囊一般由尼龙布制成，在尼龙布上还有一些排气用的小孔，如图 5-8 所示。气囊充气膨胀展开后，能吸收冲击能量，保护乘客的头部与胸部。气囊上设置的小孔可在气囊充气后进行排气，以加强缓冲作用并使膨胀后的气囊不影响车内人员适当的活动。

2）气体发生器。气体发生器由外壳、增压剂、过滤器、气体发生剂等组成，如图 5-9 所示。外壳一般采用铝合金或钢板冲压成形。目前，铝合金外壳已逐步取代钢板外壳。铝合金外壳底部采用惰性气体焊接，出气口处用铝箔封严。

增压剂一般装于点火器与气体发生剂之间，当点火器引燃后，点燃增压剂，冲撞气体发生剂，促使气体发生剂快速燃烧。

气体发生剂目前使用的是片状的叠氮化钠/氧化剂合剂，该合剂燃烧后产生氮气。气体发生剂的填装量决定了充气装置密封筒的最高输出压力，可以通过改变气体发生剂厚度来调节充气特性。

过滤器用于冷却生成的气体，并滤去气体中燃烧后产生的杂质。

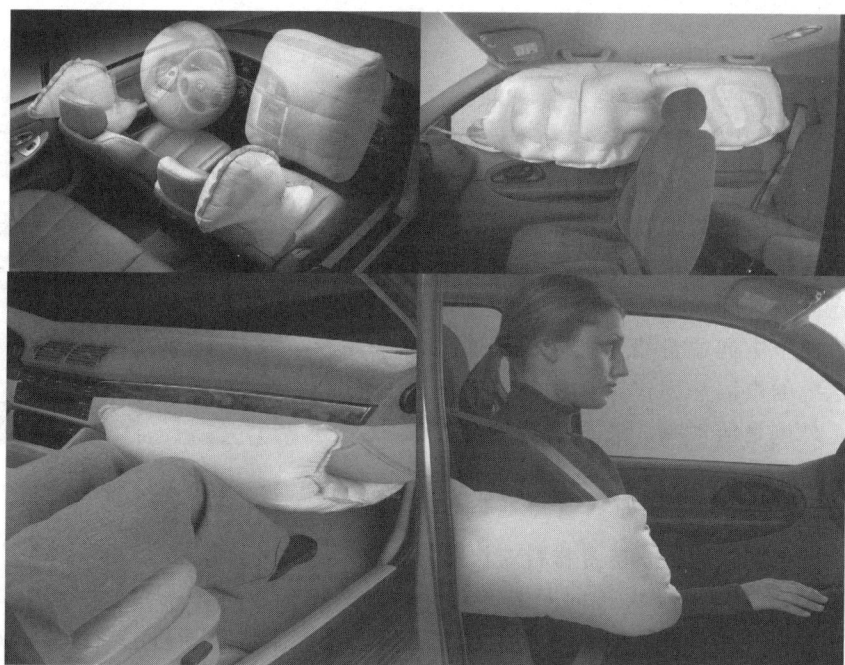

图 5-7 安全气囊安装位置

图 5-8 安全气囊

图 5-9 转向盘气囊气体发生器

3）点火器。点火器又称为引爆器或触发器，如图 5-10 所示。点火器固定在气体发生器的中间，当汽车发生碰撞达到引爆条件时，安全气囊系统 ECU 接通点火器控制电路，电流经过点火器，使点火器的电热丝产生热量，引燃火药，产生的热量冲破药筒将增压剂点燃。

五、安全气囊系统的电器连接件

安全气囊系统的电器连接件有螺旋电缆、

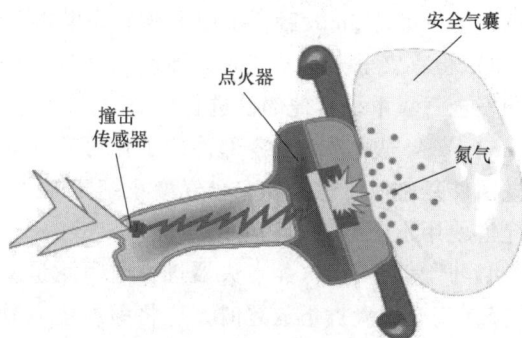

图 5-10 点火器

插接器线束。

(1) 螺旋电缆　螺旋电缆（见图5-11）的作用是把电信号输送到安全气囊点火器的接线上，由于驾驶人席安全气囊安装在转向盘上，而转向盘需要转动，为了实现这种静止与活动端的可靠连接，保证转向盘有足够的转动角度而不至于损伤安全气囊系统的连接线束，螺旋电缆被安装在托盘内，托盘则通过螺栓固定在转向轴顶部。它以顺、逆时针两个方向的盘绕来实现旋转运动的可靠连接，电缆的内侧是固定端，用键与转向轴固定在一起，外侧是活动端，通过插接器与点火器连接在一起。通常电喇叭线束也安装在螺旋电缆内。

图5-11　螺旋电缆

螺旋电缆的电阻取决于其本身材料的长度。电缆材料为复合铜带，一面是铜，另一面是聚酯薄膜。其长度由转向盘最大转向圈数和转向轴安装的最小内径决定，一般电缆长度约为50cm。当转向轴处于中间位置时，可分别向左右转动2.5圈。由于与电缆连接的点火器阻抗很小，故对电缆阻抗的偏差要严格控制，否则会影响安全气囊系统ECU对点火器故障的诊断。

螺旋电缆的中心与转向轴的同心度与安全气囊系统的性能有很大关系，如果偏差过大，可能导致螺旋电缆转动过量而造成永久损坏。考虑到偏差的缘故，螺旋电缆正、反两面各个方向上要留出半圈余量。初装时就要注意这个问题，拆卸时应做好标记，以保证其准确还原。

(2) 插接器　为了便于区别电器线路插接器，安全气囊系统的插接器与汽车上其他电器系统的插接器有所不同，目前基本上采用黄色插接器。安全气囊系统的插接器采用导电性能和耐久性能好的镀金端子，并设计有防止安全气囊误爆机构、端子双重锁定机构、插接器双重锁定机构和电路连接诊断机构等，用以保证安全气囊系统可靠工作。

第二节　故障诊断与排除

一、安全气囊系统检修注意事项

1）在进行安全气囊系统及相关的其他检修工作以前，一定要关闭点火开关并断开蓄电池负极，至少等待3min后，备用电源放完电再开始检修操作。

2）检查安全气囊系统时，即使只发生了轻微碰撞而安全气囊并未引爆，也应对碰撞传感器和安全气囊系统其他部件进行检查。

3）安全气囊系统对零部件的工作可靠性要求极高，所有零部件均为一次性使用件，决不要试图修复碰撞传感器和安全气囊系统零部件。在更换系统零部件时，只能使用正品零部件，不允许使用不同型号车辆上的零部件。

4）严禁对安全气囊点火器进行电阻测量。

5）安全气囊拆下放置时，应将缓冲垫（软面）朝上，且要远离水和油脂等。

6）电焊作业前，应按规定程序断开蓄电池负极电缆。

7）对不同车型的安全气囊系统故障码的读取与消除方法应有区别。

8）在安全气囊检修完毕以后，应检查安全气囊警告灯是否工作正常。

9）安全传感器总成含有水银，更换后应将其作为有害物处置。

二、安全气囊系统故障诊断与排除的步骤和方法

1. 查明安全气囊系统故障部位

当打开点火开关后，安全气囊警告灯亮 6~8s 后熄灭，表示系统正常工作。如果警告灯一直亮着，表明气囊系统存在故障，这时就需要检查修理。进行故障检修时，首先应查明故障是在传感器、电控单元、线束上，还是在插接器上，需根据具体部位选择修理方式。在维修好故障零件后，装回分解的零件。维修工作必须在点火开关转至 OFF 位置及蓄电池负极接头拆去至少 3min 后才能进行。如果不按正确步骤进行，系统可能发生故障且有可能在维修过程中气囊突然引爆。正确检修步骤如下：

1）接通点火开关时，安全气囊警告灯应点亮，否则应检查安全气囊警告灯灯泡是否烧坏，线路是否断路。

2）诊断读取故障码后，为防气囊意外打开，应先将气囊的接线插接器拆去，并将气囊线端短接。

3）传感器的直流阻抗一般为 0.5~1kΩ，用数字式万用表检查其线路是否断路或短路。

4）检查部件的安装情况，如果发现松动，应加以紧固。

5）当所有出现的故障码均被修复后，必须清除故障码，然后再重复进行点火开关的开与关操作，检查故障码，若警告灯 7s 后熄灭，则正常。必要时进行验证试验，如输出故障码，再按故障码及部件进行检修。

6）再次检查安全气囊警告灯，确保所有的故障被排除，如果安全气囊警告灯显示不正常，再重新检修。

7）必要时再进行路试。起动发动机，当汽车行驶至车速超过 80km/h 时，紧急制动；或让车辆在崎岖道路上行驶；或设置常见障碍进行路试，以确认安全气囊系统良好。

2. 故障码及其读取和清除

（1）故障码　安全气囊系统出现故障时，将在存储器中储存相关的故障码，并点亮安全气囊警告灯，使用车上自诊断系统或用检测仪（解码仪）通过诊断控制单元即可读取故障码。

1）当前故障码。当前故障码是指刚刚检测到的故障码，或因故障仍旧存在而未能清除的故障码。如果断开蓄电池电缆，将会清除当前所有的故障码。因此，当安全气囊系统出现故障，还未读取故障码时，不得断开蓄电池电缆。

2）历史故障码。历史故障码指的是自上次清除了电控单元存储器中的故障码后，检测到的所有故障码。如果存在历史故障码，相关的故障部位不一定存在。历史故障码可使用检测仪进行清除。

（2）读取和清除故障码

1）读取故障码。检测仪（解码仪、故障阅读仪）可用于读取当前故障码和历史故障码。使用检测仪时，将其与诊断接口相连，然后将点火开关转至 ON 档，操作检测仪对汽车安全气囊系统进行诊断，从检测仪的显示屏上即可读取故障码。

2）清除故障码。故障被排除后，且故障码清除的所有条件（断开蓄电池电缆或拆下安全

气囊系统熔断器）满足时，故障码会自动清除。失效部件修复后，关闭点火开关 1s 以上，然后将点火开关返回到 ON 档，这样系统从诊断模式返回到使用模式，自诊断结果被清除；若使用检测仪进行清除，单击清除按键即可清除故障码。

本 章 小 结

安全气囊的作用是当汽车发生碰撞事故时保护驾乘人员。安全气囊触发与车辆发生碰撞时的相对车速、碰撞强度、碰撞角度、碰撞对象有关。安全气囊的故障主要表现为警告灯常亮，因此在车辆行驶过程中要注意观察安全气囊警告灯的工作情况，发现故障要及时修理，并且在修理时要严格遵循相应修理规程。

思考与练习

一、填空题

1. 安全气囊系统由_____、_____、_____、_____组成。

2. 安全气囊系统的作用是_____。

3. 碰撞传感器安装在_____。

4. 检查安全气囊系统时，即使只发生了轻微碰撞而_____并未膨胀开，也应对_____和安全气囊系统其他部件进行检查。

5. 安全气囊系统对零部件的工作可靠性要求极高，所有_____均为一次性使用部件，决不要试图修复_____和安全气囊系统_____，不允许使用不同型号车辆上的_____。

6. 安全气囊不能沾_____和_____等。

7. 气体发生器由_____、_____、_____、_____等组成。

8. 碰撞传感器的作用是_____。

9. 中央传感器作用是_____。

10. 安全传感器的作用是_____。

11. 安全气囊组件包括_____、_____、_____等。

二、简答题

1. 安装螺旋电缆时有哪些注意事项？

2. 为什么存放拆下的安全气囊时，应使缓冲垫的一侧朝上？

3. 安全气囊零部件能否打开及修理？为什么必须使用新件？

4. 车辆曾经发生强烈碰撞，安全气囊未打开，是否可以继续使用？为什么？

5. 安全气囊系统检修中要注意哪些事项？

6. 简述安全气囊警告灯常亮故障的诊断与排除流程。

第六章

噪声与排气污染物的检测

学习目标：

1. 了解噪声的概念。
2. 熟悉汽车噪声的检测方法。
3. 了解汽车排气的有害物质。
4. 熟悉汽车排气有害物的控制方法。
5. 掌握汽车排气有害物的检测方法。

第一节　汽车噪声的检测

一、噪声的概念

噪声是声音的一种。从物理角度看，噪声是由声源做无规则和非周期性振动产生的声音。从环境保护角度看，噪声是指那些人们不需要的、令人厌恶的或对人类生活和工作有妨碍的声音。

二、汽车噪声检测标准

汽车加速行驶时，车外最大允许噪声的规定见表 6-1。

表 6-1　汽车车外噪声检测标准

汽车种类		噪声限值/dB（A）	
		第一阶段	第二阶段
		2002.10.1~2004.12.30 期间生产的汽车	2005.1.1 以后生产的汽车
M_1		77	74
M_2（$GVM \leqslant 3.5t$），或 N_1（$GVM \leqslant 3.5t$）	$GVM \leqslant 2t$	78	76
	$2t < GVM \leqslant 3.5t$	79	77
M_2（$3.5t < GVM \leqslant 5t$），或 M_3（$GVM > 5t$）	$P < 150kW$	82	80
	$P \geqslant 150kW$	85	83
N_2（$3.5t < GVM \leqslant 12t$），或 N_3（$GVM > 12t$）	$P < 75kW$	83	81
	$75kW \leqslant P < 150kW$	86	83
	$P \geqslant 150kW$	88	84

注：1. M_1 类是包括驾驶人座位在内，座位数不超过 9 个的载客车辆；M_2 类是包括驾驶人座位在内，座位数超过 9 个，且最大总设计质量不超过 5t 的载客车辆；M_3 类是包括驾驶人座位在内座位数超过 9 个，且最大设计总质量超过 5t 的载客车辆；N_1 类是最大设计总质量不超过 3.5t 的载货车辆；N_2 类是最大设计总质量超过 3.5t，但不超过 12t 的载货车辆；N_3 类是最大设计总质量超过 12t 的载货车辆；GVM 为最大设计总质量；P 为发动机额定功率。

2. M_2、M_2（$GVM \leqslant 3.5t$）和 N_1 类汽车装用直喷式柴油机时，其限值增加 1dB（A）。

3. 对于越野汽车，其 $GVM > 2t$ 时：如果 $P < 150kW$，其限值增加 1dB（A）；如果 $P \geqslant 150kW$，其限值增加 2dB（A）。

4. M_1 类汽车，若其变速器前进档多于四个，$P > 140kW$，P/GVM 之比大于 75kW/t，并且用第三档测试时其尾端出线的速度大于 61km/h，则其限值增加 1dB（A）。

三、噪声检验仪（声级计）的结构和工作原理

声级计是用于测量汽车噪声声级和喇叭声响的最常用仪器，它由传声器、听觉修正电路（网络）、放大器、指示仪表和校准装置等组成。声级计按测量的精度不同分为普通声级计和精密声级计；按所用电源类别分为交流式声级计和直流式声级计两类，直流式声级计又称为便携式声级计。图 6-1 所示为 HY103A 型直流式声级计外形。

四、噪声的测量方法

1. 车外噪声的测量方法

1）为了避免风噪声的干扰，应在无风天气进行。

2）测量场地应平坦空旷，在测试中心以 25m 为半径的范围内，不应有大的反射物，如建筑物、围墙。

3）周围环境噪声至少要比所测车辆噪声低 10dB（A）。

4）被测车辆空载，测量时发动机应处于正常使用温度。

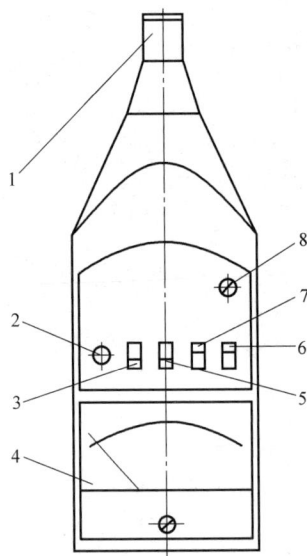

图 6-1　HY103A 型直流式声级计外形

1—传声器　2—保持按钮　3—电源开关
4—指示仪表　5—快慢档开关　6—量程开关
7—计权选择开关　8—校准电位器

5）测量场地及测点位置如图 6-2 所示，两个声级计位于 20m 跑道中心点 O 两侧，各距中心线 7.5m，距地面高度 1.2m±0.05m，并用三脚架固定，声级计平行于路面，其轴线垂直于车辆行驶方向。

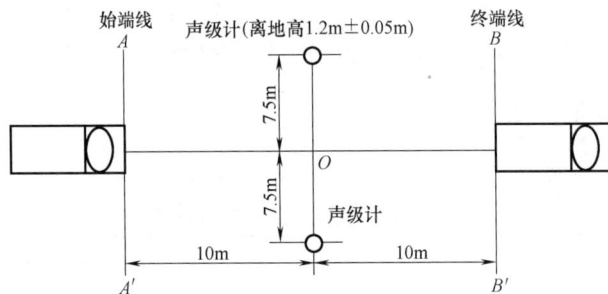

图 6-2　车外噪声测量场地及测点位置

2. 喇叭噪声的测量方法

汽车喇叭噪声的测量如图 6-3 所示，测量点在距车前 2m，离地面 1.2m 高的位置，声级计传声器正对着车头方向测量。检测次数在两次以上，并监听喇叭声是否悦耳。

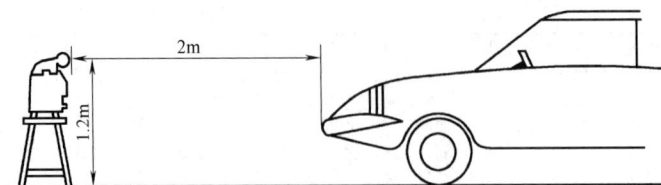

图 6-3　喇叭噪声的测量

第二节　排气污染物的检测

一、汽车排气污染物的检测标准

汽车排气污染物的检测标准　GB 7258—2017《机动车运行安全技术条件》规定，机动车的排气污染物排放应符合国家环保标准的规定。其排气检测值应符合 GB 18285—2005《点燃式发动机排气污染物排放限值及测量方法（双怠速法及简易工况法）》的规定，见表6-2和表6-3。

表 6-2　新生产汽车排气污染物排放限值（体积分数）

车　型	类　别			
	怠速		高怠速	
	CO（%）	HC/10^{-6}	CO（%）	HC/10^{-6}
2005 年 7 月 1 日起新生产的第一类轻型汽车	0.5	100	0.3	100
2005 年 7 月 1 日起新生产的第二类轻型汽车	0.8	150	0.5	150
2005 年 7 月 1 日起新生产的重型汽车	1.0	200	0.7	200

表 6-3　在用汽车排气污染物排放限值（体积分数）

车　型	类　别			
	怠速		高怠速	
	CO（%）	HC/10^{-6}	CO（%）	HC/10^{-6}
1995 年 7 月 1 日前生产的轻型汽车	4.5	1200	3.0	900
1995 年 7 月 1 日起生产的轻型汽车	4.5	900	3.0	900
2000 年 7 月 1 日起生产的第一类轻型汽车	0.8	150	0.3	100
2001 年 10 月 1 日起生产的第二类轻型汽车	1.0	200	0.5	150
1995 年 7 月 1 日前生产的重型汽车	5.0	2000	3.5	1200
1995 年 7 月 1 日起生产的重型汽车	4.5	1200	3.0	900
2004 年 9 月 1 日起生产的重型汽车	1.5	250	0.7	200

注：对于 2001 年 5 月 31 日以前生产的 5 座以下（含 5 座）的微型面包车，执行 1995 年 7 月 1 日起生产的轻型汽车的排放限值。

二、汽车排气污染物的检测仪器

汽车排放废气中的 CO、HC 气体，具有能吸收一定波长范围红外线的性质，且红外线被吸收的程度与 CO 和 HC 的体积分数之间呈正比关系。不分光红外线 CO 和 HC 气体分析仪就是利用这一原理来检测废气中 CO 和 HC 体积分数的。在多种气体混合在一起的情况下，这种检测方法具有测量值不受影响的特点。该分析仪的结构原理如图 6-4 所示。

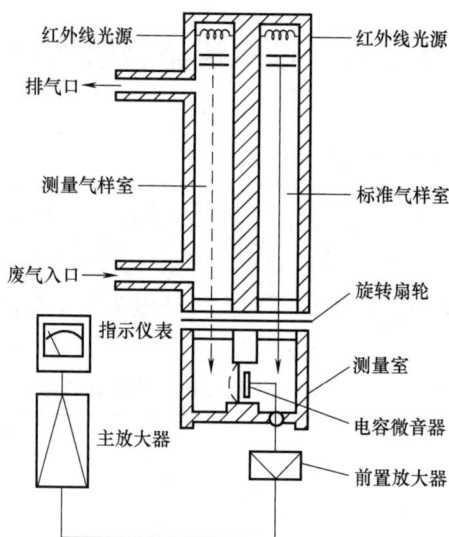

图 6-4　不分光红外线 CO 和 HC 气体分析仪的结构原理

图中标注：红外线光源、排气口、测量气样室、废气入口、指示仪表、主放大器、红外线光源、标准气样室、旋转扇轮、测量室、电容微音器、前置放大器

不分光红外线 CO 和 HC 气体分析仪能够从汽车排气管中采集气体进行连续测量，它由废气取样装置、废气分析装置、废气体积分数指示装置和校准装置等组成，其外观如图 6-5 所示。

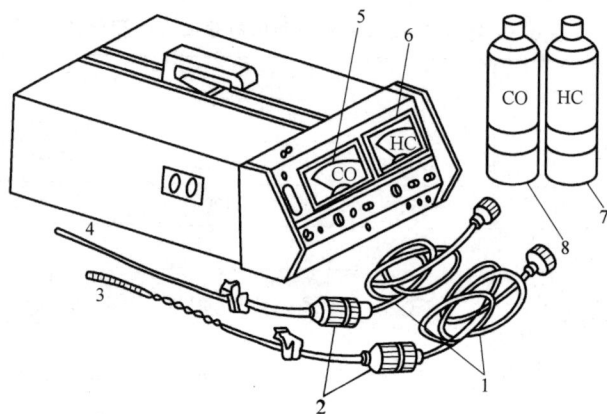

图 6-5　不分光红外线 CO 和 HC 气体分析仪的外观

1—导管　2—过滤器　3—低体积分数取样头　4—高体积分数取样头
5—CO 指示仪表　6—HC 指示仪表　7—标准 HC 气样瓶　8—标准 CO 气样瓶

本 章 小 结

1）噪声是声音的一种。从物理角度看，噪声是由声源做无规则和非周期性振动产生的声音。从环境保护角度看，噪声是指那些人们不需要的、令人厌恶的或对人类生活和工作有妨碍的声音。

2）声级计是用于测量汽车噪声声级和喇叭声响的最常用仪器，它由传声器、听觉修正线路（网络）、放大器、指示仪表和校准装置等组成。

3）不分光红外线 CO 和 HC 气体分析仪能够从汽车排气管中采集气体进行连续测量。它由废气取样装置、废气分析装置、废气体积分数指示装置和校准装置等组成。

思考与练习

一、填空题

1. 从环境保护角度看，噪声是指那些人们_____的、令人厌恶的或对_____有妨碍的声音。

2. 声级计是用于测量汽车_____的最常用仪器。

3. 声级计按测量的精度不同分为_____和_____两种。

二、简答题

1. 汽车加速行驶时，车外最大允许噪声声级应符合什么规定？

2. 汽车怠速污染物排放标准有哪些？

第七章

汽车综合检测

学习目标：

1. 清楚汽车检测的相关概念、分类及其作用。
2. 熟悉汽车综合性能检测站相关工位设置。
3. 掌握汽车综合检测设备及其主要检测项目。

第一节 概 述

一、汽车检测的定义

汽车检测是指为确定汽车技术状况或工作能力所进行的检查和测量。

二、汽车检测的分类

按汽车检测的性质和目的可以分为安全环保检测和综合性能检测两大类。

1. 安全环保检测

安全环保检测是指对汽车实行定期和不定期安全运行和环境保护方面的检测。其目的是在汽车不解体情况下建立安全和公害监控体系，确保车辆具有符合要求的外观容貌和良好的安全性能，限制汽车的环境污染程度，使其在安全、高效和低污染工况下运行。

2. 综合性能检测

综合性能检测是指对汽车实行定期和不定期综合性能方面的检测。其目的是在汽车不解体情况下，确定运行车辆的工作能力和技术状况，查明故障或隐患部位及原因，对维修车辆实行质量监督，建立质量监控体系，确保车辆具有良好的安全性、可靠性、动力性、经济性、环保性，以创造更大的经济效益和社会效益。

汽车安全环保检测与综合性能检测的区别如下：

1）汽车安全环保检测主要是检测与汽车安全和环保有关的项目，包括制动检测、侧滑检测、前照灯检测、废气（或烟度）检测、噪声检测等。

2）汽车综合性能检测是对汽车进行动力性、经济性、可靠性和安全环保等方面的检测，同时对汽车故障进行诊断，判断故障部位和原因，以便及时排除故障和隐患，保证车辆技术状况良好，提高运输效率，降低运行消耗，保证安全运行，提高运输服务质量和汽车维修质量。

第二节　汽车综合检测工位、检测设备及检测项目

一、检测工位

汽车综合性能检测任务通常以建立独立的汽车综合性能检测站来完成，并以 GB 7258—2017《机动车运行安全技术条件》为依据对车辆进行检测，检测结果仅有"合格"与"不合格"两种，适用于车辆的挂牌、年度审验、车辆户籍的转入或转出等。

汽车综合性能检测站一般包括两条互相平行的汽车检测线，其中一条相当于安全环保检测线，另一条则可以检测汽车的动力性、经济性、可靠性等项目。图 7-1 所示为双线综合性能检测站的布置。

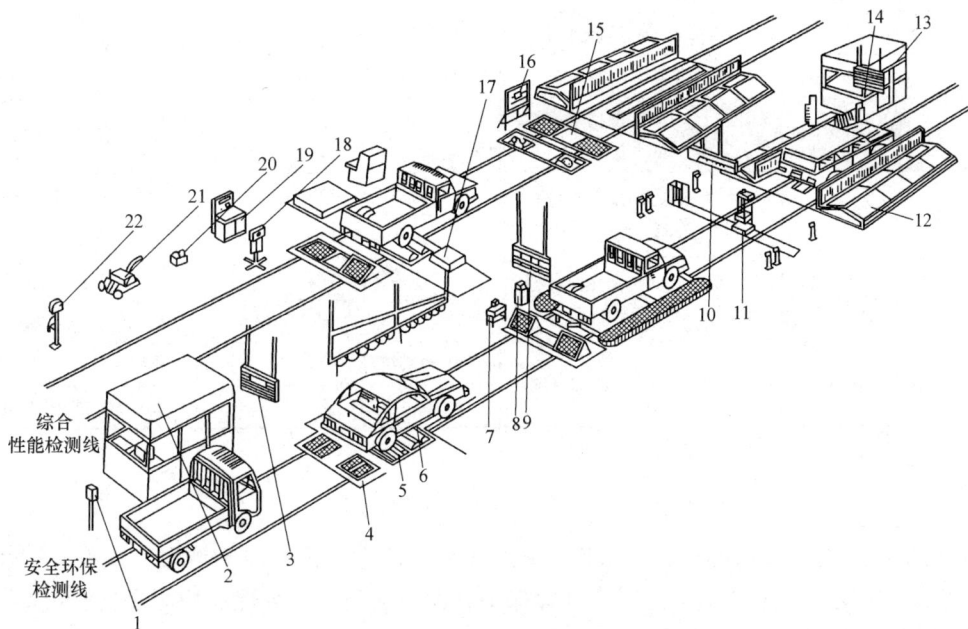

图 7-1　双线综合性能检测站的布置

1—进线指示灯　2—进线控制室　3—安全装置检查工位操作指示器　4、15—侧滑试验台
5—制动力试验台　6—车速表试验台　7—烟度计　8—废气分析仪　9—ABS 工位操作指示器
10—工位操作指示器　11—前照灯检测仪　12—地沟检查系统　13—主控制室　14—车底工位操作指示器
16—前轮定位检测仪　17—底盘测功试验台　18、19—发动机综合测试仪　20—机油洁净性分析仪
21—就车式车轮平衡机　22—轮胎自动充气机

二、汽车综合检测设备及检测项目

1. 汽车安全环保检测设备及检测项目

汽车安全环保检测设备及检测项目见表 7-1。

2. 汽车综合性能检测设备及其检测项目

汽车综合性能检测设备及检测项目见表 7-2。

表 7-1　汽车安全环保检测设备及检测项目

设备名称	检测项目	设备名称	检测项目
轴重仪	检测轴重	前照灯检测仪	检测前照灯发光强度和光束照射方向
制动试验台	检测制动性能	废气分析仪	检测汽油车废气排放中的 CO 和 HC 浓度
侧滑试验台	检测转向轮侧滑量	烟度计	检测柴油车废气烟度
车速表试验台	检测车速表误差	地沟系统	检测车辆底部技术状况
声级计	检测喇叭声级和车内外噪声		

表 7-2　汽车综合性能检测（安全环保除外）设备及检测项目

设备名称	检测项目	设备名称	检测项目
轮胎自动充气机	给轮胎充气	电器综合测试仪	检测各种电器
车轮平衡检测仪	检测车轮的平衡状况	气缸漏气检测仪	检测气缸漏气量或漏气率
磁力探伤仪	对转向节、轴等进行探伤	气缸压力表或压力计	检测气缸压缩压力
前轮定位检测台或检测仪	检测前轮定位参数值	真空表或真空测漏仪	检测进气管真空度
底盘测功机	检测驱动车轮输出功率，做各种性能试验	油耗计	检测燃油消耗率
汽油发动机检测仪	对汽油机点火、配气相位等进行检测、分析、诊断	机油洁净性分析仪	分析机油的清洁程度
		火花塞测试仪	检测火花塞跳火状况
柴油发动机检测仪	对柴油发动机供油正时、配气相位等进行检测、分析、诊断	喷油器测试仪	检测喷油器喷油状况
		传动系统游动角度检测仪	检测传动系统的游动角度
发动机无负荷测功仪	对发动机进行无负荷加速测功	传动系统异响分析仪	检测、分析传动系统产生的异响
		转向力矩检测仪	检测转向操纵力矩

本 章 小 结

1）汽车检测是指为确定汽车技术状况或工作能力所进行的检查和测量。安全环保检测是指对汽车实行定期和不定期安全运行和环境保护方面的检测；综合性能检测是指对汽车实行定期和不定期综合性能方面的检测。

2）汽车综合性能检测站一般包括两条互相平行的汽车检测线，其中一条相当于安全环保检测线，另一条则可以检测汽车的动力性、经济性、可靠性等项目。

思 考 与 练 习

1. 什么是安全环保检测？
2. 什么是综合性能检测？
3. 汽车综合性能检测站一般有哪些工位？
4. 汽车综合性能检测的主要项目有哪些？

参 考 文 献

［1］ 李东江. 电控发动机故障排除 120 例［M］. 北京：北京理工大学出版社，1999.

［2］ 黄晓敏，闵思鹏. 电控发动机维修［M］. 北京：电子工业出版社，2002.

［3］ 裴保纯. 汽车维修图解速成［M］. 北京：人民邮电出版社，2009.

［4］ 王凤平，刘存来. 汽车故障诊断与维修技术要领图解［M］. 济南：山东科学技术出版社，2007.

［5］ 杨勇. 轿车故障诊断实训集［M］. 北京：人民交通出版社，2007.

［6］ 周志立，张毅，贾鸿社. 进口汽车故障诊断手册［M］. 沈阳：辽宁科学技术出版社，2000.

［7］ 解福泉. 汽车典型电控系统构造与维修［M］. 2 版. 北京：人民交通出版社，2015.

［8］ 姜京花. 汽车电气设备构造与维修［M］. 北京：人民交通出版社，2007.

［9］ 潘承炜. 汽车安全气囊检测［M］. 北京：人民交通出版社，2007.

［10］ 王征. 汽车维修案例分析［M］. 北京：人民交通出版社，2007.

［11］ 鲁植雄. 汽车安全气囊故障诊断图解［M］. 2 版. 南京：江苏科学技术出版社，2008.

［12］ 杨海泉. 汽车故障诊断与检测技术［M］. 北京：人民交通出版社，2004.